クリストファー・ノーラン
時間と映像の奇術師

CHRISTOPHER NOLAN
THE ICONIC FILMMAKER AND HIS WORK
by Ian Nathan

イアン・ネイサン＝著

阿部清美 ＝訳

フィルムアート社

Brimming with creative inspiration, how-to projects, and useful information to enrich your everyday life, quarto.com is a favourite destination for those pursuing their interests and passions.

First published in 2022 by White Lion Publishing,
an imprint of The Quarto Group.
The Old Brewery, 6 Blundell Street
London, N7 9BH,
United Kingdom
T (0)20 7700 6700
www.Quarto.com

CHRISTOPHER NOLAN
by Ian Nathan
Copyright © 2022 Ian Nathan
Japanese translation published by arrangement with
Quarto Publishing plc through The English Agency
(Japan) Ltd.

Designed by Sue Pressley and Paul Turner, Stonecastle Graphics

PICTURE CREDITS

CONTENTS

【凡例】
- 訳者による補足は〔 〕で示した。
- 本文中で扱われている映画において未公開のもの、書籍や小説で未邦訳のものは、原題のママ記載し(未)と示した。
- 長編映画、テレビドラマ、テレビドキュメンタリー、書籍、雑誌、長編小説、戯曲は『 』、短編映画、短編小説、映画のシリーズ名は「 」で示した。
- 本文中の引用について、基本的に邦訳のあるものも文脈に合わせ、訳者が新たに訳出した。既訳からの引用の場合は、文末の( )内に書誌情報を記した。
- 映画は初出時のみ続く( )内に製作年を記した。

イントロダクション

「最も回復力のある寄生虫は？　バクテリア？　ウイルス？　回虫？　違う、アイデアだ。回復力があり……感染力が強い。一旦アイデアが脳内に巣食うと、根絶はまず不可能だ」 1

——コブ（『インセプション』）

ク リストファー・ノーランは不可解だ。そして、その「不可解さ」こそが、彼の好むやり方である。25年間、12作の映画を通してノーランは、驚くほど独創性に満ちたジャンル作品を生み出すことにより、ハリウッドの法則に逆らってきた。彼の作品は、複雑極まりない展開や難解な設定を嬉々として観客に突きつけ、できるだけ幅広い層にアピールしたいと願う映画スタジオの基本理念を揺るがす。なのに、「幅広い層にアピールする」という部分も、ノーランはやってのけてしまう。映画館側は、ノーランの次なる監督作の可能性で頭がいっぱいだ。新作がどのような類いのものであろうと構わないのだ。

ノーランは決して、勝利を得るためにひとまず折れる——迎合や譲歩をする——タイプではない。彼は観客を信じている。自分がスクリーンに投じる壮大な試練の旅に、観客なら立ち向かえるはずだ、と。（いろいろな人々がいる中で、彼の作品を待望し、挑んでやろうという）最大公約数的な観客の存在を信じているのだ。

別の言い方をしてみよう。ノーランは不可能なことを成してきた——個人的かつ独創的で、大概の場合、素晴らしい、見事に一貫したスタイルを、映画スタジオシステムの「内側で」ずっと追い求めている。あるいはもっとシンプルに表現するなら、彼は決して妥協をしない。声を荒らげる必要もなく、冷静かつ慎重で、何よりも威厳のあるアプローチで「ハリウッド」に対処してきたのだ。芸術表現の道を必死に掻き分けて進んできた他の監督たちの壮大な歴史とは、大違いである。では、彼に反論する者などいるのだろうか？　もしかしたら、自身の映画で本当は何が起こっているのかを正確に知っている人物は、それを作ったノーランだけなのかもしれない。

本書のためにこの映画監督の基本的な説明をまとめるだけでも、将来期待の物書きの前に、難題という壁を作り上げることになってしまう。彼をカテゴリーにきちんと当てはめるのは容易ではない。国籍さえも、だ。イギリス人の父とアメリカ人の母のもとに生まれ、両国の国籍をもつ彼は、正確には、イギリス人ともアメリカ人とも言えない。成長期は、英国の寄宿学校の古風な習慣と、アメリカはシカゴの実家の自由さを行き来しながら過ごしている。（彼の映画の中だけではなく）当の本人が、「時間帯」の移動を経験してきたわけだ。芸術家と科学者、エンターテイナーと工作員、一匹狼とクールなセレブのひとり、それぞれのグループを股にかけるノーランは、新千年紀が到来した2000年以降のハリウッドを代表する監督ではあるが、大勢の同世代映画人

目立ちたがらないイコン的存在——2018年のカンヌ国際映画祭でカメラの前に立つクリストファー・ノーラン

からは一線を画す存在である。

　ノーランの同輩として分類される、スティーヴン・ソダーバーグ、デヴィッド・フィンチャー、ダーレン・アロノフスキー、キャスリン・ビグロー、そしてウォシャウスキー姉妹といった、1990年代に大きな評価を得たシリアス派で、用意周到に己のビジョンを映像化してきた監督たちと比較しても、彼をめぐる大きなミステリーは、その人気ぶりだろう。

　もちろん、「ダークナイト・トリロジー」と言われる『バットマン ビギンズ』(2005)、『ダークナイト』(2008)、『ダークナイト ライジング』(2012)の「バットマン」3部作は、彼のこれまでのキャリアで成し遂げた重要な業績だ。3作とも、コミックブックが原作の映画らしい一般大衆向けの体裁を取りつつ、全編がずっしりとした重厚感に満ちていた。ハリウッドでは、アメコミの実写化映画にやり過ぎかと思うほどのアクション、あるいは爆発などの視覚効果を盛り込むのが習慣となっているが、ノーランはそれには従わず、スーパーヒーローとスーパーヴィラン〔超人的な能力をもつ悪役〕たちが、現実世界からどのように生まれたのかを追求したいと考えたのだ。彼は、大予算の超大作映画の領域に足を踏み入れても、己のアイデンティティを埋没させることすらなかった。それどころか、映画業界全体を再定義してしまう。

　ノーランが仕掛ける謎の裏側にある真実——『メメント』(2000)の核となる記憶、『インセプション』(2010)のラストに出てくる回転するコマ、『TENET テネット』(2020)で正確に何が起こっているのかなど——を本人に問い詰めてみても、彼は口を固く閉ざすだけ。彼の微笑みは、まるでモナ・リザのそれだ。謎を謎のままにしておくのが何よりも大切で、答えを知らないことにこそ喜びがあると主張する。我々は、彼が答えを知っていると信じるしかない。しかし、ここに、とんでもなく楽しい矛盾が存在する。ノーラン作品の多くのキャラクターがそうであるように、我々も真実を見出そうと駆り立てられるのだ。「頼むから、映画館の座席に座って黙って観ていてくれ」と言わんばかりに彼が自作をスクリーンに投じている間でも、観客である我々は、ノーラン・ワールドの迷宮さながらのプロット（実際に迷宮が登場する場合が多い）の解読に挑戦し、胸を躍らせる。インターネット上では、熱心な「ノーラノロジスト（ノーラン学者）」らによる、グラフや図表、哲学や科学の難解な領域に対する参考資料、広範囲にわたる解説が急増中だ。この監督が何年もかけて入念に脚本を練っているのなら、ノーランが作り上げたものを解き明かすのには、同等の歳月がかかることになる。

　次々と新たな層が露呈する幾重にも構築された階層ワールド、偏執狂的欲求の増幅と複雑に絡み合う陰謀論、もっともっと貪欲に何かを知ろうとする果てしなき衝動。そんなデジタル時代の映画監督が、まさにノーランだ。

　しかもそれらは、ノーラン作品の見た目、サウンド、さらには質感についても当てはまる。彼は映画を「没入体験」だと捉え、観客が巨大スクリーンに映し出される世界に取り込まれて逃げ出せなくなるように、大のお気に入りのIMAXカメラで撮影することが多い。とはいえ彼は、伝統主義者でもある。セルロイドフィルム、映画館での上映、デジタルでの解決より人の手で作り出すエフェクトの選択といった昔ながらのやり方を手放さない。現実をひっくり返すのに、ノーランはとてつもないセットを建てる。物語の世界に直に触れた役者たちから素晴らしい演技を引き出せるのも、街路で画期的な臨場感あふれるスタントが可能なのも、そうしたセットのおかげなのだ。

　ノーランは、過去に受けたインスピレーションを誇らしげに自分の作品に纏わせる。映画界の巨匠ら

手本となった人物——映画界の伝説的存在であるスタンリー・キューブリック（左／1972年の『時計じかけのオレンジ』の撮影時）とスティーヴン・スピルバーグ（右／1977年の『未知との遭遇』の撮影時）は、クリストファー・ノーランの映画観を方向づけるのに大きな影響を与えた

が、彼に手本を見せ、進むべき道を示してきた。フリッツ・ラングの革命的精神、スタンリー・キューブリックの知的な厳格さ、リドリー・スコットの精密な視覚言語、スティーヴン・スピルバーグの胸躍らせるストーリーテリング術、マイケル・マンの催眠術のようなモダニズム。ノーランの創作意欲を刺激してきたのは、何も映画監督だけではない。他にもたくさん存在する。いかなる映画も、映画史という歴史のタペストリーに彩りを添えるわけだが、とりわけジャンル映画に彼は魅力を見出した。フィルム・ノワール、SF、コミック、時代物といったジャンルを融合させ、彼は新たなジャンル——我々が「ノーラニスク」と呼ぶもの——を創造する。完璧に定義するのは不可能であるにもかかわらず、彼の作品の視覚言語、映像の質感、そしてサウンドに触れるなり、「紛れもなく、これぞノーラニスクだ」とわかるのだ。サウンドは、映画全体を俯瞰的に捉える彼の全体論的なアプローチにとって非常に大切な要素であり、音楽が音響効果と映像に絡み合うことで、緊張感と高揚感の両方が生み出される。

チャールズ・ディケンズから、ホルヘ・ルイス・ボルヘス、レイモンド・チャンドラー、グラハム・スウィフト、カール・セーガンまで、世界を違った視点で捉え、長く愛され続けている小説家たちも、ノーランの発想力の源だ。さらに彼は、ノーベル物理学賞を受賞した理論物理学者のキップ・ソーンなどの科学者たちの力を借りて宇宙の性質を学び、宇宙の法則に従って己の想像力をさらなる高みへと確実に飛躍させようとする。

本書は、監督作ごとに、ノーラン・ワールド——インスピレーション、熱意、飽くなき挑戦の連続である撮影法、そして成功への軌跡——を解説し、彼が編み出す物語に秘められた核心に迫っていくという構成だ。ゆえに、映画のネタバレがあることを警告すべきなのだが、実は、ノーラン作品のネタばらし自体が不可能に近いと言っても過言ではない。というのも、映画で何が起きるかを説明することでさえ、本書の著者兼、彼の映画の暗号解読者である私に、他の映画監督作品ではあり得ない難題を突きつけてくるからだ。

基本的に、彼の作品はどれも、「知覚と時間の探求」であるという点で共通しており、キャラクターの主観的な問いかけ、あるいは観客が主観的に物語を見て抱く疑問――最終的に我々は何を現実として受け入れるのか？――に熱量が割かれ、ストーリー展開がその方向に引き寄せられていく。ノーランは、我々が文明と呼ぶものの表面下を覗き込み、この世界を駆動させている秘密の機械の場所を突き止めようとしているのだ。そして目を凝らせば凝らすほど、彼の作品がある程度、映画の本質――このメディアが、『メメント』や『インソムニア』（2002）の実存的な不安、『インセプション』の夢の世界、『ダンケルク』（2017）の膨張する恐怖を表現するために、どう構成されるのか――について触れていることがわかるだろう。ノーランの妻であり、プロデューサーでもあるエマ・トーマス、彼の弟で脚本家のジョナサン・ノーラン、撮影監督のウォーリー・フィスターやホイテ・ヴァン・ホイテマ、プロダクションデザイナー（美術監督）のネイサン・クロウリー、作曲家のハンス・ジマー、そして、ノーラン監督作の多くに出演しているマイケル・ケインに代表される常連の俳優たちといった熱心な協力者とともに、彼は、我々がてっきり「これが映画のストーリーテリングだ」と考えているものを改革してきた。

　私はノーランに会ったことがある。几帳面なまでに礼儀正しく、話し上手で、立派な身なりの彼は、見せかけではなく、偉ぶったものでもなく、シンプルに彼の人となりを語る知的なオーラを纏っていた。構想過程にある企画からでも、完成したらどれだけ素晴らしい映画になるのかと想像できるように、まだ成し遂げられていない映画的偉業を果たす彼の姿が透けて見える気がした。彼の一部は、常に映画の中に存在している。ノーランはかつて、「スクリーンは、無限の可能性への跳躍点だ」[2]と言った。そして、時間はいくらあっても足りないのだ。

カメラ越しに世界を見つめ、探索する――『TENET テネット』のオペラハウスでのシークエンスで IMAX ショットの準備をするノーラン

ハイブリッド・キッド

幼少期から『フォロウィング』(1998)に至るまで

イギリスとアメリカを行き来し、寄宿学校と黄金に輝く夏を経験して育ったノーランは、フィルムメイカーになろうと心を決める。最初のトリックとして、カリスマ的な連続強盗団に引き込まれるが、全てが思わぬ方向に進んでいく作家の物語を描くことになる

そ の若者グループは、ロンドンのウエスト・エンドの端の閑静なエリアに建つブルームズベリー劇場──ブルータリズム建築(打ちっ放しのコンクリートなど、素材や設備をそのまま見せる粗野な印象が特徴の建築様式)のせいか、まるで死体安置台を彷彿とさせる、1968年にオープンした建物──の雑然とした部屋に集まっていた。同劇場の地下室を見つけるのは容易ではない。建物の裏手に回り込んで路地に進み、窮屈な階段を降りてから赤い扉を開ける必要がある。そして、その扉こそ、未来に続いていたのだ。曲がり角がいくつもある狭い通路、地面の下に隠れている迷宮、コンクリートの迷路さながらの複雑に入り組んだ街区は、いずれも、その後作られることになる映画に散りばめられている要素──ゴッサム・シティの下水道、『インセプション』の最下層にある延々と崩れ続ける虚無の街、『プレステージ』(2006)の楽屋裏の通路を想起させる。

ロンドン大学を構成する英国屈指の総合大学UCL(ユニバーシティ・カレッジ・ロンドン)が所有、運営するこのブルームズベリー劇場の地階で、19歳のクリストファー・ノーランは、大学の忘れ去られた映画制作機材を見つける。イギリス生まれのエジプト学者ハワード・カーターがツタンカーメンの墓の封印を解くがごとく、細いブロンドの髪と

氷のような青い瞳をもつこの学生も、16ミリカメラ、三脚、ドリー用トラック、天井から吊るされた複数のフィルム片、そしてスティーンベック編集機を前に目を輝かせた。埃を被ってはいたものの、素晴らしい「宝の山」が彼を待っていたのだ。この発見に刺激されたノーランは、彼の同級生で恋人、そしてのちに妻となり、ノーラン作品の映画プロデューサーになるエマ・トーマスと、「UCL Film and Television Society(ユニバーシティ・カレッジ・ロンドン映画およびテレビ研究会)」に入会し、部長に就任。毎週水曜日の午後、気の合う仲間たちが陽の当たらないむさ苦しい部室に集まり、中古の病院の車椅子に座るノーラン部長と、映画の意義や映画作りのメソッドなど、様々な話題を語り合った。彼らは、リドリー・スコット監督の『ディレクターズカット ブレード・ランナー 最終版』(1992)、ジャン=ポール・ラプノー監督のアートシアター系作品『プロヴァンスの恋』(1995)、コメディアンのマイク・マイヤーズが脚本と主演を務めたコメディ映画『ウェインズ・ワールド』(1992)といった上階の劇場で公開されている新作の35ミリフィルムや、地下の掘り出し物の中にあった、イギリスの映画広告会社パール・

2000年の若々しいクリストファー・ノーラン──映画学校には行かなかったが、壮大なビジョンをもっていた彼は、映画界のメインストリームに参入することになる

アンド・ディーンによる古い広告動画が本編の前に入った映画のコピーなどとの上映会を開催する。そうした上映会の収益は、夏に行われる映画制作という冒険に回した。学校の講義の合間に、ノーランは、掻き集めた映画フィルムをスティーンベック編集機に何度も通し、手作業で編集する方法を独学。直線的な時間の流れを新たな形に入れ替えられることに驚嘆する。これが、彼の「映画学校」だった。骨董品同様の機材に囲まれていたこの頃は、やがて現代で最も成功する映画監督となるノーランの萌芽期だったのだ。

「フィルムメイキングの勉強は一切していない」[1]と、ノーランはインタビューで断言している。カメラなるものを初めて手に取り、その仕組みを理解し始めたのは、彼が7歳のときだった。「僕はただ、成長していく中で映画を撮り続け、歳月とともに手がける映画の規模がどんどん大きくなっていっただけなんだ。同時に、より良く、より精巧にもなっていっているといいけどね」[2]

「クリスは異彩を放っていた」と、ノーランとUCLで同期だったマシュー・テンペストは明かす。テンペストは当時の映画ソサエティで書記を務め、現在はジャーナリストとして活躍中だ。学生時代からノーランは、リネン素材のスーツにオックスフォード生地のシャツといった、他の学生とは一風変わった格好をしていたという。しかし、外見だけではなく、「野心と集中力」[3]も際立っていた、とテンペストは付け加えている。

かなり早い時期から、ノーランは独自の波長をもっていたようだ。

ここで、「ノーラン伝記」映画を巻き戻してみよう。遡ること1970年7月30日、クリストファー・エドワード・ノーランは、母クリスティーナと父ブレンダンの次男坊として、ロンドンのウエストミンスター地区で産声を上げた。注目してもらいたいのは、ノーランがふたつの国籍を有するハイブリッド・キッドだったという事実だ。客室乗務員から英語教師になった彼の母親は、イリノイ州シカゴ郊外のエヴァンストン出身のアメリカ人。ロンドンの広告業界でクリエイティブ・ディレクターとして活躍する父親は、ブローグシューズ〔16～17世紀のアイルランドやスコットランドの労働靴を起源とする革靴〕を履く足の先まで生粋の英国人であった。そんなノーランの父は、アラン・パーカー、ヒュー・ハドソンと仕事をしており、リドリー・スコットとも2回、一緒に働く機会があったそうだ。3人とも、緻密で洗練された映画で1980年代のハリウッドを席巻し、若い世代に大きな影響を与えた著名なイギリス人映画監督だが、彼らは映画人として成功する前に、広告業界でCM監督をしていたのだ。1976年、ノーラン少年は父と一緒に、映画スタジオであるパインウッド・スタジオを訪ねている。そこで、ギャング団の抗争を描いたアラン・パーカー監督のミュージカル映画『ダウンタウン物語』(1976)に使われた足こぎ自動車を見たのを、ノーランは覚えているという。

ロンドン郊外のハイゲートで育ったノーランと彼のふたりの兄弟は、毎年、母の故郷のエヴァンストンで夏を過ごした。マシューが一家の長男で、皆に「ジョナ」と呼ばれるジョナサンが三兄弟の末っ子。ジョナサンはのちに、ノーランの映画作りで重要な役割を果たすようになる。ノーランの子供の頃は、大西洋を往来するこうした英米の二重生活がパターン化していた。しかも、両親は大の旅行好き。父がアフリカや極東から土産話とともに戻ってくると、3人の兄弟は世界地図をいつまでも眺め、母はティーンエイジャーの息子たちのために無料の航空券を手に入れられたので、彼らはジェット機に飛び乗って遠くの地に行くのをなんとも思っていなかったのだ。そして時は、大型旅客機ボーイング747の機体を取り巻く気流のように、彼らの生活の周りで滑らかに

カーブを描いていく——。

　ある日、ノーランはどちらか——イギリス人か、アメリカ人か——を選べと言われる。これは、彼の心に重くのしかかった。果たして自分はどっちなのか、と。しかし法改正により、彼は二重国籍が維持できるようになる。というわけで、アメリカ人とイギリス人のDNAの二重螺旋をもつ彼は、今でもふたつのパスポートを保持しているのだ。現在、彼はロサンゼルスに居を構えているものの、話し言葉には、イギリスの中高一貫の私立高校特有の訛りがある。言葉遣いは時計の振り子のように——脳が常にチクタクと時を刻んでいるかのごとく——正確だが、BBCのテレビ番組司会者よろしく滑らかな口調で、無駄のない物言いだ。アイデンティティとは単純明快ではなく、何重にも層を成すことがある。イギリスとアメリカ、どちらの国に飛ぼうと、彼は故国に帰るというわけだ。

　家族の伝統を守ろうとする父の意向により、家族がエヴァンストンに終の住処を建てた後も、ノーランはイギリスの寄宿学校に通い続けた。そして、このふたつの国は異なる惑星も同然だった。友人であり、伝記作家のトム・ショーンは次のように認めている。「彼は基本的に人格の形成期を、19世紀（のままの）イギリスの風景と20世紀アメリカの風景を行き来して過ごしていたんだ」[4]

　ハートフォードシャーのハートフォード・ヒースにあるヘイリーベリー・アンド・インペリアル・サービス・カレッジは、東インド会社に従事する役人の教育訓練施設として創立された寄宿学校である。敷地面積は500エーカーで、イギリスで2番目に大きな中庭を含む。巨大なドーム型の屋根の下にあるダイニングルームでは、壁に掛けられた昔の同窓生たちの肖像画が睨みつける中、700人もの生徒たちが集って食事をしたり、口喧嘩をしたりする。敷地内にある花崗岩の記念碑は、ボーア戦争まで遡る紛争

イギリスの寄宿学校であるヘイリーベリー・アンド・インペリアル・サービス・カレッジの威圧感を与える建築物は、若き日のノーランに強烈な印象を残した

の戦死者を追悼するものだ。

　広場にそびえ立つ時計台は、30分ごとに欠かさず鐘を鳴らし、生徒たちを授業へと向かわせる。ノーランの日課は、礼拝、ラテン語、士官候補生訓練、そして唐突にぶつかり合い、息が切れるほど走る部活動のラグビーの練習だった。遠くまで似たような鋳鉄製のベッドの列がいくつも並ぶ、厳粛な寄宿舎のレイアウトは、彼の無意識から抜け出して彼の監督作に入り込んでいる。『インセプション』のアフリカの街で、夢の中に入って標的の情報を抜き取るプロたち、あるいは、『バットマン ビギンズ』で、主人公ブルース・ウェインをスーパーヒーローに仕立て上げる忍者集団「影の同盟」の無骨なアジトの造りにすら、英国の学校生活の影響が見え隠れするのだ。

　他の少年たちが、自分たちにはそぐわない古い教育の習わしに縛られてもがき苦しむ中、ノーランはうまくやっていた。とはいえ、もちろん、大変ではあった。何かにつけて、忍耐力が試された。寄宿学校での日々は、ハリウッド進出のための理想的な訓練の場であり、閉鎖的な世界の中で自分自身の推し進めたい理想をどう交渉するかを学んだ、と彼は振

1978年の『ミッドナイト・エクスプレス』のセットで撮影中のアラン・パーカー。ノーランの美学に非常に大きな影響を与えた、優れた視覚言語をもつ英国人監督のうちのひとり

1981年、『ブレードランナー』で主演のハリソン・フォードを演出するリドリー・スコット。スコットが描く叙情的なディストピアがノーランにとっていかに重要だったのかは、疑う余地がない。同作がノーランに「道」を示したのだ

り返っている。制度の内側に入り、内側からその制度を活用する。自分の運をどこまで押し上げられるかを知る。そうした術を身につけたのだという。ラグビー部の先発メンバー15人に選ばれれば、ヘイリーベリーでのステータスが上がる。それと同じように、興行的に成功しさえすれば、カリフォルニア州バーバンクにある映画会社の木製パネル張りのオフィスの扉が開くことになるわけだ。

　数学が比較的得意で、生まれつき芸術の才があった彼は、母親から建築家という職業を検討するように勧められる。ある意味、彼は母親の助言に従ったのだ。「全ての建築、特に最高の建築は、それを構成する物語をもつ」[5]と、彼は言っている。そして超高層ビルのように、階層を一層ずつ重ねて映画を作っていく。ノーラン作品を考えるとき、夜闇に輝く都市を真っ先に思い浮かべる人も多いだろう。彼のストーリーテリングは「現代」に設定されることが多いが、時代物でさえ、作品の登場人物たちにとっての「現在」を、観客が時を超えて直接体験できるほど臨場感あふれた描写にする。そうしたノーラン作品の特徴を、友人のトム・ショーンは「トラウマを抱えた合理性」[6]と呼ぶ。しかし、ノーランが行う全ては、古典的な「時計仕掛け」——チャールズ・ディケンズ、ジェーン・オースティン、トーマス・ハーディ、ヨハン・ヴォルフガング・フォン・ゲーテ、ウィルキー・コリンズ、H・G・ウェルズ、アーサー・コナン・ドイル、エドガー・アラン・ポーなど緻密な描写で知られる文豪たちの影響、さらには繊細な旋律を生んだ偉大な作曲家たちの趣——を動力源にして進んでいく。彼の基盤は実に伝統的だ。時代遅れ（オールドスクール）と言われてもおかしくないほどに。ヴィクトリア朝時代の教授のような雰囲気を纏いながら、隣の応接間でタイムマシンの過熱を冷ましている。まさしくそれがクリストファー・ノーランなのだ。

　長い休暇でアメリカに戻るたび、まぶしい太陽と兄弟が彼を待っていた。エヴァンストンは、アメリ

カの映画監督ジョン・ヒューズの作品に出てきそうな広々とした郊外エリアで、緑鮮やかな芝生、玄関まで延びるドライブウェイ、緩やかなカーブを描くクルドサック〔住宅地における袋小路〕がある夢のような場所だ。彼らが走り回る近所の林は、どこまでも広がっている。長く感じることもあれば、あっという間に過ぎ去ることもある、伸縮自在な時間。果てしなく続く日々。それはまるで、ナルニア国に到着するのと同じ感覚だった。アメリカで彼は、映画を発見する。昼間の上映を観に行っていた、ノースブルックに建つ放射線状に湾曲した未来的外見のエデンズ・シアターは、『スター・ウォーズ』（1977）〔現在のタイトルは『スター・ウォーズ　エピソード4／新たなる希望』〕の洗礼を受けた場所だ。他にも、初期のスピルバーグ作品に心から胸を躍らせ、ロジャー・ムーア演じるジェームズ・ボンドで現実逃避の時間を楽しんだのだった。映画館という温かみのある神殿で他の観客と映画体験を共有するのは、「限りなく神秘的な体験に近い」[7]と、彼はのちに語っている。映画を鑑賞すればするほど、映画館に対する熱い思いは掻き立てられていく。同じ空間にいる者が（互いに言葉を交わさずとも）感情と興奮を分かち合うという経験は独特で、他に匹敵するものはなかったのだ。

　ノーランは、映画で語られるストーリーそのものと、ストーリーの語り方の両方を吸収しようとした。父の8ミリフィルムカメラ、スーパー8を借り、彼は初めての映画制作へと歩を進める。録音機能はなく、フィルム1カートリッジでは2分半しか撮影できなかったため、彼はサイレント映画を撮ると決めた。言葉巧みに弟のジョナを誘って演技をさせ、自分のオモチャを使ったストップモーション・シーンを加え、大きなスクリーンで観て畏敬の念を抱かせた宇宙が舞台の大作を再現する。彼らにはNASAに勤める叔父がおり、来訪の際に、アポロ計画についての8ミリ映像を持ってきてくれていた。ノーラ

ンは映写されたその映像を撮影し、自分の映画に挿し込む。リアルに見えることが重要だったのだ。

　学校では読書をし、漫画を読み、消灯後にソニーのウォークマンで音楽を聴き、想像力を膨らませていた。しかし、映画を観る機会となると、『戦場にかける橋』（1957）など、毎週男子生徒の士気を高めるために上映される戦争映画に限られてしまう。ところが幸か不幸かノーランは、先進的な考えの舎監に海賊版の『ブレードランナー』（1982）を観せてもらえる、選ばれし者たちのグループに属していた。それは、反道徳的であると同時にひどく魅力的な行為だった。ただし、全編をいっぺんに観られたわけではない。あの驚きとサスペンスの映画を、何回にも分けて細切れに鑑賞しなければならなかったのだ。『ブレードランナー』は、今でも、ノーランが己のキャリアで指針とする作品である。『エイリアン』（1979）を初鑑賞したとき、彼は相似点に気づく。全く異なる話なのに、色調、雰囲気、「世界観」[8]が共通していたのだ。しばらくして彼は、その2作がリドリー・スコットという同一の監督による映画だったと悟る。その「気づき」がある決心をさせた。ノーランは、両作をつなげていた雰囲気をもつ人間になりたいと考えたのだった。

　成長するにつれ、学期と学期の合間をロンドンで過ごすようになっていく。ジョナと一緒にキングスクロス近くの、大洞窟にでも足を踏み込んだのかと錯覚しそうになる映画館スカラ劇場〔現在はナイトクラブおよびライブ音楽会場に変わっている〕に足繁く通い、せっせと映画の独学を続け、自分の「立ち位置」を決めようとした。ここでノーランは、『刑事グラハム／凍りついた欲望』（1986）、『ブルーベルベット』（1986）、『フルメタル・ジャケット』（1987）、『AKIRA』（1988）などの映画がもつ大きな可能性で己を満たしていた。「映画は、自分自身の記憶と区別がつかなくなるんだ」と、彼は言う。「心の奥

2000年、ニューヨークでのクリストファー・ノーラン。ロケーションと建築、とりわけモダンな角張った都市の景観は、彼の映画作りで極めて重要な役割を果たすことになる

にしまい込むから、映画は皆にとって、とても個人的な存在に変わっていくんだよ」[9]

　では、「ノーラン伝記」映画を1989年まで早送りするとしよう。大学進学は、「現代社会に足を踏み入れたって感じだった」[10]と、彼は明かしている。大学時代は、異なる階級、異なる文化、異なるジェンダーが混在する空間にいて、世界が提供するものに目を見開いた、自己創造の時期だった。かつての英語の恩師の勧めで、彼は英文学を専攻。物語についての考え方を広げようとし、古典文学を深く掘り下げていく。UCLは、ブルームズベリー地区にコンクリート製のモノリスよろしくそびえる建物で囲まれていた。このエリアは、かつてT・S・エリオットの根城であった。エリオットは、アメリカ生まれのモダニスト詩人でありながらイギリスに帰化し、その作品にポストモダニズム的特徴を忍ばせている。そして、人間の脆弱さを表現したこの文学者が、ノーランに多大な影響を与えた人物であることに驚きはない。さらに、こうしたUCLの建築物が、やがて「ダークナイト・トリロジー」のゴッサム・シティや『インセプション』の複雑に構築された都市の一部として用いられることになるのだ。

　古典文学と近代および現代文学の文豪たちは、映画監督になる日が待ち受ける彼に、型にはまらない方法で物語にアプローチするうえでのインスピレーションを与えた。ノーラン監督作は全て、こうした対照的なスタイルの文学者たちの間に存在し、いいとこ取りをしてきたと言えよう。

　アルゼンチンの詩人で寓話作家であるホルヘ・ルイス・ボルヘスの夢と記憶と架空の書物と迷宮から織り成される形而上的物語は、ノーランの人生に入り込み、映画を通じて彼がフィードバックを繰り返し、どんどんその結果が次の作品に増殖されていく見事な「フィードバック・ループ」を描かせている。また、イギリスの映画監督で撮影監督でもあるニコラス・ローグの現実逃避的な作品も、駆け出しのノーランの創作意欲を掻き立てたものに数えられるだろう。とりわけ、ローグの荒削りな監督デビュー作『パフォーマンス/青春の罠』(1970)はそうだ。若いノーランは、同作に出てくるギャングのひとりがボルヘスの『伝奇集』を読んでいることに気づく。彼はハッとし、ブルームズベリー劇場の地下のお宝から掘り出した古い学生映画を思い出した。それは、のちに

1982年に公開された『ブレードランナー』のポスター。ノーランは同作を、学校のVHSビデオで——数回に分けて——初めて鑑賞し、独特のスタイルがこの作品にはあると、すでに気づいていた

BBCなどでテレビ映画を数多く手がける監督兼プロデューサーとなるチェスター・デントが1981年に監督したもので、完璧な記憶力に苦しむ男性について描かれる、ボルヘスの短編「記憶の人、フネス」の非公式の映画化作品だったのだ。

　ノーランはすぐさま書店に走り、随筆、評論、フィクションなど、両手で抱えられるだけのボルヘスの作品を買い漁った。頭の中で古典的な神話を紡いでいく、このアバンギャルドな著者と映画監督は似た者同士だ。ふたりとも難解な哲学的概念を、消化しやすい物語にして伝えるのだから。

『大いなる眠り』や『さらば愛しき女よ』など、私立探偵フィリップ・マーロウを主人公としたハードボイルド小説シリーズを生んだパルプ・マガジン出身のアメリカ人作家レイモンド・チャンドラーもまた、ノーランのインスピレーション源のひとりだ。大学2年でチャンドラーのLAを舞台にした巧妙なスリラー作品を勉強する前、ノーランはたまたま、「サスペンスの巨匠」、「スリラーの神様」と呼ばれ

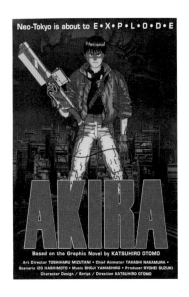

クリストファー・ノーランの創作意欲を掻き立てることになった映画3作のポスター。『AKIRA』（左）のアニメで描かれる迫力満点の暗黒世界、『パフォーマンス／青春の罠』（中央）の1960年代のトリップ感覚あふれるクールな映像、『刑事グラハム／凍りついた欲望』（右）の強烈で洗練されたスタイルと、それぞれの異なる要素がノーランの心を掴んだ

るイギリス人映画監督アルフレッド・ヒッチコックの『見知らぬ乗客』（1951）で脚本家としてクレジットされていた彼の名前を目にする。チャンドラーはハリウッドの第一線で仕事をしていたこともあったのだ。彼らの人生も、これまた気味が悪いほどノーランと類似している。チャンドラーは、英国人とアイルランド人の血を引く母親とアメリカ人の父親をもち、子供時代はシカゴとロンドンで過ごしていた。彼は自身のことを「故国のない男」[11]と称している。ノワール文学誕生に寄与した彼は、ウィットに富み、無駄がなく、詩的ですらある散文体で、シニカルだが高潔な私立探偵が根本的な解決策が見つからないほど捻りに捻られた犯罪を追う、精巧に描き込まれた闇のヒーローたちの物語を綴った。チャンドラーが書いていた世界は、ゴッサムと同じくらい腐敗に満ちていた。

　ノーランは、チャンドラー作品のディテールや触感、そしてこの作家が昔ながらの罪と罰のルールに従わないことをとても気に入っていた。「肝心なのは、嘘をつかれていることだ」[12]と、彼は嬉しそうに話している。つまり、「嘘をつく、つかれる」は視点の問題なのだ。

　のちのノーラン作品の遺伝子に組み込まれることになるインスピレーションの層は、どんどん厚みを増していく。1983年のグレアム・スウィフトの小説『ウォーターランド』は、ノーランが初めて出会った、複数の時間軸で展開される物語だ。オランダ人画家のM・C・エッシャーの絵には、学校の美術の授業で遭遇する。エッシャーの幾何学的に正確なイリュージョン、どこにも行き着かない階段、まるで絵の中を流れているのではないかと思うほど繰り返されるモザイク模様に、ノーランはたちまち魅了された。いくら見つめても視線の逃げ場がない騙し絵の効果を確信するや、エッシャーの脳内の無限ループの中に囚われてしまったのだ。芸術、数学、科学、

そしてフィクション。さらにノーランは、フランク・ロイド・ライトやルードヴィヒ・ミース・ファン・デル・ローエといった未来を見据える建築家にも惹かれた。特にドイツ出身でアメリカに亡命したミース・ファン・デル・ローエの影響は、本人の自宅があったシカゴの街全体で見ることができる。

また、恋愛もノーランの現在を形作る大きな要素となる。ある晩、しつこく鳴り響くベースの音を追っていくと、学生会館でパーティが開催されていた。そこで彼は、エマ・トーマスと初めて言葉を交わす。彼の人生で最も重要なクリエイティブでパーソナルなパートナーシップは、その出会いから始まったのだ。ノーランは自身のキャリアに「絶大な影響」[13]を与えたエマ・トーマスを、彼の奇抜なアイデアの

相談役であるだけでなく、アイデアの表現を可能にする導き手でもあると述べている。

UCL卒業後、ノーランが映画監督になるまでの道のりは決して平坦ではなかった。少なくとも、最初は。ナショナル・フィルム・アンド・テレビジョン・スクールと（リドリー・スコットが通っていた）ロイヤル・カレッジ・オブ・アートに入れなかった彼は、ロンドンを拠点とする企業向けのメディアトレーニング〔メディア対応スキルを習得する訓練〕用動画を作る「エレクトリック・ウェーブス」でカメラマンとして働き、家賃を稼ぐようになる。短い機能的なトレーニングビデオの制作に取り組むことで、ノーランは、照明を最小限に抑え、（撮影に乗り気でなく）他の場所に行きたくて仕方がない企業のCEOたち

ドイツ出身の建築家で、近代建築の巨匠とされるルードヴィヒ・ミース・ファン・デル・ローエがインターナショナル・スタイル〔1920年代から1950年代にかけて顕著だった建築様式。装飾を排除し、合理的かつ機能主義的で直線的な表現を特徴とする〕で設計した、シカゴの米国郵便局ルートステーション・ビル。シカゴのこの独特な建物は、やがて作られる「バットマン・トリロジー」のゴッサム・シティだけでなく、ノーラン監督作に多大な影響を与えることになる

を最小限のテイクで、臨機応変に撮影するというかなり有効な基礎訓練を受けたも同然だった。その間、彼は古巣の映画ソサエティの部室に戻り、根気よく独自の実験的な長編映画を作ろうとした（大学は気づかなかったらしい）。「ある日の午後、クリスが他の数名と特殊効果の撮影をしているところに出くわした」と、マシュー・テンペストは振り返る。「大きなパイレックス耐熱ボウルを使って撮影していたようだ」[14]

他人になりすます学生を描く『Larry Mahoney』という初の長編映画を作ろうとして、主に夜間に撮影していた作品があったのだが、頓挫してしまう。その映像は、全く公になっていない。ほどなくして、ノーランの頭でふたつのアイデアが組み合わさり、『フォロウィング』（1998）が誕生する。

ロンドンの中でもにぎやかなトッテナム・コート・ロードから脇道に入ったところにあるアパートに住み、徒歩で通勤していたノーランは、ウエスト・エンド地区を行き交う潮の満ち引きのような人波に驚嘆し、その人混みを「群集」[15]として捉え、思いをめぐらせていた。通勤というこの日常的な「儀式」が、ノーランの中の哲学者を呼び覚まし（それにはあまり時間はかからなかった）、見知らぬ他人とは誰も歩調を合わせないのはどういうことかと熟考し始める。歩くのが速い人もいれば、遅い人もいるだろう。群衆には独自の社会的ルールがある。ロンドンでは、見知らぬ誰かと交流することはないのだ。「僕にとって、都市は常に迷路として機能してきた」と、ノーランは説明する。「『フォロウィング』を見れば、群衆の真ん中で感じる孤独の話だとわかるはずだ」[16]。彼は、大勢の中のひとりに焦点を当てると、たちまち大勢がひとりひとりの人間として浮き上がってくることに気づく。

その頃、空き巣に入られた。当時ノーランは、トーマスとカムデンにある地下のアパートをシェアして

フィルム・ノワール作品の原作をいくつも手がけた、犯罪小説の巨匠レイモンド・チャンドラーも、ノーランをインスパイアしたキーパーソンのひとりだ。チャンドラーによる巧妙なスリラー小説は、なかなか問題解決がなされないダークで詩的なフィクションの先駆けとなった

いた。今にして思えば、ベニヤ板の玄関など形ばかりの代物でなんの防犯対策にもなっていなかったと、彼は考えている。ある夜、仕事から帰ると、ベニヤ板のドアは蹴破られ、室内はめちゃくちゃに荒らされていた。犯人は、CDを数枚と身の回りの品をいくつか持っていっただけで、それ以上は何も盗んでいなかったそうだが、彼らは、現代ハリウッドで最も成功するキャリアの出発点を残していったのだと言えよう。

「自分の人生に侵入してくる人間を止めるものが、社会的なプロトコルにあるように思えたんだ」[17]と、ノーランは思い返す。持ち物を失うこと以上に、個人的な空間を侵害されるほうが心を掻き乱される。それは、個性やプライバシーを損なう。「個人的な

レイモンド・チャンドラーの最も有名な小説『大いなる眠り』を映画化した、ハワード・ホークス監督作『三つ数えろ』のポスター。この映画でハンフリー・ボガードは真夜中の街をうろつく私立探偵を演じているが、ノーランは、そのキャラクターの独自バージョンをやがて生み出す

場所には他人は入るべきではない」という社会の取り決めが崩壊するのだ。数年後、彼は『インセプション』で、「個人を侵害する」という概念を幻想的なレベルにまで拡大させ、人の精神の扉を突破する泥棒を登場させる。

「（皆が守って当然な）社会慣習を打ち破る」ことについての様々なアイデアが混ぜ合わさり、「Larceny（未）」と呼ばれる短編映画に形を変えていく。これは、ほとんど『フォロウィング』の試運転だったと言っても過言ではない。「Larceny」は、ある週末だけで撮影された。そしてこのアイデアは、大学卒業から6年後に作られるノーランの長編デビュー作へと発展していくのだった。

　資金調達のためのあらゆる手段が尽き（エマ・トーマスは、連日ランチタイムを使い、希望に満ちた書状を書いては送り続けた）、28歳のノーランは独立という大胆な一歩を踏み出す。映画ソサエティの仲間たちは再結成し、仕事のボーナスと大差ないわずかな金で古い機材を準備して無償で働き始めた。各映画祭をめぐって同作を紹介した際、ノーランは、（『フォロウィング』のように）ロンドンのタクシー1台にキャスト、スタッフ、機材が収まってしまう映画はほとんどないと冗談を言ったものだ。出演者は全員、映画ソサエティのメンバーで、ノーランは監督、製作、脚本、撮影、カメラ操作、編集（のみガレス・ヒースとの共同作業）の6役を担当。最終的な予算は3000ポンド程度で（正確にはわからない）、フィルム代とフィルム処理の費用が主な支出だった。『フォロウィング』は、「若者」（ジェレミー・セオボルド）としてしか名指されない無名の小説家志望の男を追っていく〔序盤の尋問シーンで彼は「ビル」と名乗るが、それが主人公の本名である確証はない〕。彼は、群衆の中から誰かを選び、スリルを味わうためにその人物を尾行する。あるいは、己の創作意欲を掻き立てるのが理由だったのかもしれない。のちの作品に登場することになる多くの主人公たちと同様、この若者も、ノーランを歪曲させた存在である。本作の冒頭、若者がブルームズベリー劇場の階段を通り過ぎてぶらつく様子が描かれるのだが、彼には、みすぼらしさとドストエフスキー的な（外見だけではわからない複雑な）何かが感じられる。こうしてこの主人公は、連続強盗犯でありながら教養があり、ハンサムで、冷徹で、ノーランが描くキャラクターで初めて完璧なスチールグレー〔刃物の色のようなやや青みを帯びた濃い灰色〕のスーツに身を包んだコッブ（アレックス・ハウ）の魔法にかかってしまうのだ。コッブから不法侵入のやり方と他人の人生を混乱させてスリルを味わうことを教えられ、コッブの共犯者となった若者は金髪の女性（ルーシー・ラッセル）と

"『フォロウィング』の独創的で、今となっては語り草になっている、
物語を時系列に語らない非線形構造（ノンリニア）は、
撮影の散発的な性質から生じた。
とはいえノーランは、その構造こそが、
スリラーを作る新しい方法を提供することを見抜いていた"

出会う。彼女は、あまりにも都合よくファム・ファタールの型にはまっているのだが、緻密に調整されたぜんまい仕掛けの時計のごとく、時間をかけて騙す詐欺の針が回り始めていく——。

　本作に出演していた俳優のうち、プロに転向したのはラッセルだけ。セオボルドは昔のよしみで『バットマン ビギンズ』や『インセプション』にカメオ出演しているが、現在は編集者である。3人のメインキャラクターのうちで間違いなく最も印象的で、上品かつ悪魔的で、都会派っぽく気取っていたハウは、撮影が終わると渡豪。その後、イェール大学で建築を学び、現在はニューヨークの一流企業で働いている。

　「1週間に1日撮影し、1年の大半はそれを続けた」[18]と、ノーランは振り返っている。全員が働いていたので、撮影は土曜日になりがちだった。つまり、毎週末、短編映画を作っているようなものだったのだ。

　作業は精力的に進められた。ノーランの実家で撮影した他、バーのシーンは友人のレストランを使わせてもらい、主人公の粗末な部屋にはセオボルド自身のアパートを充てるなど、ロケーションは利用できる場所を最大限に活用した。屋外の撮影は許可なしで敢行する。あの雑踏は本物だ。

　警察の尋問シーンでは、監督の叔父でプロの俳優のジョン・ノーランが警察官として参加。撮影に使用した古いドリートラックはとても運搬できる状態

俳優、友人、そしてフィルム・ノワールの典型——ノーランの商業映画デビュー作であり、ノワール映画を非常に意識した『フォロウィング』でブロンドのファム・ファタールを演じたルーシー・ラッセルと尾行相手に翻弄される主人公役のジェレミー・セオボルド

にはなかったので、映画ソサエティの狭い部室で同シーンを撮った。本作では唯一カメラを手持ちせずに撮影したシークエンスである。ノーランは、俳優の扱い方について、叔父のジョンから助言を受けた。ジョンは、自分のキャストが何を求めているかを理解するため、スタニスラフスキー・システム〔旧ソ連の演劇人コンスタンチン・スタニスラフスキーが提唱した演技理論〕について書かれたものを読めとアドバイスしたのだ。

全てが計算し尽くされていた。ノーランは事がうまく運び、全体がスムーズに進むようにしたのだ。撮影開始の半年前から、まるで舞台劇の上演を控えているかのように入念なリハーサルを行った。俳優たちは、各シーンを一字一句違えずに把握し、スケジュールは、計画したものに従うというより、都合が良ければ撮影するという感じだった。ゆえに、ロケ地が利用できるとなれば、すぐに行動に移す。しかもノーランは、1回の撮影でせいぜい1、2テイクを撮るのが時間的にも予算的にも精一杯だった。だからキャストは、（コマ切れの撮影でも、のちに全体をつなげた際に一貫性が損なわれぬよう）自分の役を知り尽くしたうえで演技をする必要があった。

衣装は自前で、小道具も自分たちの持ち物を使用。若者のデスクに置かれたタイプライターは、ノーランが父親から21歳の誕生日プレゼントにもらったもので、彼はこのタイプライターで本作の脚本を書いていた。セオボルドの部屋のドアにたまたま貼ってあったバットマンのロゴマークは、ノーランの未来を予言していたとも言える。

ひとつのパターンが浮かび上がってくる。ノーラン初の長編映画の核には、将来、可能な限り大規模で作られることになるブロックバスター作品の青写真が描かれているのだ。実生活の色合いが、実験を通じてどう掻き立てられ、それがどう可能性のある映画に成長し始めるか。本や映画、絵画、ロケーション、建築物、高まっていくスタイルのセンス、そして、自分の限界を押し広げようとする衝動といった外部からの影響が存在感を増していく。最初からノーランは、実際のロケ地で、その環境に縛られながら撮影するのが大好きだった。すぐに彼は、「ノーラン・ライム（韻）」とも言うべき独自の不思議なリズムで編集された「それ」を、心の目で見ることができるようになる。そう、根本的なレベルで、映画の本質について語る映画を——。

モノクロでの撮影は、意識的で現実的な選択であった。「映画を表現主義的なスタイルにする安上がりな方法だったんだ」[19]と、ノーランは笑う。超低予算映画だからこそ醸し出せる不気味さ、質素さに、彼はのめり込んでいく。ノーランは、俳優を窓際に立たせて照明を節約し、肩に載せたカメラで俳優たちを追いながらフィルムに物語を刻んでいく方法をいたく気に入った。フィルム・ノワールを作ると決めていたノーランは、同ジャンルを研究。映画の早い段階でヒッチコックの1951年製作の『見知らぬ乗客』風のシーンを登場させ、フランス人映画監督ジャック・ターナーの明暗法（キアロスクーロ）〔明暗のコントラストによって、物の立体感や画面の遠近感を表現する手法〕の強烈さ（複雑に絡むフラッシュバックシーンは、とりわけ1947年製作の『過去を逃れて』を彷彿とさせる）を本作に導入するのだ。当然のことながら、ボルヘスとチャンドラーの影響も滲み出ている。当時トーマスは、ロンドンが拠点の映画製作会社ワーキング・タイトル・フィルムズでアシスタントとして働いていた。そこで彼女は、各製作会社に出回っていた『パルプ・フィクション』(1994)のスクリプトを入手する。『レザボア・ドッグス』(1992)に深い感銘を受けていたノーランは、その監督であるクエンティン・タランティーノが時系列順に語るというルールを破り、時間軸をバラバラにしてストーリーラインの間を行き来する表現スタイルに衝撃を受けたのだ。

上：ロンドンの街角で目に付いた見知らぬ誰かを尾行、観察することに快感を覚える『フォロウィング』の名もなき青年を演じるジェレミー・セオボルド。本作は、許可を取らず、ほとんど計画もしないでゲリラ的に撮影が行われた

右：『フォロウィング』は鮮明なモノクロ映像が特徴──申し分なくスマートにスーツを着こなしたセオボルドは、群衆の中に紛れる無名でアイデンティティのない男を演じる

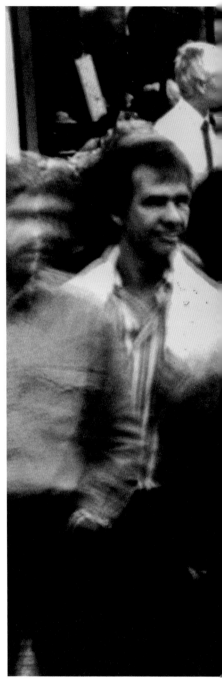

もはや、「まず原因があってそれから結果が生じる」という描き方にこだわる必要はなかった。

『フォロウィング』の独創的で、今となっては語り草になっている、物語を時系列に沿って語らない非線形構造（ノンリニア）は、撮影の散発的な性質から生じた。とはいえノーランは、その構造こそが、スリラーを作る新しい方法を提供することを見抜いていた。我々の人生が、いかに時系列通りに流れていっていないかに気づいたのだ。簡単な会話でさえも、その足取りをたどり直すことは少なくない。とある映画を誰かと語り合う際、我々は最初から最後までずっと時系列通りに内容を語るわけではない。話しながらストーリーを要所要所で巻き戻し、忘れていたディテールを加えながら描写する。ノーランは、それと同じ方法で映画を作っていると言えるかもしれない。

つまり、ここに「捻り」がある。『フォロウィング』は、3つの異なる時間軸で動いている。ひとつ目は、若者が警察の取り調べを受けているタイムラインで、彼はフラッシュバックで、コッブとの出会いを思い返す。ふたつ目は、若者が金髪の女と出会うタイムライン。女は自分が脅迫されていると訴える。3つ目は、若者が屋上で殴られるタイムラインだ。それぞれの時間軸が他の時間軸と交差し、どのシークエンスも、実に巧妙に、決定論〔あらゆる出来事は、それ以前に起きた出来事によってすでに決定していると考える哲学的立場〕が通用しない混乱のるつぼに投じられてし

新たな標的の私物を物色する、人当たりは良いが危険な泥棒コッブ（アレックス・ハウ）。非常に少ない予算で作られた『フォロウィング』の小道具は全て、ノーランと出演した俳優の所有物であった

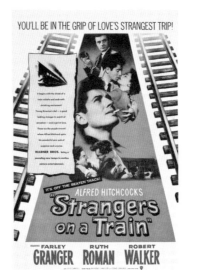
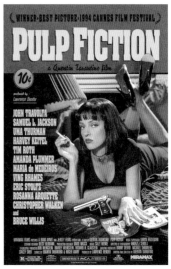

ノーランの監督デビュー作に影響を与えたふたつの古典的作品。主人公が偶然出くわした他人に罠へと誘い込まれるというコンセプトは、ヒッチコックの『見知らぬ乗客』（左）に倣い、時間軸を意図的にめちゃくちゃにするのは、タランティーノの『パルプ・フィクション』（右）での手法だった

まう。本作のタイトルは、皮肉でもあり、指南でもある。劇中で起きる出来事を追う<ruby>フォロウィング</ruby>ことは、とてつもなく難しくなっていく。場所や登場人物の髪型で曖昧に結びつけられた物語の渦の中で、欺瞞が繰り広げられ、アイデンティティは変化して再形成される。最終シーンで、コッブが群衆の中に消えるのを目撃しつつ、我々は、コッブとは、あの作家志望の若者の想像が生んだ存在だったのか、それとも、監督の想像の産物だったのかと首を傾げたまま取り残されるのだ。

『フォロウィング』の構造がやや変わった選択であったことを、ノーランは認めている。「でも、このプロジェクトの強みはそこにあるんだ」[20]。「普通ではない」ことが哲学になり、誰もやろうと思わないような策略を実行したからこそ「何か」が本作にもたらされたのだ。ノーランが敬愛するリドリー・スコットをはじめとする監督たちならば、何度も見返し、そのたびに新しい発見ができる視覚的なレイヤーを加えるところだろうが、ノーランは「ストーリー

テリングのアプローチそのものにレイヤーを加えたい」[21]と考えたのだ。

1998年のサンフランシスコ国際映画祭でプレミア上映された『フォロウィング』は、アメリカ各地の映画祭でたちまち評判となり、ニューヨークを拠点とする配給会社ツァイト・ガイスト・フィルムズによって劇場公開に漕ぎ着けた。結局、収益はわずか5万ドルであった（かなりの低予算だったことを考えれば、実際には健全な収益）。とはいえ、批評家たちはすぐに注目する。サンフランシスコを中心としたカリフォルニアのベイエリアの情報ニュースサイト『SFGATE』のミック・ラサールは、「物語が進むにつれてどんどん深みを増し、不気味になっていく本作がこれほどまでに成功したのは、先見の明があるクリエイティブな映画であるという証拠だ」[22]と書き、ノーランを、人の心を惹きつけてやまない新たな才能だと断言した。

何かを得ようと模索を続けたノーランは、ロンドンの街路で作った作品によって、彼のもうひとつの

アメリカの映画館で公開され、小規模ながら利益を上げた『フォロウィング』のポスター。批評家たちは大型新人の登場だと期待を膨らませた

2002年、ロサンゼルスのグローマンズ・エジプシャン・シアターでの『フォロウィング』上映会に到着したクリストファー・ノーランと妻のエマ・トーマス。ノーランの映画監督としての評価が上がるにつれ、彼の興味深いデビュー作への関心も高まっていった

故郷であるアメリカに、突然手招きされた。6年間の苦労は、一夜にして成功に変わった。ハリウッドの出世劇には、そうした時間軸が歪んでいるとしか思えない例がいくつもあるのだ。そして彼は、1990年代終わりに広まっていたインディーズ映画シーン——ビデオショップで働いて膨大な数の映画を鑑賞し、作り手になった映画界の反逆児タランティーノや、興行成績を気にせずにポップなコメディ作品を作っていたオタク監督ケヴィン・スミスの影響下にあった——を根底から揺るがすことになる。事態は「深刻化」しようとしていた。

結果論になるが、予算は足りなかったものの、今ではファンの間でカルト的な人気作となっているノーラン初の長編映画『フォロウィング』には賞賛すべき点がまだまだ多い。剥がれた壁紙、欠けた幅木〔壁と床の境目に取りつける木材〕、狭い部屋にぼんやりとした光を注ぐ薄っぺらいカーテンなど、物の質感が素晴らしかった。それらがリアルに見えたのは、生活感があり、使い古された感じがあったからだ。「自分たちが何も持っていなかった（から、工夫して全てを編み出した）あの原点に戻るために、他のどの映画でも、僕は膨大なリソースを費やしているんだ」[23]と、ノーランは笑っている。

ニューヨークにあるリンカーン・センター映画協会アソシエイト・プログラム・ディレクターのスコット・ファウンダスは、次のように語った。「『フォロウィング』は、畏敬の念を起こさせるほど素晴らしい創造力をもつ人物が、十分に経験値を積んで現場に現れたかのような、稀有なるデビュー作だ。大胆に描かれる非線形の時間、流動的なアイデンティティの感覚、不随意の痙攣のごとく意図せずに交錯する記憶など、ノーラン監督の揺るぎのないこだわりが色濃く存在している」[24]

我々は、警告を受けなかったわけではないのだ。

ノーラン小品集
クリストファー・ノーランによるミステリアスな短編映画たち

「*Space Wars*（未）」(1978)

ノーランが家族のスーパー8カメラで撮影したホームメイドのSF映画シリーズのひとつ。『スター・ウォーズ』と、英国版G.I.ジョーとも言える「アクションマン」のフィギュア、卵ケース、トイレットペーパー、そして爆発に見せかけるための小麦粉を用い、ノーランは初歩的なストップモーションで、ジョージ・ルーカスの銀河系サーガのシーンを再現。当時、彼は「宇宙とか宇宙船に関係するものならなんでも夢中になった」1と明かしている。大人のフィルムメイカーの視点から自身の最初の試みを見ると、かなり荒削りであったが、のちに使う撮影手法の基礎がそこにあったことを認めている。『インターステラー』では、より多くの予算とより高いレベルの専門知識を投じて、似たようなテクニック――星空を背景にした宇宙船――を利用することになった。

「*Tarantella*（未）」(1989)

幼馴染のロコ・ベリック（現在はドキュメンタリーを多く手がける映画制作者）とともにノーランがUCL（ユニバーシティ・カレッジ・ロンドン）時代に作った4分間の短編映画は、「これぞ『インセプション』の原点」と言いたくなるようなリアルな感覚を伴うノーランのホラー作品だ。弟のジョナ・ノーラン（クレジットはされていない）演じる青年がベッドで目覚める（自宅をセット代わりに使用したと思われる）が、彼が本当に覚醒したのかどうかは定かではなく、タランチュラ、叫ぶ男、スペイン出身の映画監督ルイス・ブニュエルの『アンダルシアの犬』(1929)を思わせる目のクロースアップといった悪魔的なイメージが続く。ジョナはガード下の道路（のちに『ダークナイト』に出てくるシカゴのロウアー・ワッ

カー・ドライブ）を疾走。ノーラン自身も明らかにバンパイアを思わせる姿で登場し、無表情のまま食卓に座るのだ。

「*Larceny*（未）」(1996)

長編デビュー作『フォロウィング』の予行演習として作られた、9分間の犯罪ストーリー。エマ・トーマスを制作アシスタントに迎え、UCLの映画およびテレビ研究会の限られた機材を使ってノーランのアパートで週末に撮影。ノーランは監督、脚本、撮影、編集の4役を務めている。1996年のケンブリッジ映画祭で上映され、高い評価を得たものの、一般公開は長年されていない。プロットについてはほとんど知られていないが、出演したジェレミー・セオボルドの説明によれば、「ある男がアパートに押し入り、住民（私）を驚かせる。彼らはその「強盗」の新しいガールフレンドについて口論する。男は、彼女の荷物を取りにきたと主張。すると、3人目の男が戸棚から飛び出してくる……」2といった内容らしい。

「*Doodlebug*（未）」(1997)

オランダ人画家M・C・エッシャーの騙し絵を思わせる「無限ループ」の構造、文学的引用、表現主義的なスタイルを有する本作は、ノーランのUCL時代の短

編映画の中で、間違いなく最も啓示的な作品だ。3分間のカフカ的な物語を映し出すこのモノクロ作品で、セオボルドが演じるのは、ボロアパートの一室で、取り憑かれたように目に見えない害虫を追いかける若者。ついにその生き物を捕まえるのだが、実はそれが、極小の彼自身であることが明らかになる。彼が小さなドッペルゲンガーに靴を叩きつけると、彼の上に巨大な「彼自身」がヌッと顔を出し、巨大な靴が振り下ろされるのだ。

「*Quay*（未）」(2015)

己のルーツに戻り、ノーランが『インターステラー』と『ダンケルク』の間に製作、監督、撮影、編集の4役をこなした短編ドキュメンタリー。ストップモーション・アニメーション作家、スティーヴンとティモシーのブラザース・クエイの作品(1979年の『人工の夜景――欲望果てしなき者ども』や1986年の『ストリート・オブ・クロコダイル』)を取り上げ、この双子のフィルムメイカーが彼らのスタジオで不気味な人形を用い、不可解な作品を作っている様子を明らかにしていく。これは、ノーランが明らかに親近感を抱く、非常にアナログな方法でストーリーテリングを行う非主流派アーティストへの8分間の讃歌である。

見出された無名の兄弟監督。ストップモーション・アニメーションの分野で驚くべき才能を発揮したスティーヴンとティモシーのクエイ兄弟（1995年の『ベンヤメンタ学院』といった実写映画も監督している）は、2015年にクリストファー・ノーランから愛に満ちた賛辞を受けた

鏡の国のアリス

『メメント』（2000）＆『インソムニア』（2002）

2作目のトリックとして、彼はロサンゼルスを舞台とした殺人をめぐる映画を作る。ただし、ストーリーが逆向きの時系列で描かれるため、観る者は否応なしに主人公の記憶喪失の感覚を味わう。3作目のトリックでノーランは、白夜のアラスカで殺人犯を追跡する刑事から睡眠を奪い、次第に狂気の淵へと追いやっていく

　　それは、兄弟ふたりが、単に何も話すことがなくなったという事実に端を発している。1996年、クリストファー・ノーランは、家族のガタついたホンダ・シビックでシカゴからロサンゼルスに向かうのだが、アメリカの半分を横断するくらいの長旅に、弟のジョナが同乗を申し出た。当時、ジョナは、ワシントンDCのジョージタウン大学で学んでいた。兄とは違い、アメリカで教育を受けた彼は、のんびりとした中西部訛りの英語を話す。延々と続くアメリカの高速道路を走り続けて2日もすると、ふたりの会話も途切れがちになった。ノーラン家のこの兄弟は、どちらもどこか遠い目をしたハンサムな青年で、「話す」よりも「考える」ことを得手としていた。

　エアコンの音は別として、車内は墓場のように静かだった。だからこそ、ジョナはこの単調な空気を打ち破るため、自分が考えついた短編小説のアイデアを兄に話そうと思ったのだろう。前向性健忘〔新しいことを覚えられなくなる記憶障害〕に関する心理学の授業から着想を得て、その後、雑誌『エスクァイア』に「Memento Mori（未）」として掲載されたこの小説は、印象的なイメージで幕を開ける。モーテルの一室で、とある男が目を覚ます。鏡を覗くと、男の全身はタトゥーで覆われていたのだ。皮膚に刻ま

れているのは、模様ではなく文章。つまり、自分へのメモだった。うちひとつのタトゥーには、「ジョン・Gはおまえの妻をレイプして殺した」[1]と書かれている。

　どうやら主人公は、頭を強く殴られ、この特殊な記憶喪失に陥ったらしい。怪我をする前の記憶は全て普通に覚えている（自分が誰かは確信している）ものの、負傷後は、10分しか記憶が保てず、永遠に「現在」に閉じ込められてしまう。彼の脳は、新しい記憶を形成できないのだ。事実上、彼は時間の流れから切り離された人間で、（記憶がある10分間のうちに）己の肉体に刻んだ指示によって次なる行動の方向性を決める。ポケットに忍ばせた一連のポラロイド写真は、訪ねてくる人物を識別するのに役立つ。そして袖をまくるように、プロットが少しずつ明かされていく――。

　ジョナはこの物語に感情的なうねりを加えるべく、自分がある晩、パリでナイフを突きつけられて強盗に遭った鮮明な記憶を利用した。彼はその経験を何度も繰り返し頭に思い浮かべ、決して果たすことのない復讐を企てる。「復讐」は、人間が覚える極めて原始的な感情だ。物語の主人公（映画ではレナードという名前になった）は、犯人が誰かを思い出せないにもかかわらず、同じように報復の衝動に駆ら

鏡に映る自分たちを見るレナード（ガイ・ピアース）とナタリー（キャリー＝アン・モス）。本作全体が、標準的なスリラー作品を反映させる「鏡」として機能している

れるのだ。ジョナの小説は、自らを消し続ける探偵のストーリーであった。

　ジョナは、兄が鋭い「批評家」で、物語の欠陥、噛み合わない歯車をすかさず嗅ぎつけるだろうとわかっていた。ところが、クリストファーは何ひとつ異議を唱えなかったのだ。沈黙がしばし続いたのち、ようやく彼は口を開いた。「映画としては最高のアイデアだ」[2]

　ポンコツのホンダ車は、なんとかロサンゼルスに到着した。その後、何ヶ月にもわたってノーランが育んだ物語は、『メメント』に改題され、彼のキャリアを大きく変えることになる。弟から話を聞かさ

34　クリストファー・ノーラン

"ノーランのキャリアは全て、
ずっとノアールという部屋に
閉じ込められたままだと言えるだろう"

れた瞬間、ノーランは、これが古典的なフィルム・ノワールでありながら、主人公の背徳行為が、「カルト映画の帝王」と呼ばれ、奇怪で悪夢的で妖艶な作品を手がける映画監督デヴィッド・リンチを思わせる捻りをもっていることに心を奪われたのだ。『フォロウィング』のときと同じく、ノーランは正しく物語と向き合うべく、このジャンルに没頭した。そして、「複雑にストーリーを語るには目的がいる。では、どうしたらいいのか」[3]と考え、答えを探ることに夢中になっていく。観客はプロットの中で迷子になるべきだろう。ジャック・ニコルソン主演の古典映画『チャイナタウン』(1974) のラストで、ニコルソンが扮する私立探偵ジェイク・ギテスが駆けつけた仲間から、「ジェイク、忘れろ。ここはチャイナタウンだ」[4]と言われる有名な台詞がある――。ノーランはその言葉に独自の色を加え、『メメント』を描いていく。「レナード、忘れるな。ここはチャイナタウンだ」と言わんばかりに――。フィルム・ノワールの名作『深夜の告白』(1944)、『マルタの鷹』(1941)、『三つ数えろ』(1946)、そして『マラソンマン』(1976) に共通するのが、「騙し合い」だ。ノー

ランのキャリアは全て、ずっとノアールという部屋に閉じ込められたままだと言えるだろう。

過去へ過去へと時間が傾斜していくことで観客を惑わす『メメント』は、「夢」のような強烈さをもつ。しかしながら本作は、主人公レナードが自分の素性を知っているという点で、ヒッチコックの『白い恐怖』(1945)、ロナルド・コールマン主演作『心の旅路』(1942) といった記憶喪失映画の慣例とは一線を画している。レナードは過去を記憶している。彼が記憶していないのは「現在」なのだ。イギリス人監督アラン・パーカーのじっとりしたホラー映画『エンゼル・ハート』(1987) は、もっとキャラクターのアイデンティティ・クライシスに左右される作品だ。「『エンゼル・ハート』には不意を突かれたよ」と、ノーランは振り返る。「でも、あの映画は、正々堂々と観客に勝負を仕掛けてくる」[5]。真実に気づいたとき、中心人物と観客との関係が変わってしまうのだ。そして、『ブレードランナー』(1982) は、決して涸れることのない川である。「記憶とアイデンティティに対する不安というものは、あの作品から引き継いだんだ」[6]と、ノーランは明かしている。

弟のストーリーによって敷かれた道に従い、ノーランは脚本を執筆し、さらに書き直して、前向性健忘という人間の存在の根幹に関わるような衝撃波をいかにしてスクリーンの中で生かすことができるか

『メメント』の謎を推し進めるアイデアはいろいろあれど、ガイ・ピアース演じる主人公レナードが、記憶代わりに、手がかりを身体にタトゥーとして刻み、新たに出会った重要な人物をポラロイド写真に残すというアイデアが特に素晴らしい

を練りに練っていく。ある朝、ロサンゼルスのオレンジ・ストリートにあるアパートで座り、カフェインで思い切り脳に刺激を与えたときに、それを閃いた。重要なのは、単に記憶喪失の話を語ることではなく、記憶喪失の人物——全く話を信用できない語り手——に話を語らせることだったのだ。ノーランは主人公のダメージを受けた脳内に観客を取り込み、主人公と同じように正確な知識を得られにくくした。つまり、ストーリーを逆行させることで、記憶が寸断されて話の筋をスムーズに呑み込めなくし、観客に主人公の症状を擬似体験させようとしたのだ。ざっくりと言えば、ひとつひとつのシーンは普通の時間の流れで進んでいくのだが（冒頭シーンは除く）、各場面は、その前の場面の始まった時点で終わる。つまりこの映画は、驚くべき新事実に向かって巻き戻されるという形になっている。ノーランは左利きで、いつも雑誌を後ろから前にめくっていたのと、関係があったのだろうか？

ノーランは、荒涼とした雰囲気に浸るべくカリフォルニアの海岸沿いに建つ安モーテルに泊まり、イギリスのロックバンド、レディオヘッドのデジタル時代のアンビエントでパラノイア的なサード・アルバム『OKコンピューター』を聴き耽りながら——今日に至るまで、彼はどの曲が次に来るのかを覚えられないでいるらしい——『メメント』の脚本を執筆したという。興味深いことに、観客に体験してもらいたいように——時間の流れを逆向きにして、脚本をページに書き込んでいったのだ。従来の「時系列通り」のストーリー運びは頭の中になく、ある場面を書いたら、次は、その書いたシーンの直前に起きた出来事のシーンを書く。「それって実は、僕が書いた中で、（こうなったら、こうなると予測できる）最も線形のスクリプトだったんだよ」[7]と、ノーランは笑う。各シーンはその前のシーンに依存しており、視覚的にも音響的にも巧妙なオーバーラップが

あった。

本作で観客が疑似体験する前向性健忘の頭とは、レナード・シェルビーというフルネームが与えられた主人公のもので、彼は、妻をレイプして殺害したうえ、自分の頭を負傷させて新しい記憶を残せなくした犯人を探している。彼が持っている証拠は、様々な地図やファイルに保存されており、重大な事実が皮膚にタトゥーとして刻まれているのだ。ブラッド・ピットがこの役に興味を覚えたものの、スケジュールがいっぱいで都合がつかず、オーストラリア人俳優ガイ・ピアースが、この（寝癖のついたノーランのような）派手なブロンドの髪ともの悲しげな冷静さを備えたキャラクターを鮮烈に演じた。さらに、レナードと絡む重要人物として、地元でバーを切り盛りするナタリー役にキャリー＝アン・モス、潜入捜査官のテディ役にジョー・パントリアーノが配されている。正直なところ、このふたりはどちらも信用できない。とはいえ、レナードは誰かを信用する術がないのも事実。10分後には、彼らは見覚えがない存在になってしまうのだから。

のちに、特典映像に物語が時系列順に見られる「リバース・シークエンス再生」が収録された『メメント』のDVDが発売されるのだが、時系列通りに描かれる本作は、ノーラン曰く「文字通り、キャラクター2、3人が誰かを極度に痛めつけるだけの」[8]悲惨な物語であることが明らかになった。腐敗した刑事とバーテンダーが秘密を抱えた記憶喪失の男を操り、彼らの汚れ仕事をさせる——というありきたりの筋書きなのだ。ところが、時系列を逆向きにするだけで、何もかもが謎めく。そして、観客は些細な情報をあれこれ追おうとし、本筋からどんどん気を逸らされてしまう。批評家たちは『メメント』を、常軌を逸した物語に観客をのめり込ませ、見事に騙す『ユージュアル・サスペクツ』（1995）、『ファイト・クラブ』（1999）、『マルコヴィッチの穴』（1999）

現実を捻じ曲げるスリラー映画の時代が到来し、**1999年の**『マトリックス』
はその先駆けとなった。同種の映画である『メメント』を、批評家たちは、
「より直感的な作品」に分類した

に例えた。ただし『メメント』は、映画全体が捻りとして機能しているのだ。

「考えついたのが、観客の頭に入り込み、その頭を回転させ、観客自身に構築させる映画を作る、というアイデアだった」9と、ノーランは語っている。

事実、『メメント』にはふたつのタイムラインが流れている。メインプロットが逆行した時系列で（新しい出来事から過去に遡って）展開する中、過去の回想として主人公の境遇を描くサブプロットと交互にシーンが切り替わっていく。サブプロット部分は『フォロウィング』のようなモノクロ映像で、メインプロットとは一線を画しながら時系列通りに進む。だが、そうした各場面の出来事がいつ起きているのかは謎なのだ。レナードは見慣れたモーテルの部屋で見知らぬ人物と電話で話しており、彼が記憶を保てなくなる前、保険会社の調査員として働いていたときに担当していた、やはり前向性健忘を患っているサミー・ジャンキス（スティーヴン・トボロウスキー）について語っていた。ジャンキスが糖尿病の妻に誤ってインスリンを過剰に摂取させ、殺してしまったことを観客は知る。保険会社調査員という職業は、レイモンド・チャンドラーが監督のビリー・ワイルダーと脚本を書いた『深夜の告白』の主人公ウォルター・ネフ（フレッド・マクマレイ）と同じ。同作の物語全体は、録音機に告白を始めたネフの語りとして、フラッシュバックで綴られていく。

アイデアをスクリプトにしたなら、あとは映画化に向けての支援者探しが待っている。予算を出してくれそうな人たちに声をかけたものの、この企画に対する反応は好き嫌いがはっきりと分かれた。スクリプトを最後まで読んで納得した者と、最初から最後まで、あるいは最後から最初までと言うべきか、とにかく内容が全く理解できない者に二分された。幸運なことに、エマ・トーマスがニューマーケット・フィルムズのプロデューサー、アーロン・ライダー

まで話をもっていけた。ライダーは、これまで出会った映画で最も革新的な作品だと考え、450万ドルの予算を提示する。世間では、自主制作映画からスタジオ映画制作への移行は、少なくない予算を得て、A級リストの俳優、そして真剣に考えてくれる映画スタジオの幹部たちとの仕事へとアップグレードするゆえ、大きな飛躍だと思われがちだが、ノーランにしたら、そのレベルではなかったらしい。「出演者が自分たちの服を着て演じ、僕の母親がサンドイッチを作ってくれていた『フォロウィング』の現場から、誰かが出す350万とか400万ドルの予算の作品に着手するなんて……」10比較するところの話ではなかったのだ。ノーランにはスタッフが付き、撮影現場の外にはトラックやトレーラーが並んだ。締切と許可が有効化され、俳優にはギャラが支払われた。ハリウッドでは、ノーランはまだ「雑魚」扱いであったものの、この若い監督にとっては決定的な瞬間となる。

1999年9月8日、25日にわたる制作期間が始まった。ロケ地は、バーバンク、パサデナ、サンランド、ノースヒルズのヒル・クレスト・イン（劇中では「マウントクレスト・イン」）、そしてタハンガにあるトラベル・イン（劇中では、「ディスカウント・イン」）など。出来事が起きる場所は、レナードの脳波のように無秩序である。このように、よく知られた土地でストーリーが展開するとしても、最も馴染みのない方法でそれを語るのが、ノーラン流だ。本作の舞台となったのは、ノーランが「都市周辺地域」11と呼ぶ場所で、場末の酒場や汚いモーテルが昔からある、太陽に晒されたアメリカの中規模の街の外れ。いかにも数々の映画で、悪党どもが身を寄せる土地として出てきそうな場所だ。

中央のモーテルの部屋は、グレンデールのサウンドステージ〔映画撮影用の防音スタジオ〕に建てられたが、プロダクションデザイナーのパティ・ポデスタは、

実際に何が起きているのか、観客には全くわからなくなる――そうした「騙し絵」的な映画のアイデアは、『エンゼル・ハート』や『マラソンマン』などのスリラー作品からヒントを得たものだ

この部屋を息苦しい感じのする空間にした。撮影監督のウォーリー・フィスターは被写界深度を浅くして撮影し、背景をぼやけさせ、窓を観客に意識させないようにしている。カメラはレナードの主観を表現できる範囲内で、常に、可能な限りレナードに近づく。それにより、観客は、ほとんど彼に触れているような感覚を覚え、レナードの五感が記憶の欠如を補っているのではないかと思うのだ。ノーランはカメラレンズのそばに座り、俳優の動きに近い場所にいた。それは、彼がその後も撮影時に続ける慣習となった。「自分の肉眼で物を見るのは、モニターで見るよりもずっと鮮明だ」[12]と、ノーランは述べている。やがてその目は、決して見ることのない「次元」すら捉えることになる。

　方向感覚を失わせるかのごとく、観客の頭を混乱させるのは、彼の手口となってきた。本作の停滞することなく進行するその速度感は、とても重要だ。レナードの思考がどこにあるのか、観客はその答えを割り出す時間を全く与えられない。新しいシーンが始まるたび、彼が目覚めたばかりになるのと似ている。どのくらい時間が経過したのか、見当が付かない。数日？　数週間？　ノーランは、全ての映画がいかに時間を歪めているかに、我々の関心を向けさせていく。

　『メメント』は、過去に作られた作品の中で、最も受け手が自分自身を意識する映画であるはずなのに、観客は普通とは違うストーリーテリングに夢中になってしまう。作品の根底に勢いがあり、観客が答えに近づけば近づくほど、始まりに近づけば近づくほど、その勢いは増す。我々が映画を観るとき、映画がどう機能するか、その自然なリズムに適応する。そこでノーランは、我々に自分たちの本能に同調することを求めたのだ。「本作は、実は3幕構成なんだ」[13]と、彼は明かす。ノーランが従来の描き方を逆転させて楽しみ始めると、作品中盤から雰囲気がライトになるのだ。ノワールのモチーフは、鏡越しではあるものの、相変わらず慎重に守られている。ある段階で、追跡シーンの真っ最中に切り替わり、レナー

ドは自分が追われているのか、それとも追っている
のか確信をもてなくなる。ここで、ナタリーのこと
を考えてみてほしい。彼女は、逆順では、裏切って、
次に操り、そして誘惑するファム・ファタールだ。
レナードは、迷路の出口を見つけ出そうする、ノー
ラン映画を観ている誰かの究極の体現者である。

　観察眼の鋭い批評家たちは目ざとく、『LAコンフィ
デンシャル』（1997）からひとり（ピアース）と、『マ
トリックス』からふたり（モスおよびパントリアー
ノ）がキャスティングされた点に気づいた。LAが
舞台のノワール作品が、時間を曲げるSF映画と出
会ったわけだ。ノーランは、『メメント』の脚本が、
ピアースの内なる「偏執的な何か」[14]に語りかけた
のだと指摘している。この俳優は素晴らしい記憶力
の持ち主で、特定の動きを誤りなく正確に繰り返せ
るという。どの俳優も、本作のコンセプトは理解で
きていた。結局のところ、『メメント』の混乱した
時系列は、映画撮影の典型的なスタイルに近い。何
せ、映画は通常、脚本に書かれている順番で撮影さ
れることがほとんどないのだから。次に何が起こる
かわからないということを想定して計画を立てるの
が、俳優たちの仕事だった。ノーランによれば、と
りわけピアースは、自分でピンとこない何かを徹底
的に探って、理屈をとことん理解する、素晴らしい
「ロジック・フィルター」[15]だったようだ。「僕らは
ふたりとも、同じ仕事をしていたんだよ」[16]と、彼
は笑う。

　ピアースは、レナードが「ある程度、安定を保と
う」[17]と試みるも、失敗に終わる姿をとても気に入っ
ていた。このキャラクターが悲劇的な人物であるこ

真実はそこにある──レナード（ガイ・ピアース）と、そこまで親しいとは
言えない知人のテディ（ジョー・パントリアーノ）は「事の始まり」に近
づいていく

皮肉なことに、記憶力のいいガイ・ピアースは、その力を利用して、どのシーンでも、レナードが知っていること、そして知らないことを全て叩き込んでいたという

とは、不可欠だったのだ。「いつからひとりなのか知らぬまま、ここに横になっているんだ」[18]と、彼はナタリーに語る。記憶がなければ、悲しみもあり得ない。自分が信じられるかどうかすらわからない。もしも自分が悪役になったらどうする？ アウトサイダー、私立探偵、打ちひしがれたロマンティックな魂。同じ通りを歩き、同じ犯罪に付きまとう。レナードは、純粋なチャンドラーだとも捉えられる。復讐という本能が彼を駆り立てる。記憶よりも深いところにある、宇宙の執拗な引力に似た何かだ。「事実だ。記憶じゃなくて」[19]と、レナードは繰り返し、メモと図を熟考する。ちょうど監督が物語を書くように——。レナードはポラロイド写真を撮るが、メイクアップのスタッフたちも、このキャラクターの怪我の回復状態を計画するのにポラロイド写真を

撮っていた。後退するシーンごとに頬の傷の治り具合も逆行し、傷口を開いていく必要があった。

　レナードを見ると、疲れ果てているのがわかる。仕立てのいいスーツと青いシャツを着ているが、どうもサイズが合っていない（ピアースはこの役のために痩せたのだ）。叩きのめされて痣もできているが、レナードと監督は似ている。撮影現場のノーランは、学生時代の制服と同じような格好だ。ヘイリーベリー時代の毎日の絶対的命令が習慣として残っているのかもしれない。ブレザーにコットンのシャツ。シャツは、灰色がかった水色のときもあれば、白を選ぶこともあった。襟元は開けている。黒のスーツにベストの組み合わせもあった。彼は、ヒッチコックが必ずスーツにネクタイ姿で撮影に臨んでいたのを思い出したのだろう。

上：撮影現場でガイ・ピアースに指示を出すクリストファー・ノーラン──彼は、自主映画も同然だった『フォロウィング』から、予算が出て人気俳優と大勢のスタッフで作れた『メメント』への飛躍は、自身のキャリアの中で最も大きな変化だったと今も考えている

左：裏切りから誘惑へ──時間が逆再生される物語で、ファム・ファタールを演じるキャリー゠アン・モスと話すノーラン

失われていく筋書き――記憶を10分しか保てないレナード（ガイ・ピアース）は、バーを経営するナタリー（キャリー＝アン・モス）と面識があったのかどうかを確認しようとする

同時期に公開された映画の中で最も話題になった本作の象徴的な劇場公開用ポスター

　映画が完成し、ニューマーケット・フィルムズは配給会社を決めるにあたり、自信をもって試写会を行った。試写会参加者の反応は、驚きと畏敬の念が入り混じるものとなる。彼らは皆、ノーランを絶賛した。握手を求め、エンボス加工を施した名刺を渡し、他に作品があるのかと訊ねてきた。ところが皮肉なことに、『メメント』はあまりに巧妙な映画だったため、逆に敬遠されてしまう。観客は理解できないだろうと判断されたのだ。「みんなに断られた」[20]と、ノーランはため息をつく。こうして本作は、1年間、宙ぶらりんのままだった。ハリウッドに進出した彼のキャリアは始まったばかりなのに、あたかも時間が逆行しているかのように感じられた。多くの映画人がそうだったように、監督のスティーヴン・ソダーバーグも、ノーランの独創性と大胆さに圧倒された。映画のストーリーテリングの最も基本的な「話は時間の経過とともに進む」という側面に、ノーランは風穴を開けたのだ。「『メメント』は飛躍的な進歩だった」[21]と、ソダーバーグは主張。これ

ほどの作品が公開されないのであれば、インデペンデント映画業界は終わりだと考えるほどだった。
　『メメント』の可能性を信じたニューマーケット・フィルムズは、本作を映画館で上映させるため、独自の配給部門を設立した。「この映画が理解できるか」と言わんばかりに、観る者の頭脳に勝負を挑んだのだ。そうしてその頃から、事態が動き出す。批評家たちは本作に愕然とし、次々にレビューを書いた。『ニューヨーク・タイムズ』紙は、「人生が存在する意味を問うクロスワードパズル」[22]と声高に言い、雑誌『ヴァラエティ』は、「面白いほど心を掻き乱される」[23]と支持をする。『ワシントン・ポスト』紙は、「真実が明らかになるたび、全体像が急激に変化していく」[24]と、驚嘆を露にした。本作のからくりに批判の声を上げる者もいるが、大多数は、スリラーの新たな方向性を見出していた。「あまりに賢くて、我々観客が馬鹿に感じてしまう映画と、そもそも馬鹿が作った映画のどちらかを選べるとしたら？　自分がどちらを選ぶかは決まっている」[25]と、

『ザ・ニューヨーカー』誌の映画評論家アンソニー・レインは記事の中で明言した。

評判は広まり、「君は『メメント』を理解できたか？」が映画ファンの合言葉になる勢いで話題になっていく。観客は映画館に何度も足を運び、真実に迫ろうと躍起になった。ところがなぜか、観れば観るほど、わからなくなるのだ。この映画は、重力に逆らうように興行収入のグラフが動き、週ごとに数が上昇していった。最初はわずか11館での公開だったのだが、その後、500館以上で公開され、全世界で4000万ドルの興収を記録する。

『メメント』は大きな規模で観客に挑戦できる作品だというノーランの信念は、確信に変わった。彼は映画祭を回りながら、観客の反応を直接体験したのだ。皆が本作にリアクションする様子は「（観客が）メインストリームの映画を観ている感じ」[26]だったと、彼は満足げに述べている。ヴェネチア国際映画祭では、ロサンゼルスの街路を走っていたレナードの車が急停車してタイヤを鋭く鳴らすシーンで映画が終わると、会場は水を打ったような静けさに包まれた。観客たちは息を吐き、混乱した頭を落ち着かせてから立ち上がり、スタンディング・オベーションとなったのだ。これからは、自分の心を信じよう。ノーランはそう思った。本作がアカデミー賞脚本賞と編集賞にノミネートされる頃には、メジャー映画スタジオも独立系映画会社も、ノーランの難解なマジックを求めて大騒ぎとなる。

最終的に『メメント』の始まりにたどり着き、タイムラインが組み合わされる。答えは出てくるも、謎は残ったままだ。我々は、白黒のシークエンスが、本作の出来事が起こる以前のフラッシュバックだと知るが、電話の向こうに誰がいるのかはわからない。テディは暴言を吐く。レナードの妻はレイプされたが、インスリンを過剰に摂取させてたまたま彼女を殺してしまったのは、レナードだった。彼は英雄ではない。

犯罪の匂いがする。あるいは、それもテディの嘘なのか？　レナード（そして我々）には知る由もない。

我々は、間違った疑問を問うているのかもしれない。『メメント』は、誰がレナードの妻を殺したのか、についての話ではない。それは、大事なことから気を逸らす要素である。本当の疑問は——もっと重要なのは——どうして冒頭でレナードがテディを殺すことを覚えているか、なのだ。エンターテインメント系新聞『The A.V. Club』〔現在は完全にオンラインに移行〕で、映画ライターのスコット・トビアスは、「この驚くべき結末は、本作を完全に別のレベルに引き上げ、ラストに至るまでの全てに新たな光を当てる、実存的な疑問の数々を解き放つ」[27]と書いていた。「本作には曖昧な点がいくつかあるが、その曖昧さ自体が答えなんだと思う」と、ノーランは、監督ゆえに明確な答えを避け、映画ファンを焦らすようなコメントを出している。「観客にとって、自分たちが知り得ないことは、とても明白だ。観客は、この映画の裏には、何が起きているかを知っている人物がいる、と感じる必要があるんだよ」[28]

ノーランが監督した3作目『インソムニア』は、これまで見たことのないスケールで幕を開ける。荒涼とした凍てつく大地、ノーランの目のごとく鮮やかな青色が滲む、遠くまで連なる氷河の凸凹の稜線。そんな風景の中に、傾きながら飛ぶ双発プロペラ機が飛び込んでくる。まるで『インターステラー』の遠い惑星のひとつかと思わせるここは、実際には、アラスカのバルディーズ近くにあるコロンビア氷河だ。ノーランは、「時間」と響き合うイメージを提供することで、印象的な画を作り出す。『メメント』は、放たれた弾が銃に吸い込まれるように戻るショットで物語が始まる。時間が遡るこの映像は、のちの『TENET テネット』でエントロピー増大の向きを反転させた「逆行する弾丸」を予兆させるものであり、彼がほどなく『バットマン』にもたらす何かを、

ワイドスクリーンで約束した瞬間だとも考えられるだろう。

1997年に、ノルウェー映画『不眠症 オリジナル版 インソムニア』(1997) を観た彼は、強く魅了され、同じ日にもう一度鑑賞した。氷の彫刻を彷彿とさせる、どこか硬い質感を備えた映像に、ノーランは感じるものがあったのだ。ノルウェー人監督エーリク・ショルビャルグが監督と脚本を務めた、この北欧ノワール初期の殺人ミステリーには、我々がフィルム・ノワールに欠かせないと考えている要素「夜闇」がない。白夜が、スウェーデン出身の俳優ステラン・スカルスガルド演じる刑事を悩ませる。精神的におかしくなったというよりは、環境の変化で体内時計が狂ってしまい、不調をきたすのだ。

ノーランは、『不眠症』が「お決まりの流れに逆らって進んでいく」[29] ことをいたく気に入り、ワーナー・

アラスカでの眠れぬ日々──アル・パチーノ演じるロス市警の刑事ウィル・ドーマーは、太陽が沈まない白夜の中、終わりの見えない「インソムニア（不眠症）」に囚われてしまう

ブラザースが同作の英語版リメイクを予定している
と聞きつけるや、エージェントに自分がスタジオ側
と掛け合えるようにしてほしいと働きかけた。しか
しその時点で、クリストファー・ノーランは無名も
同然。メジャーな長編監督作が1本しかない、半人
前の監督だった。

　ノーランが『メメント』に目を向けている間、『羊
たちの沈黙』（1991）などで知られるジョナサン・

デミが『不眠症』のリメイク版の監督に興味を示し、
一時期、ハリソン・フォードを疲れた刑事役に据え
るという方向で話が進んでいく。しかし、ハリウッ
ドの映画スタジオ上層部で停滞してしまう多くの企
画のように、この話も宙ぶらりんの状態だった……
スティーヴン・ソダーバーグが登場するまでは。『メ
メント』を観たソダーバーグは、ワーナーのバック
ロット〔撮影スタジオ敷地内の野外撮影用の土地〕を横切り、

アラスカのロケ現場でのクリストファー・ノーランとヒロインのヒラリー・スワンク。アラスカの風景が、登場人物たちの内なる苦悩を反映するようになる

まっすぐに制作部門の責任者のところに歩いていって、この若いフィルムメイカーに（話し合いの）時間を与えるべきだと直談判したのだ。ソダーバーグと俳優のジョージ・クルーニーが製作総指揮を務めると申し出たことで、潮目が大きく変わり、事態は動き出す。

　こうして、『メメント』が脚光を浴びた際には、ノーランはすでに『不眠症』のリメイクとなる『インソムニア』に深く関わっていたというわけだ。もちろん、これは救いとなった。「僕は、みんなから「ああ、君はこれまでとは違う、すごいことをやったんだね。次は何をするつもりなんだい？　どうやって、前作を超えるのかな？」と言われる立場にならずに済んだんだ」[30]と、ノーランは振り返る。映画監督として、着実なキャリアの流れを確立しつつあった彼だが、その後も、次の監督作の予定が空っぽのまま、映画を完成させることは滅多にない。映画制作の契約の際、彼は自分の条件を指示するのだ。

　『インソムニア』は、ノーランの監督作で「異端児」扱いされることがある。既存の脚本に基づき、物語は最初から最後まで時系列通りに敷かれたレールを走っていく。しかし、これを「ありきたり」だと早合点してはいけない。4400万ドルをかけたメジャースタジオ製作のスリラー映画ではあるが、映画監督クリストファー・ノーランの定義のひとつ「綱渡り的なコンセプト」をもつ点で一貫しているのだ。

　オリジナル版ではノルウェーだったが、ノーラン版の『インソムニア』はアラスカの田舎町ナイトミュートに舞台を移し、10代の少女の撲殺死体が発見されるが、全く容疑者の目星が付かないという状況で物語が滑り出していく。ロス市警の刑事ウィル・ドーマー（アル・パチーノ／オリジナル版でスカルスガルドが演じた役）と、相棒のハップ・エックハート（マーティン・ドノヴァン）は、アラスカの地元警察の応援として北に向かう。ふたりは、港でドーマーを尊敬する若き女性刑事エリー・バー（ヒラリー・

スワンク）に迎えられた。しかし、ドーマーとエックハートは、順風満帆なコンビというわけではない。皆から一目置かれるベテラン刑事ドーマーだったが、過去の捜査に対する調査が進んでおり、エックハートは内務監査部から証言を求められていたのだ。罪悪感がドーマーに重力のようにのしかかる。ホテルで休もうにも、ブラインドの隙間から挿し込む沈まぬ太陽の光に悩まされ、彼は6日間眠れない日々を過ごすことになる。

『インソムニア』でノーランは、初めて「ハリウッド」システムの制作を経験する。資金は豊富だが、考える時間がない。撮影前夜に、各シーンのロケ現場の交通や人通りなどを遮断するのだ。2001年4月から6月までの3ヶ月間、アラスカ、ブリティッシュ・コロンビア、バンクーバーを移動して撮影された本作は、それぞれの地形に取り囲まれ、ノーランのそれまでの映画よりも、かなり「有機的」な感じが醸し出されている。撮影監督のウォーリー・フィスターとともに、ノーランは、自分がオリジナル版で感心した重く澱んだ質感——特に骨に染みる湿り気——をアラスカのロケ地でも出そうと努めた。劇中では、遠くに連なる森林に覆われた山々を垣間見ることができるが、近くに目をやると、ゴミ捨て場、処理工場、怪しげなバー、狭い路地、鬱屈としたモーテルの部屋がひしめいている。そこにある文明は、映画のセットよろしくずさんな造りに見えるのだ。

『メメント』も『インソムニア』も、アメリカの独特の歪みが、舞台となる社会の辺境地に加わっている。地理的状況を心理状態とリンクさせ、精神的、環境的にギリギリ人間が生活できる限界地帯で物語が展開していく。霧がおとぎ話の息吹のように広がる場合を除き、『インソムニア』の屋外の明るさは、常に曇りに設定されている。あるいは、ドーマーが寝不足により感覚を鈍らせ、思わぬタイミングで何かが急変するのを曇りの光で演出しているのだ。張

り込みが大失敗し、犯人が逃げ出した際、ドーマーは相棒を撃ち殺してしまう。悲劇的な誤射だったのか。それとも、故意に撃ったのか。ドーマー本人でさえ確信がもてない。こうして観客は、再び分裂した精神が織り成す異様な世界に放り込まれるのだ。

脚本には、ヒラリー・セイツの名前のみがクレジットされているものの、ノーランは「自分がセイツと一緒に何稿も脚本を手がけた」[31]と明言している。彼は、脚本のプロセスに携わらないと、映画全体を見たり、感じたりできないようだ。その間もずっと、彼は、アル・パチーノの出演交渉がうまくいくことに賭けていた。脚本を書く際、パチーノの深く澱んだ目を思い浮かべながらドーマーを描写していたからだ。『インソムニア』は、マイケル・マン監督作『ヒート』（1995）の警官と犯罪者の関係に類似性がある。アル・パチーノとロバート・デ・ニーロが共演するこのネオ・ノワール〔フィルム・ノワールのエッセンスを継承した1970~1990年代の犯罪映画〕の名作は、常にノーランのフィルムメイキングの思考の拠りどころであった。探偵と標的が巧妙に互いの裏をかこうとする様は、『プレステージ』で争い続けるライバル同士のマジシャンのようでもあり、本人たちが思う以上に、ふたりが似た者同士である事実を見せつけてくる。どちらも相手の証拠をもっているというヒッチコック的な設定も、物語のいい味つけになっていた。「この件で、我々はパートナーだ」[32]と、ドーマーの敵が上機嫌で言い放つ。

映画評論家のフィリップ・フレンチはイギリスの新聞『オブザーバー』で、「ノーランの混乱したヒーローたちは皆、邪悪な悪役たちと対峙し、自分の人生のコントロールを取り戻そうと躍起になる。悪役たちは、言葉巧みにヒーローたちに付け込み、彼らを目指す目標から遠ざけようとしてくるのだ」[33]と、書いているが、それはノーランの初期のキャリアの見事な要約にもなっていた。

『メメント』のレナード・シェルビー同様、ドーマー刑事も、混沌とした状況を無理やり秩序立てようと試みるも、うまくいかない。監督は両作で、混乱する現実を物語の奇妙な構造に絡めることで、主人公たちの動揺や困惑をも表現した。そして、本作でも再びノーランは、（『メメント』と同じく）ロサンゼルスの太陽と乾燥した空気に晒されて疲れ果てた主人公の顔（ドーマーはロサンゼルス警察からアラスカに事件解決の手助けにやってきたという設定）に、心地悪いほどカメラを近づけており、観客は全編を通して、パチーノの爬虫類を思わせるほどごわついた皮膚の感触を、これでもかと見せつけられる。『ゴッドファーザー』（1972）、『セルピコ』（1973）、『狼たちの午後』（1975）といったモラルなど当てにならない世界を生きる象徴であったこのニューヨーク出身の偉大な俳優が、本作では、「なぜこんなことになったのか」という問いの答えを得られぬまま、じわじわと追い詰められていく姿に観客は驚かされるのだ。その結果、罪悪感が人を蝕む力を見事に描いた濃い作品となった。ドーマーに蓄積していく倦怠感は、肉体的に彼を疲れさせるだけでなく、その実存──己の存在する意義──をぐらつかせていく。「彼は狂気の瀬戸際にいる。足元がおぼつかなくなるほど追い詰められるキャラクターを演じるアル・パチーノの演技は圧巻だ」[34] と、『シアトルタイムズ』紙で映画評論家のモリア・マクドナルドはこの俳優を絶賛した。

ドーマーに敵対するウォルター・フィンチは、三文スリラー小説家（犯罪を解決するところか、自分が犯罪を生み出している）で、紛れもないサイコパスだ。フィンチに扮するのはロビン・ウィリアムズだが、本編では、1時間近く表情は映し出されない。電話から、彼の感情を押し殺したような声が聞こえるのみだ。パチーノがいかにも彼らしさを象徴するようなキャラクターを演じている一方で、ウィリア

ムズは逆転の発想のキャスティングであった。ウィリアムズは、ハリウッドのピーターパン、つまり過度におしゃべりな子供のような大人として地位を築き上げていた。彼は、テレビドラマ『ハッピーデイズ』のスピンオフ作品『モーク＆ミンディ』の異星人モークであり、『ミセス・ダウト』（1993）の主人公が特殊メイクで化けた英国の老婦人ミセス・ダウトファイアであり、『いまを生きる』（1989）の型破りな授業で生徒たちにインスピレーションあふれる言葉を与えた教師ジョン・キーティングなのだ。「彼は本当に、自分自身の中に何かを見出していた」[35] と、ノーランは称賛している。シリアスな役も演じられると認められたいと考えていたスーパースターにとって、2002年は、あらゆる意味で転換点となった。『ストーカー』（2002）と『インソムニア』の2作で、ウィリアムズは、それまでのコミカルで無邪気なイメージを修正するがごとく、不気味な人物になり切った。「ロビン・ウィリアムズは、驚くほど効果的な（アル・パチーノの）対抗馬だった」と、映画評論家のデヴィッド・エデルスタインは、アメリカの政治および文化をメインに扱う総合誌『Slate』に書いている。「肝心なのは、ウィリアムズの変貌ぶり。（フィンチというキャラクターがもつ）狂気のエネルギーを表現するのに、彼はいつもの柔和な特徴を封じ込め、堅物の変質者を演じ切っているのだ」[36]。これは、ノーランの一流俳優の使い方がいかに巧妙だったかがわかる一例だ。

さらに『インソムニア』は、非常に個性的かつ比喩的なアプローチでアクションを展開させた、初めてのノーラン作品である。青い霧に包まれて混沌とする銃撃戦。アラスカの川に浮かぶ大量の丸太の上を飛び渡る追跡シーン。濡れた丸太の表面は滑りやすく、足を取られて凍てつく水の中に落下したドーマーは、ほぼ隙間なく並んで流れていく丸太の下から危うく出られなくなってしまうところだった。そ

左：ノーランが初めて一緒に仕事をした大物スターとなったアル・パチーノ。この俳優が、カメラに撮られていることを全く意識させない自然な演技ができることに、ノーランは驚いたという

下：地元警察のヒーロー──アラスカ警察の刑事エリー・バー役のヒラリー・スワンク。エリーは、本作で唯一「潔白な」人物だ

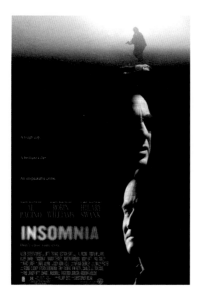

左上：『インソムニア』は、ノーランが初めて監督した大手映画スタジオ作品。ワーナー・ブラザースとの非常に良好な関係は本作から始まり、その後、彼は連続して9作をワーナーのもとで作ることになる

右上：エリー・バー（ヒラリー・スワンク）とウィル・ドーマー（アル・パチーノ）の刑事ふたりが事件の証拠について相談し合う。だが、本作がフィルム・ノワールだと考えると、証拠とは「不確かな概念」なのだと観客は気づいていく

左：運命の対決。パチーノ演じるドーマーは、サイコパスのウォルター・フィンチ（ロビン・ウィリアムズ）と対峙する。ドーマー刑事は絶対に認めたくないだろうが、このふたりは非常によく似ているのだ

本作でロビン・ウィリアムズが扮したフィンチは、彼がいつも演じる愛すべきコミカルなキャラクターとは「何光年もかけ離れている」と言いたくなるくらい別次元の人物だった。クリストファー・ノーランは、この俳優がフィンチを演じるにあたり、自分自身の中に何かを見出し、それを引き出して役になり切ったことに驚嘆した

の姿は、己の悪夢の水面下に入り込み、出口が見つからずにもがく彼の精神状態そのものだ。また、編集の構文（シンタックス）はお馴染みのリズムを確立している。長い会話のシークエンスから短くすばやくカットする場面に変わり、感覚、記憶、血まみれアイテムのディテールが出来事の流れに挿入されていく。そして、破断された時間。

『インソムニア』は、ネオ・ノワールの可能性と、ありがちな型に決してはまらないノーラン独自のスタイルを前進させると同時に、「インディー映画の奇才」だった彼を「洗練されたスタジオ映画の逸材」へと瞬く間に移行させた作品となった。「何かに駆られた刑事を描く映画として、ひとりの人間の地獄を映し出すビジョンとして、本作は見逃せない1作だ」[37]と、イギリスの大手新聞『ガーディアン』で、映画評論家のピーター・ブラッドショウは結論づけている。批評家もファンも、ノーランの特異な特質が、映画スタジオからの圧力で押し潰されなかったこと

を喜んだ。本作が興行収入1億1400万ドルを達成したことに気を良くしたワーナーは、彼に、既存のスーパーヒーローものについて一考するように打診したほどだった。

スタジオの懸念に備え、ノーランは『インソムニア』の結末をふた通り撮影していた。ひとつは、ドーマーが己の試練から生還するという展開だったが、ソダーバーグの指示で、ノーランはドーマーを死なせる。そのほうが、「詩情豊かな映像の詩人」と呼ばれ、「男のロマン」、「男の美学」を描いた名匠ジョン・フォード監督の「フォード調」のエンディングになり、道徳的な秩序が再び確立されると、彼らの意見は一致した。信じられないことに、ワーナーは干渉しなかったのだ。こうしてラストは、致命傷を負ったドーマーが「ただ眠らせてくれ」[38]と、バー刑事につぶやき、ようやく白夜から解放される感動的な瞬間となる。すなわち、彼は永遠の眠りを手に入れたのだった。

脅しのゲーム

『バットマン ビギンズ』(2005)

4作目となるトリックで、ノーランは、ブロックバスター映画に求められる要素を己の意志で捻じ曲げ、コミックブックのイコン的存在を新たに描き出す。こうして、ハリウッドを永遠に変えることになる3部作に着手したのだった

イギリスのベテラン俳優マイケル・ケインは、その人物が宅配便業者だと思ったそうだ。ロンドン近郊ののどかな町に建つ邸宅の呼び鈴が鳴ったとき、この礼儀正しい若者が立っていた。ブロンドの前髪が目にかかり、左手に脚本を持っていたという。脚本のタイトルは「The Intimidation Game（脅しのゲーム）」。どうせイギリスのギャングものを焼き直したありきたりの作品だろうと懐疑的に思ったケインは、見知らぬ青年に置いていくようにと告げた。芸歴50年を誇る正真正銘の名優は、急ぐつもりなどなかったからだ。ところが青年は、待っているから読んでほしいと訴える。なんでも、その脚本は絶対に情報を外に漏らせないため、自分と一緒に持って帰らないといけないと言うではないか。そこでケインは、ようやく彼が映画監督で、そのタイトルはイコン的なコミックブック・キャラクターの新映画のコードネームだったと知る。

「『バットマン』映画で、執事を演じてほしいんです」と、クリストファー・ノーランは説明した。

しかし、ケインの懸念は解消されなかった。「執事？どんな台詞を言うんだい？「夕食がご用意できました」とかかい？」

「違います」と、ノーランは即答し、「その登場人物は、バットマンの父親代わりの存在で、とても重要な役なんです」[1]と懇願した。ケインにもちかけたキャラクター、アルフレッド・ペニーワースはバットマンの物語の中心的人物だ。バットマンとウェイン産業の後継者というふたつの顔をもつ主人公ブルース・ウェインを精神的に支え、道徳的な道を示す助言者であり、共謀者であり、この複雑なヒーローを休息させるという極めて重要な役割を担っている。また、この映画の心臓部であり、ユーモアの主な源でもあった。

こうしてケインは納得のうえ、この役を引き受け、以来、ノーランが監督した全ての作品において創造的なパートナーシップを築くことになったのだ。この超有名俳優も、この超理性的な監督も、よく口にしていたものだ。「（自分は）彼のラッキカード」だと。

「ノーランの現場では、俳優は、シーンによっては何が起こっているのかわからないことがある」と、ケインは笑う。「で、監督に訊ねると、「演じてくれた後で教えるよ」って言われるんだ」[2]

この話が示唆しているのは、次のような点だ。監督がバットマン・サーガで大きな革命を起こしたため、ヒーローの忠実な執事アルフレッドでさえ、かつてないほどに、その役の幅が広がった。俳優たちと瞬く間に絆を築くノーランの才能。彼の強迫的な

スーパーヒーロー再誕——クリスチャン・ベールが、より深みを帯び、よりダークな新バットマンとして登場。クリストファー・ノーランはスタジオ側に、コミックブック的神話を精神分析と組み合わせたいと主張した

までの秘密主義。インタビューに限ったわけではない、彼の難解な返事。そして、本作に至るまでのノーランの並外れたキャリア——監督作わずか4作目で、1億5000万ドルの予算を手に入れて、マイケル・ケインの自宅の呼び鈴を鳴らしていたのだから。

ここで立ち止まり、2000年の『メメント』から

の5年間に何があったのかを考えてみよう。無名だったノーランはインディーズの寵児になり、ハリウッド最大規模の作品のひとつで（映画制作の）クリエイティブ面での主導権を握り、（おそらく無意識のうちに）業界全体を再定義するジャンルを作り上げたのだ。メインストリームの監督の地位を手に入れ

主人公のブルース・ウェイン（クリスチャン・ベール）と、彼の忠実な執事アルフレッド（マイケル・ケイン）——今では、ウェインの父親代わりであり、道徳的な導き手として彼の生活を切り盛りしている

> "ここで立ち止まり、2000年の『メメント』からの5年間に
> 何があったのかを考えてみよう。
> 無名だったノーランはインディーズの寵児になり、
> ハリウッド最大規模の作品のひとつで
> クリエイティブ面での主導権を握ったのだ"

た彼は、自身のプロットのような推進力をもっていた。

「脚本に、どんなふうにキャラクター・アーク〔物語が進むにつれて描かれる登場人物の内面的変化〕を展開させるか知ってる？ 僕の兄は、いいキャラクターを作れないだろうな」と、ジョナ・ノーランは明かす。「アークがないんだ。子宮からまっすぐに出てきた直線的なベクトルがあるだけ。それがフィルムメイカーなんだ。揺らがない。僕ら他のスタッフを悩ませる疑問と格闘することもなかった」[3]

2004年の春に撮影された『バットマン ビギンズ』のセットを訪ねたワーナー・ブラザースCOO（最高執行責任者）のアラン・ホーンは、ノーランの様子に驚かされる。怒ったスズメバチのごとく複数のヘリコプターが空から捜索したり、何百人ものエキストラが集ったりするシーンの撮影でも、監督は始終平然としていたのだ。さらに、ノーランは絵コンテに頼っているようでも、キャラクターについてまとめたノートを持っているわけでもない。「全ては、彼の頭の中に入っていた」[4]と、ホーンは言及している。映画は脚本の中以上に、ノーランの脳内に存在するという点が、クリストファー・ノーランという映画監督の最も際立った特性なのかもしれない。そうした（映画作りで準備に時間を割き、絵コンテを全部頭に叩き込んでから撮影に臨んだ）ヒッチコック的な方法で、カメラが回るずっと前から、映画は

ノーラン自身の感性にぴったりと合わせて作られている。ゆえに、スタジオ側のお偉方が干渉することはほとんど不可能なのだ。

ワーナーは、意欲的な映画作家には打ってつけだった。（監督のやり方に）干渉しないことが一般的な方針ゆえ、業界では、「フィルムメイカーに優しい」[5]ことで知られている。もちろん監督によって差はあるが、スタンリー・キューブリックが、『時計じかけのオレンジ』(1971)や『シャイニング』(1980)、『バリー・リンドン』(1975)、『フルメタル・ジャケット』、『アイズ ワイド シャット』(1999)で、もはや悪魔的とも言える凄まじい映画魔術で作品を作れたのは、この由緒ある映画スタジオの庇護のもとだったからだろう。映画会社の上層部といい関係を築くことに長けたノーランは、（キューブリックに比べれば）「スタジオに優しい」監督だった。『インソムニア』の頃、スティーヴン・ソダーバーグはノーランに、スタジオ幹部と折り合いをつける最適な方法は、身構えないことだと助言した。「スタジオ側がどれだけひどい態度を取るかとか、期待すると問題を生むとか聞かされていた」と、ノーランは振り返る。「だから、スタジオ側と話し合い、人々の信頼を得れば、ずっとスムーズに仕事を進めることができるとわかったのは、貴重なレッスンだったよ」[6]

当初ノーランが、1939年から積み重ねられてきたこのDCコミックスの歴史をほとんど知らぬまま、

「ブレイド」3部作といった、ダークな
スーパーヒーロ映画の成功で、ワー
ナー・ブラザースは、ティム・バート
ン監督の『バットマン』で始まったシ
リーズの映画版を再構成する時期が
きたと判断した

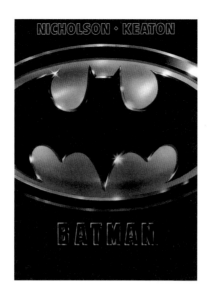

バットマンの企画に参加したので、ファンは落胆し
た。そこで彼は、デヴィッド・S・ゴイヤーにジョ
ナとの脚本執筆の助けを求める。ゴイヤーは、ガ
ジェット満載のヴァンパイア・ハンターを主人公と
した「ブレイド」3部作（実質的には『バットマン』
のマーベルコミック版といった作品）の映画化作品
に関わり〔1作目では脚本、2作目では脚本と製作総指揮、3作
目では監督、脚本、製作を務めている〕、スーパーヒーロー
ものに進出を果たしていた。さらに、ゴイヤー個人
は大のコミックコレクターで、蔵書は1万3000タ
イトルにも及ぶという。

　X-MENの初の映画化作品『X-メン』（2000）と
サム・ライミ監督の『スパイダーマン』（2002）、
そして「ブレイド」シリーズの批評的、興行的成功
により、DCコミックス（安定した人気を誇る『バッ
トマン』、『スーパーマン』、『ワンダーウーマン』な
ど）を所有していたワーナー〔出版社DCコミックスは、
ワーナー・ブラザースの子会社〕は、ゴッサムの夜の徘徊
者を暗闇の底から掬い出し、再び陽の光を当てる機

は熟したと判断する。バットマンの映画化は、クリ
スマスツリーのようにけばけばしいだけで中身がな
く、悲惨な結果に終わった1997年の『バットマン
＆ロビン　Mr.フリーズの逆襲』以来、途絶えてい
た。抜本的な見直しが行われ、様々な案が浮かんで
は消えていく。例えば、マーベルコミックが原作の
『パニッシャー』（1989）で脚本家デビューしたボ
アズ・イェーキンによる『Batman Beyond』（年齢
を重ねたウェインが若い弟子たちを指導する、『快
傑ゾロ』的な話）、ダーレン・アロノフスキーの
『Batman : Year One』（こちらも歳を取ったウェイ
ンが登場。フランク・ミラーのグラフィックノベル
が原作。この原作には、ノーランも影響を受けてい
る）、そして、ウォルフガング・ペーターゼンが（2016
年のザック・スナイダー監督作『バットマン vsスー
パーマン　ジャスティスの誕生』よりもずっと早い
時期に）着手していた『Batman　vs.　Super-
man』などだ。エージェントを通じて、ノーランは、
この不気味なスーパーヒーローで何をやるつもりか

と訊ねられた。再び「始まり」の話をやる——彼は、そう返答したという。

「リアリティを追求し、そのリアルさを体感してもらえるシナリオを生み出すことが、最優先すべき目標であり、原動力となった」と、彼は語っている。「これまで映画では描かれていない「起源」の物語に取り組むことにしたんだ」[7]。なぜブルース・ウェインはバットマンになったのか？　そうした「精神分析」に真摯に挑む一方で、バットモービルの描き方を追求する。本作は、従来のポップカルチャーとは一線を画す、と彼が言う新たなタイプのブロックバスター映画だ。

ゴイヤーとノーラン兄弟は、何週間も監督のガレージで、バットマン復活の構想を練った。そのガレージは、映画作りの中央作戦室に改造されたのだが、それこそが、かつての映画ソサエティのリブートで、ノーランのバットケイブ〔バットマンの秘密基地〕となる。プロダクションデザイナーのネイサン・クロウリーも彼らに合流し、バットマン神話に不可欠なバットスーツ、バットモービルといったプロップ（小道具）や、バットマンが故郷と呼ぶ、街路が迷宮のように入り組んだ犯罪都市ゴッサムの初期コンセプトを考えていく。ノーランにとって、デザインと脚本はDNAのように絡み合っており、全体的なアプローチをワーナーにプレゼンすることが重要であった。彼は、制作プロセスのどの要素も他人任せにはしない。今でも、第二班の撮影を自分で行うくらいなのだ。ゴイヤーはDCブランドの遺産を守るべく、ノーランは自身の映画制作の権威を主張するべく存在したのだった。

『インソムニア』の成功後、ワーナーは、この話し方が上品な若い監督を信頼するようになり、約20年にも及ぶ関係を築き、ハリウッドの豊かな報酬と複雑でオリジナリティにあふれたフィルムメイキングという「キメラ」に命を与え続けていく。自己が

確立しており、聡明で、よそよそしさがあるノーランは、ワーナーの新たなキューブリックとなった。契約の条件はいたってシンプルで、ノーランがアイデアと撮影のアプローチを前もってワーナーと合意しておけば、スタジオ側は、後は彼に任せるという内容だったそうだ。ノーランは、ほぼ予算通りに収めることで、信頼と、どうしてもほしいとこだわっていた「自由」を手に入れた。つまり、映画制作の主導権を握ったのだ。

「ワーナーの人たちは、心の底から乗り気だった」と、ノーランは『バットマン ビギンズ』のアイデアのプレゼンに関して言及している。「嘘みたいに聞こえるかもしれないが、彼らは本当に僕の企画を理解してくれた。ティム・バートン監督が作った1989年の『バットマン』は、コミックブックが原作の映画を決定づけた点で、大きな強みをもっていたと思う。でもスタジオは、既存の作品とは異なる斬新なものを求めていたんだ。僕らはこれまでとは違う、新たなバットマン映画を作ろうとしていたので、スタジオと意見が一致した」[8]

スーパーヒーロー映画でさえ、ノーランの想像力が生み出す、ダークで知性に訴える流れに支配されることになる。本作は、フィルム・ノワールの領域にしっかりと踏み込んだバットマン作品であり、「罪と罰をめぐる主人公の心理的葛藤」、「ハロウィンのコスチュームのようにドストエフスキーを纏った内容」、「マントを着けたコミックヒーロー映画でありながら、リアリズムを追求」という要素を含んでいる。「長年愛されてきたキャラクターを登場させるわけだが、原作コミックから抜き出したそのキャラクターを、僕が描く世界観に置き直すという「再文脈化」を行うことになる」と、ノーランは説明している。「（現実には存在し得ない）並外れた人物を、普通の現実、もしくは一見するとごく普通の現実に見えるように設定した世界に配置し直す、というこ

左：信託問題──ウェイン産業の社長だった父の部下のリチャード・アール（ルトガー・ハウアー）から握手を求められる子供時代のブルース（ガス・ルイス）と、アールに疑いの目を向けるアルフレッド（マイケル・ケイン）

下：我が家までの長い旅──邪悪な忍者集団「影の同盟」に誘われたブルース・ウェイン（クリスチャン・ベール）は、アジアの荒野で悪と闘う術、恐怖を利用した心理操作について学ぶ

となんだ」[9]。これは、かなり現実離れしたフィクションでありながらも、緊張感のある客観的なフィルムメイキングに根差し、リアリズムに則って描かれていく物語。人はそれを「ノーラン・リアリティ」と呼ぶ。

夢と現実を行き来する、お馴染みの落ち着きのなさで本作は幕を開ける。ブルース・ウェインの少年時代がフラッシュバックで描かれる夢の中に、ノーランが通った母校ヘイリーベリーを思わせる威圧的な建物、広大なウェイン邸（実際は、英国バッキンガムシャーのメントモア・タワーズ）が登場。監督は、主人公の裕福さについて疑問を抱えていた。なぜ、億万長者を応援する人がいるのか？　我々はブルース・ウェインの頭の中に入り込む必要があった。本作の鍵、そして中心的なテーマは「恐怖」だ。コウモリ恐怖症を受け入れ、幼い頃に両親が殺されるのを目撃したトラウマを克服し、ゴッサム・シティのダウンタウンで急増する犯罪に立ち向かうウェインが描かれていく。

物語は前半と後半に分かれる。ウェイン（クリスチャン・ベール）は道を失い、故郷から遠く離れた中央アジアの荒れ野にいた。（『インソムニア』の舞台だった）アラスカと同じくらい過酷な場所だが、もっと粗暴で壮大な展開となる。どうやらノーランは、寒冷とした気候、荒涼とした土地に惹かれるらしい。彼のヒーローを投影し、彼のヒーローに挑戦する風景が必要なのだ。そのウェインが己に挑む場は、アイスランドのヴァトナヨークトル国立公園の氷河成層で撮影された。そこでウェインは、謎の忍者集団「影の同盟」を率いるラーズ・アル・グール（渡辺謙）と、その代理人デュカード（リーアム・ニーソン）に見出され、訓練を受けることになる。この世から不正を取り除こうと暗躍するグールの揺るぎなき献身は、誇大妄想にも思える狂気を孕んでいた。デュカード曰く、軍団は「人間の腐敗に歯止めをか

けてきた」[10]組織である。犯罪の巣窟となったゴッサム・シティなど破壊してしまうべきで、それが軍団の最重要任務なのだ。

コンプレックスを抱えたヒーロー役のキャスティングについては、ガイ・ピアース、ビリー・クラダップ、ヘンリー・カヴィル、ジェイク・ギレンホール、キリアン・マーフィーなど様々な俳優が、バットマン役のために脚本を読んだという噂が流れ始めた。監督はマーフィーに感心し、精神科医ジョナサン・クレイン博士というやや小さな役をオファーする。クレイン博士も、裏の顔（怪人スケアクロウ）をもつ油断ならない人物だ。主役を射止めたクリスチャン・ベールは、ノーランに強烈な印象を与えた。この英国人俳優は舞台俳優のテイストをもちつつ、『アメリカン・サイコ』（2000）や『コレリ大尉のマンドリン』（2001）などで様々な役柄に扮し、予想が不可能なほど幅の広い演技力を見せつける。ベールは、著名な——あるいは悪名高きと言うべきか——「メソッド演技法」（俳優自身の性格までもキャラクターに近づけるという方法ゆえ、彼はインタビューでも演じる役柄の訛りを維持し続けた）や肉体改造により、A級俳優リストに名前を連ね続けているのだ。極端なことを大いに喜ぶ彼は、『マシニスト』（2004）——罪悪感に苛まれ、重度の不眠症に陥る工場労働者をめぐるノーラン的な物語。1年間も眠っていない主人公に近づくべく、ベールは85キロから30キロ近くも体重を落として骸骨のようになっていた——で痩せ細った体型から、大急ぎでがっちりとした身体を作って『バットマン ビギンズ』に参加する。彼もノーラン同様、バットマンをタマネギの皮のごとく剥いで、徐々に内面を露にしていくというアイデアに反応した。どうやら「多重人格」[11]に興味をもったらしい。アクションとサスペンス、そしてコミックヒーローの道具満載の作品ではあるが、『バットマン ビギンズ』は、ノーランが罪悪感

を研究し、物語に盛り込んだ4作目の映画である。主人公ブルース・ウェインは、両親に起きた出来事に対する自身の責任を拭い去ることができないという設定であった。

バットマンの企画が視野に入る前、ノーランは、孤児から大富豪になったエキセントリックなアメリカ人、ハワード・ヒューズの伝記映画の脚本の執筆に取りかかっていた。飛行機設計者、映画プロデューサー、世捨て人、アヘン中毒者、広場恐怖症の変人であるヒューズ役に、彼はジム・キャリーを据え、古くからの伝記映画にありがちな成功と凋落の描き方を完全に捨てると約束していたのだ。オーソン・ウェルズが監督、脚本、製作、主演し、新聞王の生涯を映画にした名作『市民ケーン』（1941）が、ノーランの視線の先にあったらしい。「この（ハワード・ヒューズの伝記）映画は、僕が今まで手がけた作品と強いつながりがあるものになるだろう」[12]と、彼は述べ、これまで書いた脚本の中で最高の出来だと自負していたのだが、結局、彼が敬愛するふたりのヒーローに不意打ちを食らってしまう。プロデューサーのマイケル・マンと監督のマーティン・スコセッシが、レオナルド・ディカプリオをヒューズ役にした『アビエイター』（2004）の制作に着手したのだ。当然、ノーランのヒューズ物語は頓挫する。とはいえ、彼がしたためた脚本が無駄になることはなかった。父親の会社の経営権を握るブルース・ウェインのキャラクターに、威勢の良さと不安定さを併せもつヒューズの精神性を植え込んだからだ。

重厚さが必要だと感じたノーランは、アメリカ人とイギリス人のベテラン俳優や個性派俳優の強力な組み合わせで、脇役陣を充実させる。執事アルフレッド役のマイケル・ケイン、師匠から宿敵になるデュカード役のリーアム・ニーソン、ガジェットの達人ルーシャス・フォックス役のモーガン・フリーマン、ジム・ゴードン刑事役のゲイリー・オールドマン、ゴッサム・シティのマフィアのボス、カーマイン・ファルコーニ役のトム・ウィルキンソン、ウェイン産業の二枚舌重役アール役の、『ブレードランナー』で強い印象を残したルトガー・ハウアー、ウェインの幼馴染で、悪を追求する検事補となったレイチェル役のケイティ・ホームズといった面々だ。

129日にわたる撮影を通し、監督は、本作の革新性を訴える。核となる命題を取り上げ、洗練さを加え、何がバットマンを突き動かすのかを徹底的に炙り出すも、大掛かりなアクションの必要性は手放さない。過去のバットマン作品に頼って観客をノスタルジーに浸らせてごまかしたりはせず、物語の後半は、ノーラン独自の手腕でゴッサム・シティに命を吹き込むことに専念したのだ。

バットマンが影の同盟の計画を阻止するべく帰郷すると、ゴッサムは恐怖が渦巻く街と化していた。キリアン・マーフィー扮するクレイン博士の正体は、DCコミックス最強の悪役とまでは言えないものの、複雑な背景をもつ〔恐怖に対する強迫観念から精神科医になり、患者に恐怖症を発症させる実験を行っていた〕怪人スケアクロウだった。彼は、敵に幻覚誘発剤ガスを浴びせ、その人物が抱えている恐怖によってサイケデリックな幻覚を引き起こす。それは、『メメント』のレナード・シェルビーや『インソムニア』のドーマー刑事の精神的苦痛を兵器化したような代物だった。

クレインの登場と並行して、ウェインがバットマンのマントとカウル（マスク）を試し、改良を重ねる様子が描かれていく。バットスーツを着込んだ際、クリスチャン・ベールは声を変化させ、芝刈り機が砂利を巻き込んだときを思わせるザラザラした耳障りな声を出して演じ分けている〔バットマンとブルース・ウェインを差別化するために、オーディションのときからベールは声を変えていた〕。ノーランが初めて手がけたスーパーヒーローは、葛藤を抱えた複雑なキャラクター

ではあるが、犯罪者たちを怖がらせる存在という設定であった。

「犯罪者の視点から、バットマンがいかに彼らを恐怖に陥れていくかを描くことで、このコンセプトを貫いた」と、ノーランは明かしている。「僕は常にバットマンを、なかなか全貌を現さずに、チラッとしか姿を見せない『エイリアン』1作目のエイリアンのように考える。だからこそ、その存在は怖くて、脅威的で、掴みどころがない。観客は、なぜ犯罪者たちが彼を恐れているのか理解できるはずだ」[13]

ゴッサムの迷路のようなコンテナ港で、バットマンが悪党をひとり、またひとりと倒していく驚くべきシークエンスがあるが、それは観客がバットマンの活躍を初めて目にする場面であった。『フォロウィング』を引っ提げて香港国際映画祭を訪れた際、ノーランは波止場にある輸送用コンテナの光景に目を奪われ、これをアクションシーンに利用するアイデアを温めていたのだ。

バットマン映画を作るならば避けては通れない「期待の高さ」という重圧を抱えながらも、ノーランが本作に感じた大きな魅力は、「ある特定のジャンルの仕事をする機会」[14]だった。とはいうものの、そ

邪悪な企み──影の同盟の首領ラーズ・アル・グール（渡辺謙／中央）は、ウェイン（クリスチャン・ベール／右からふたり目）に、自分を陥れた犯罪者に死の裁きを下すように命じる

上：斬新な敵——クリストファー・ノーランはありがちな悪役を焼き直すのではなく、神話を深く掘り下げ、怪人スケアクロウ（キリアン・マーフィー）を生み出す

右：精神科医クレイン博士（キリアン・マーフィー）がマフィアとつながっているのではないかと疑い、追求を続ける検事補レイチェル・ドーズ（ケイティ・ホームズ）は、神経質な視線を向ける本人と対峙する。実はクレインは、怪人スケアクロウという別の顔をもっていた

次ページ：恐怖の岬——クリストファー・ノーランは、自身のバットマンがホラー映画を現実化したかのような、凄まじい恐怖を犯罪者に与えるかもしれないと考える

れは、よりダークな映画を作ろうということではない。実際は、その真逆だ。難解なものに影響を受けがちではあるが、子供の頃に好きだった『レイダース／失われたアーク《聖櫃》』(1981) や『007／私を愛したスパイ』(1977) のような映画を作るチャンスに胸を躍らせたのも事実である。彼は、ブルース・ウェインの復活を『モンテ・クリスト伯』に例えた。また、本作が風に吹き晒された荒涼とした土地で幕を開けるのは、ラドヤード・キップリングの小説が原作で、ショーン・コネリーと若きマイケル・ケインが共演したジョン・ヒューストン監督作『王になろうとした男』(1975)〔コネリーとケインが激流の川、無法地帯の平原、険しい雪山などを超えてある土地を目指す〕にインスパイアされたからだろう。

事実上、ノーランは、自身のジェームズ・ボンド映画を作っていたと言える。潜入捜査するヒーローが、あらゆる場面に対応可能なガジェットを使い

行き過ぎた悪党の計画を徹底的に調べ上げるのだ。映画撮影所のセットであるゴッサム・シティだけで展開する過去作の焼き直しではなく、ゴッサム・シティを飛び出して広い世界を見せるため、ノーランはウェインにもジェームズ・ボンドのような「世界を股にかけること」[15]を望む。この伝説のスパイが活躍する数々の映画を鑑賞した彼は、イアン・フレミングの原作小説も読み、俳優ショーン・コネリーのボンドという「自信家で、目的のためには手段を選ばない自己中心的な」[16]キャラクターに近づくための役作りを評価した。ブルース・ウェインの「虚栄心」は、クリスチャン・ベールが自身のキャラクターに注ぎ込んだ性格的な要素であった。

「金こそが、彼のもつスーパーパワーだと、我々は判断した」[17]と、プロダクションデザイナーのネイサン・クロウリーは言う。バットマンは身体的に優れているとはいえ、人間であることに変わりはない。

ノーランが手がけるスーパーヒーロー映画には、超能力が出てこないのが特徴だ。全てに理にかなった説明がなされる。法を超えた聖戦を遂行させるべく、ウェインは未来的な装備で身を固めるのだ。ウェイン産業の応用科学部門で多彩なガジェット（監督が考案したプロットを可能にする装置の数々）を開発していたモーガン・フリーマン扮するルーシャス・フォックスは、紛れもなく、ジェームズ・ボンドを秘密兵器などの技術の面で支える「Q」へのオマージュだ。そして、特殊繊維ケブラーを二重織りにしたボディアーマーや水源気化装置（マイクロ波放射器）といったハイテクを駆使した防具や道具についての会話で軍用ハードウェアを強調し、9・11同時多発テロ後製作の本作に説得力を加味している〔本作は、2001年9月11日に起きた同時多発テロから3年も経たない2004年3月に撮影に入っていた〕。テロとの戦いというコンセプトは、意識したものではないと監督は否定しているものの、本作から確かに伝わってくるメッセージのひとつだ。

　夜空に紛れ、暗闇の一部となるバットスーツは、より動物的に見えるデザインになっている。ガントレット（グローブの手甲部分）には3枚の刃[ブレード]が装備され、マントはパラシュート用のナイロンで作られている。実は、このマントは形状記憶繊維生地。電流によってコウモリの翼を思わせる形となり、バットマンは屋根から屋根へとドラキュラよろしく滑空できるのだ。さらに過激なのは、バットモービルだろう。過去作の飾り立てられたアメ車のコルベット風の姿から、軍用四輪駆動車ハンヴィーとイタリアの高級スポーツカー、ランボルギーニを掛け合わせたような、煤けた黒い装甲メッキを施した高速戦車

戻ってきた黒衣のヒーロー。バットスーツにリアルさを追及するのは非常に重要なことだった——暗闇に紛れる漆黒のケブラー製ボディアーマーは、パラシュート生地を用いたナイロンのマント付きで、バットマンが高所から飛び降りることを可能にしている

に生まれ変わっている。追い詰められたバットマンが敵を轢き潰すこのバットモービルは「タンブラー」と名づけられ、特殊効果コーディネーターのクリス・コーボールドが率いる特殊効果チームによってゼロから作り上げられたのだ。完全に機能する車として仕上げられたタンブラーは、ノーランの「人の手で作り出すエフェクト」への強いこだわりの象徴だと言えよう。「バットモービルの完成は、本当のミッションになったんだ」[18]と、コーボールドは語っている。

　CGIを疫病のごとく避けたがるノーランだったが、物理法則や安全性の壁が立ちはだかった場合や、コミックブックの中にしか存在し得ないような場所のわずかなワイドショットのためにのみ、譲歩をした。「映画のセットとしては、とんでもなく大規模なものを作ったよ。他のどんな作品よりも大きなセットだったんじゃないかな」[19]と、かつて弟とストップモーション映画を作っていたノーランは明かしている。

　ゴッサム・シティは、バットマンの一貫性のない複雑怪奇に入り組んだメトロポリスと、ノーランのテーマ的な要素である雷雨が清々しいほどに合わさったビジュアルだ。広大でありながら閉鎖的な街はまるで全体が迷路で、現実のロケーションと幻想的なセットがせめぎ合う光景は、監督のイマジネーションの回路基板とでも言いたくなる。リドリー・スコットが『ブレードランナー』で、フリッツ・ラングが『メトロポリス』（1927）で実現したのと同じく、ノーランは街が寓話的な空間を兼ねた世界を作りたいと考えたようだ。「気まぐれで作ることは一切しない」[20]が、クロウリーのモットーだったとはいえ、ゴッサムにはロマンチックな一面もある。『ブレードランナー』の光り輝くディストピア感、フリッツ・ラングの『M』（1931）の表現主義的なベルリン、『メトロポリス』の不可解な未来風景、イタリアの画家で建築家のジョヴァンニ・バッティスタ・ピラネージによる、際限なく続くエッチング

『バットマン ビギンズ』版のQ（「007」シリーズに登場する英国諜報部MI6の武器開発担当部門の責任者）として、ルーシャス・フォックス（モーガン・フリーマン）は、徹底的に改良されたバットモービル「タンブラー」をウェインに解説する

シリーズ「牢獄」、数学的な側面をもち、見る者を錯乱させるエッシャーの奇怪な騙し絵などを思い起こさせるのだ。巨大なセットが建てられたのは、ロンドンの撮影所内。ベッドフォードシャーのカーディントンにある高さ60メートル強の元飛行機格納庫に、ゴッサム・シティの丸々1ブロックが収容されたのだが、まさに遊園地のびっくりハウスよろしく、恐ろしく入り組んでいて、一度足を踏み入れたら出られない迷路だった。ノーランはそれを「（筋肉増強剤の）ステロイドで強化されたニューヨーク」[21]だと考えた。

撮影監督のウォーリー・フィスターは、『メメント』、『インソムニア』でもノーランと組んでいるが、監督は本作のどのシーンも、前2作と全く同じやり方で撮影を進めていくことに感心したそうだ。「150人の人間と大がかりな装置が待機しているセットでは、我々が座って待つための場所があるんだが、カメラが回り始めると、クリスはカメラを回す僕の隣に来て、小さなモニターを見る。演じる俳優たちは、僕らの目の前。彼の全宇宙は、たった3メートルのエリアなんだよ」[22]

シカゴの「ロウアー・ワッカー・ドライブ」と商業エリア「ループ」で行われた数週間のロケ撮影によって切り取られた、建築家ミース・ファン・デル・ローエが建てた超高層ビルの輝く側面や、バットモービル、タンブラーが疾走できる広さの街路、ウェイン産業ビルとなったボード・オブ・トレード・ビルディングが劇中に登場する。これは、シドニー・ルメット監督の『セルピコ』やウィリアム・フリードキン監督の『フレンチ・コネクション』（1971）のざらついた都会の腐敗した地域の雰囲気を感じさせる。そして、キラキラと瞬く光のリボンを纏わせ、ロサンゼルスを神格化したマイケル・マン監督の『ヒート』にも似ている。幼い頃、ノーランが乗っている飛行機がシカゴのオヘア国際空港に近づくと見えた、

シアーズ・タワー〔2009年から「ウィリス・タワー」に改名されている〕が未来へ向かわんばかりにそびえ立つ姿が印象的で、今も目に焼きついているという。バットマンがシカゴという砦の塁壁に立ち、眼下に広がる「ノーランヴィル（ノーランの街）」のイルミネーションのタペストリーを見下ろすのは、監督のそんな過去の記憶が投影されているのかもしれない。さらには、ロンドンの主要ターミナル駅のひとつであるセント・パンクラス駅や母校ロンドン大学の中央図書館があるセネットハウスなど、彼の学生時代の建築物も、ゴッサム・シティの中に織り込まれている。

一方で、墜落するモノレール、イギリスの文豪チャールズ・ディケンズの小説に出てくるような霧にむせぶスラム街、入所する犯罪者たちが思わぬ展開に関わってくるアーカム精神病院なども登場するので、これまでワーナーが作ってきたバットマン映画シリーズの方向性と原作の設定に、ノーランが幾分寄り添っているのがうかがえる。アクションが満載のラストは、ノーランの過去の監督作と同じパターンだ。「『バットマン ビギンズ』は、可能な限り壮大な展開になるように描写した」[23]と、彼は認めている。本作は、ふたつの精神性と二重のアイデンティティ——すなわち、一見、相容れないように思える「クリストファー・ノーラン」と「ブロックバスター」——を兼ね備えたノーランによる超大作映画なのだ。

2005年6月15日に全米で劇場公開された『バットマン ビギンズ』は、求められていたスーパーヒーロー映画の運命の返り咲きを見事に成し遂げ、あっと驚く記録ではなかったとはいえ、全世界でおよそ3億7400万ドルもの興行収入を叩き出した。「人々はこの映画をとても気に入ってくれたけれど、僕らが期待したほどの大ヒットにはならなかった」[24]と、彼は打ち明ける。これはまだ、ポップカルチャーを再定義するような変革的な数字ではなかったのだ。それでも、バットマンは、作曲家ハンス・ジマーの音

戦車でもあり、逃走用車両でもある、バットマンの象徴的なバットモービルのニューモデル「タンブラー」。
ゴッサム・シティでのカーチェイスシーンは、シカゴでロケが行われた

楽（ジェームズ・ニュートン・ハワードとの共同制作）の暗い雰囲気に見合う象徴的存在として生まれ変わった。本作の音楽は、音楽とも、音楽と音の暴力の間にある音圧の上昇波動とでも言えそうな、いかにもスーパーヒーローの華々しい活躍を盛り上げる感じではなかったのだ。そして、ジマーとノーランはクリエイティブなパートナーシップを何作も続けていくことになる。

　批評家たちは、この映画がいかにも『メメント』の監督が手がけたバットマン作品になっている事実

を知り、安堵した。ノーランは、DCのジャスティス・リーグならぬ「映画スタジオ・リーグ」によって堕落させられてはいなかったのだ。「思いがけず強烈で、胸をざわつかせる」[25]と、エンターテインメント雑誌の『タイムアウト』は公言し、本作を肯定的に捉えた。映画評論家のデヴィッド・アンセンは『ニューズウィーク』誌で、本作が心理的なリアリズムを志向したことを認め、「特殊効果の背後に魂がある」[26]と表現した。そうなのだ。このバットマン映画は、確かにメインストリームに傾いたが、

右：己のどんどん膨らむビジョンを追求するクリストファー・ノーラン──わずか4作目でブロックバスター映画を指揮した事実は、この監督がいかに順調に成功してきたかを示している

下：完璧な瞬間を求めて──邪悪な忍者集団「影の同盟」のアジトでの撮影で、自分の撮りたい画を細かく説明するノーラン

上：『バットマン ビギンズ』は、『メメント』
と『インソムニア』の監督だからこそ生
まれたスーパーヒーロー映画だと証明され、
映画ファンと批評家たちが沸いた

右：クリストファー・ノーランは、観客に
ゴッサム・シティもひとつのキャラクター
として感じてもらいたいと考えた。本作の
段階では、まだ昔のコミックブックに描
かれたゴシック調の街並みと、今後登場
する洗練されたノーラニスク（ノーラン風）
のメトロポリスが混在している

象徴と驚異──映画の終わりで、新たな敵がゴッサム・シティに出現した際にバットマンを呼ぶ投光器が警察署に設置され、警部補に昇進したジム・ゴードン（ゲイリー・オールドマン）がそれを点灯させる。続編を匂わせるラストだった

監督の野望が際立っていた。映画評論家のケネス・トゥーランは日刊紙『ロサンゼルス・タイムズ』で、ノーランの意図は「神話をできるだけ神話のままで描きながら、ありのままの現実に根差したものにすること」[27]だと明言している。ノーランが言うように、これは「本当に腕立て伏せをたくさんするだけの」[28]のスーパーヒーローの話なのだ。

彼は、大胆で新しいリアリズムと結びついた、壮大で厚みのあるパルプ雑誌テイストの映画を作っていた。それは、ウェイン邸の地下にある洞窟のごとく、バットマン伝説の根底に流れる豊かで深い何か

につながるものだった。両親を殺されて芽生えてしまった愚かな復讐心と、もっとゴッサムを良い場所にするべく、大きな善の探究の間で主人公が葛藤する様は、普遍的であり、自伝的でもある。「バットマンは、普通の人間だ。それがバットマンに制約をかけている」と、ノーランは語っている。「実利主義と理想主義の間には、常に緊張が漂うんだ」[29]

では、バットマンの始まりの疑問に答えたうえで、真面目なヒーローと決意の固い監督コンビは、次に何をするのか？　もっとハリウッドを良い場所にするのだろうか？

形を成す心象風景

クリストファー・ノーランは単にセットを建てるのではない。彼はシンボルを創り出すのだ

夢を生み出したセット──クリストファー・ノーランらしさを象徴するシーンといえば、『インセプション』の回転する廊下のセットで撮影された場面が間違いなく挙げられるだろう

モーテルの部屋：『メメント』

物語の中心的な場所であり、主人公の漏れゆく記憶のメタファーでもあるこの部屋は、セットとして建てられている。ノーランが考えていたのは、実際のモーテルの部屋と全く一致しないものばかりだった。部屋の全ては、リアルでありながらも、実在しているのかどうかはっきりしない曖昧さが必要だったのだ。「M・C・エッシャーがモーテルの部屋をデザインするなら、こうなっただろう」1と、彼はDVDのコメンタリーで語っている。

ゴッサム・シティの街路：『バットマン ビギンズ』

ノーランは初のバットマン映画のため、英国ベッドフォードシャーにある、元英国軍飛行場だったカーディントン空軍基地飛行場のアドミラルティ第2格納庫の巨大なサウンドステージに、街並み全体を作り上げた。この「ナローズ島」と呼ばれる迷宮のような街は、『ブレードランナー』の雑然とした繁華街の通りがもとになっているという。さらに重要なのは、そのセットを最終的に破壊し、コミックブックのキャラクターをファンタジーから現実に移行させ、ノーランがメジャーなフランチャイズ作品に対して己のスタイルを確立したことだった。

瞬間移動を可能にした男：『プレステージ』

マジシャンのアンジャーは、謎めいた科学者ニコラ・テスラにテレポーテーション装置を発明してもらう。しかし、テスラが完成させたのは、恐ろしい副作用を持つ「人間コピー機」ともいえる代物だった。本作で描かれる驚愕の展開は、科学──19世紀末の実験と可能性のフロンティア精神の象徴──に見せかけた魔法だ。神秘的な映像を合理的に作るノーランは、本作の稲妻のような光の筋を、「テスラコイル」として知られる昔から映画で使われてきた変圧器（テスラの発明品）

回転する廊下：『インセプション』

ノーラン作品で、紛れもなく最も印象的な「回転する廊下」のシーンは、カーディントン・スタジオ内の巨大なジンバル（回転台）の上に建てられたセットで撮影されている。この回転する廊下は、「物理的な形で実現された夢」といってもいいかもしれない。これはある意味、皮肉な試みだった。何せノーランは、超現実を現実にしてしまったのだから。本作は、この監督のトレードマークである「夢」のイメージと、ジャンル映画の完璧なマリアージュであり、不確かな物理学を用いたバトル映画でもあるのだ。

奈落：『ダークナイト ライジング』

「奈落」は、巨大な井戸を思わせる陰鬱で野蛮な地下牢獄だ。頭上の穴からは空が見え、中にいる者は光あふれる地上に戻っても構わない。ただし、奈落のとてつもなく高い壁を登るのは至難の業で、不可能に近かった。ここにもエッシャーを思わせるイメージが散りばめられている。テクノロジーを駆使した道具類を全て奪われ、打ちひしがれたブルース・ウェインは生まれ変わるための力を、己の肉体と心の中に見出さなければならない。

不安定な宇宙船内：『インターステラー』

ミニチュア模型やCGで撮影するのではなく、ノーランは、『インセプション』の回転する廊下同様、俳優に映画の世界で起きる「現実」を疑似体験させ、彼らからリアルな演技を引き出したいと考えた。そこで、宇宙飛行士を演じる俳優たちを実物大の着陸船内の装置に縛りつけ、正真正銘の宇宙旅行の感覚を味わってもらうことにする。監督が思いのままに縦揺れをさせたり、向きを変えたりして、物理的に信憑性の高い映像を生み出したのだ。

沈みゆく船：『ダンケルク』

沈没する駆逐船の船内に兵士たちが閉じ込められるシーンは、『ダンケルク』そのものの縮図となる。ノーランはこの場面を撮影するのに、巨大水槽に作った強制遠近法〔人間の目の錯覚を利用し、物を実際より遠く、近く、大きく、小さく見せる手法〕のセットを使い、本物の駆逐艦を2倍の大きさに見せた。これは彼が、特に効果的だったと自負するセットだ。カメラを「ボート」に取り付けることで、水が横向きに上昇しているように見えるのだ。「『インセプション』の映像と似ている。ただし、こっちは現実世界のものだけどね」2と、彼は語っている。

回転ドア：『TENET テネット』

登場人物たちが時間をUターンさせる方法は、ノーランによる時間逆行スリラーの頭がクラクラするほどの複雑さの中にあった。その手段とは、概念的に言えば（この架空の技術には、度肝を抜かれっ放しだ）、回転ドアである。エントロピーを反転させた金属でできており、一見、普通の回転式扉だが、時間反転システムとして機能（時間が順行および逆行する円柱形の部屋が合体して成り立っている）。これにより、観客は2方向の流れを物理的に理解できるようになる。プロダクションデザイナーのネイサン・クロウリーは、ロンドンの地下鉄からインスピレーションを得たそうで、「いつものことだが、幻想的なものを本当に平凡な何かに感じさせているんだ」3と語って

転送された男

『プレステージ』(2006)

ノーランの5作目のトリックは、ヴィクトリア時代の敵対する奇術師ふたりの物語。それぞれが
暗い秘密を抱え、人が消失するイリュージョンを完璧にこなすことに夢中になっていく

ふたりの兄弟は墓場で落ち会った。眠れる天使像、傾いた十字架、ツタに覆われた墓石といったゴシック絵画のような光景は、まるで映画のワンシーンのようだった。彼らが育った場所に近い、ロンドン北部の静かな丘の中腹にひっそりと佇むハイゲート墓地は、1890年代から時が止まったのかと思うほどだ。しかし、それは2000年の秋で、『メメント』のプロモーションでロンドンに来ていたクリストファー・ノーランは、そこで弟のジョナにある提案をもちかける。彼はどうしても映画化したいと考えている書籍があったのだが、『インソムニア』のプリプロダクションが進行中で時間がなく、誰かに任せるとしたら、弟以外にはいなかった。その時点で、ジョナは一度も本格的に脚本の執筆を試みたことがなかったものの、ノーランは、弟なら脚本に挑戦できるだけの「適切なタイプ」[1]のイマジネーションをもっているとわかっていたのだ。兄弟愛（ブラザーフッド）は、その作品が抱える多くのテーマのひとつである。

このとき、ノーランがジョナに話した本というのは、イギリス北西部シェチャー生まれの作家クリストファー・プリーストが書いた『奇術師』だった。主人公たちの手記を通じて精神分析をするかのごとく書かれた、この異色のジャンル小説は、ヴィクトリア時代の舞台奇術師ふたりを中心に描かれていく。彼らが陥った異様なまでのライバル関係は、周囲の人々の命を奪い、彼らを――種々様々な形で――困窮、不具、投獄、さらには（繰り返し）死の憂き目に遭わせるのだ。ふたりが憎しみ合うのは、それぞれが得意とする奇術のトリックが原因だった。そのパフォーマンスの名は「瞬間移動」。奇術師が姿を消したと思ったら、瞬時にあり得ない距離の場所に出現するというものだ。彼らは独自のやり方で、観客の目を騙すのに成功する。そして、互いの奇術の種明かしをしてやろうと躍起になり、次第に狂気の淵に追いやられていく。

ノーランは、プロデューサーのヴァレリー・ディーンからプリーストの本を手渡され、「この中に、映画が見えるはずよ」[2]と、告げられていたのだ。『メメント』の後、何でも可能に思えた。奇術師？　いいではないか。観客を「ミスディレクション」するには、格好の題材だ。『メメント』で信頼関係を築いたニューマーケット・フィルムズのプロデューサー、アーロン・ライダーを説得し、原作の映画化の権利を押さえた。その段階で、ノーランはよもや自分にライバルがいるとは気づいていなかったものの、『フォロウィング』を観た原作者のプリーストは、サム・メンデスではなく彼を選んでくれた。ゆえにノーランは、「（原作者と自分の）気持ちが一致した」[3]と解釈したという。

マーティン・スコセッシが『アビエイター』に着手し、ノーラン版の大富豪ハワード・ヒューズの企画が暗礁に乗り上げた際、本作は『バットマン ビ

決裂前──言葉を交わしていた頃の奇術師のアルフレッド・ボーデン（クリスチャン・ベール）とロバート・アンジャー（ヒュー・ジャックマン）

ギンズ』の前に作られる計画になっていた。しかし、プリーストの原作小説は、そう簡単に脚本化できる内容ではなかったのだ。なんと、ジョナが『奇術師』の中に「映画を見出す」のに、5年の歳月がかかってしまう。この小説の話が、現代的な舞台装置を含め、あまりにも多方面に飛び火していくので、1冊から10本の映画が作れるくらい内容が濃かったの

も問題のひとつだった。だが、より大きな課題は、奇術そのものの描写にかかりきりにならずに、どうやって映画の中で奇術の感覚を伝えるか、ということであった。映画制作自体がすでに特殊効果を用いたイリュージョンのプロセスであるので、トリックのスリルを描こうとしてもあまり意味がないと気づいていた。それでは、イリュージョンのイリュージョ

上：『プレステージ』のマジカルなキャストたち——奇術の装置を作るカッター役のマイケル・ケインと、危険な匂いのする奇術の助手オリヴィア役のスカーレット・ヨハンソン

右：クリストファー・ノーランは、ブロードウェイの経験をもつヒュー・ジャックマンに、生まれながらのショーマンであるロバート・アンジャーを演じてもらいたいと強く願っていた

ンになってしまう。

「物語そのもの、つまりストーリーを利用して、マジックの感覚を生み出そうと決めたんだ」4と、彼は説明している。こう言い換えてみたらどうだろう。奇術トリックの物語は、物語の奇術トリックなのだ。基本的にこの映画は、一連の「ふたつの存在」——ふたりの奇術師、ふたつのトリック、ふたつの捻り——に関する作品である。とはいえ、交互に登場する4つの異なるタイムラインを物語内に閉じ込める語り口ゆえ、『プレステージ』は、ノーランがやり遂げた中で、映画の構成が最も複雑な作品かもしれない。少なくとも『TENET テネット』が登場するまで、『メメント』よりも、『インセプション』よりも複雑だったのは確かだ。しかし、登場人物たちがヴィクトリア時代の衣装を纏い、当時の科学への熱意に照らされている『プレステージ』は、時間軸が入り乱れる小難しい作品には感じられない——まさにそれは、

典型的なミスディレクションである。観客は、時代
ものストーリーを信頼するように仕向けられてい
るのだ。狡猾な物語戦略、熾烈なライバルの闘い、
劇場映えするゴッサム・シティなど、既存のノーラ
ン作品を全て融合させると、『プレステージ』の脚
光を浴びるステージに行き着く。

「『プレステージ』の何がユニークかって、この映
画の監督と脚本を手がけ、舞台裏で仕事をしている
クリストファー・ノーランというもうひとりの奇術

師の存在に、観客が誰も気づかないことだよ」と、
奇術のトリックの考案と小道具の開発を行うエンジ
ニア、ハリー・カッター役で再びノーラン作品に戻っ
てきたマイケル・ケインが打ち明ける。カッターは
ある意味、プロダクションデザイナーであり、『バッ
トマン ビギンズ』の執事アルフレッド同様、「理性
の声」だ。彼はさらに、こう続けている。「観客が
目にするこの映画全編自体が2時間のトリックで、
私はこんな作品を過去に見たことがない」[5]

全てがミスディレクション──クリスチャン・ベール演じるアルフレッド・ボーデンがオリヴィアに見せる愛情はどこまで演技なのか、それとも演技ではない
のか……

人気者——ボーデン（クリスチャン・ベール）は、
ライバルのアンジャー同様、第一線で活躍する舞
台奇術師に上り詰める

『バットマン ビギンズ』の成功の余熱が残る中、ディ
ズニー〔当時、同社の映画部門のひとつだったタッチストーン・
ピクチャーズが製作に参加〕とワーナー・ブラザースと
いうライバル2社の支援を得て（ニューマーケット・
フィルムズのアーロン・ライダーがプロデューサー
のまま）、この企画は速やかに制作が開始された。
とはいえ、本作の予算は4000万ドルと控えめで、
前作『バットマン ビギンズ』の3分の1以下。ジョ
ナによる脚本の最終稿を調整した後、ノーランはヴィ
クトリア時代のロンドンへと旅立った。

　本作で我々が出会う主人公ふたりは、アルフレッ
ド・ボーデン（クリスチャン・ベール）とロバート・
アンジャー（ヒュー・ジャックマン）。どちらも当
時のステージマジック界ではトップの奇術師であっ
た。ところが冒頭、ほとんど紹介がないまま、ボー
デンがアンジャーの殺人容疑で裁判にかけられてい
ることがわかる。そしてこの結果を導いた原因を求
め、物語は時間を行き来していく。映画が始まると
すぐに「しっかりと見てごらん」[6]と、誰かが囁く。
姿はない。ボーデンか？　それともアンジャー？
もしやノーランだろうか？　全てが見た目通りだと
は限らない。

"狡猾な物語戦略、熾烈なライバルの闘い、
劇場映えするゴッサム・シティなど、
既存のノーラン作品を全て融合させると、
『プレステージ』の脚光を浴びるステージに行き着く"

　本作は、二度と同じ映画にはならないのだ。2回目は初見とは違う映画になってしまう。観れば観るほど、幾重にも重なる物語の中で、共感する相手が変わり続ける（ふたりの主人公はどちらも罪を犯しているし、無実でもある）。様々な場面で、互いが相手の暗号化された日誌を紐解いていくのだが、この二枚舌とペテンの物語は、ノーランの仕組んだトリックを解き明かすための古写本か何かなのだろうか？　「秘密は僕の人生だ」[7]と、ボーデンは言う。秘密がなければ、彼は凡人になってしまう。このふたりの執拗な奇術師たちは、ノーランの二面性を表しているのだろうか？　彼はイギリス人の顔と、アメリカ人の顔をもつ。アンジャーの訛りも演技の一部だ。アンジャーは偉大なショーマンであり、拍手喝采を味わうことに飢えている。ボーデンは技術の天才で、トリックの完成に全てを捧ぐ。「『プレステージ』は映画制作と非常によく似ている」と、ノーランは滅多に見せない笑顔で認めている。「僕がしていることとほぼ同じだ」[8]
　『プレステージ』は、芸術への献身が執着に変わるという作品である。ここで再び、一流の奇術師としてのノーランに話を戻そう。作家のプリーストが原作となる小説を書いた際、興味をそそられたのが、単に時代やステージマジックの熟練さではなく、演者の「強迫的な秘密」と「強迫的な好奇心」[9]の組み合わせであった。このことは、本作の監督の好みを雄弁に物語っている。ノーランは仲間のフィルムメイカーたちと違った何かをやる。おそらくもっと素晴らしいことをやるのだ。ふたりのマジシャンは、物語の裏に隠された秘密を理解しようと躍起になる。これは、ノーラン作品に取り憑かれた者たちが増えていることのメタファーなのだろうか？
　妻でプロデューサーのエマ・トーマスは第3子（本作で、ボーデンの赤ん坊時代の娘ジェスとしてクレジットなしで登場するオリバー・ノーラン）の誕生もあって目立たぬ形で手伝うことを願ったが、ノーランは彼女の知恵を求めた。彼女は、限られた予算をやりくりするのに不可欠な存在であったし、主人公のライバル関係で犠牲になる女性キャラクターたちをもっと信憑性をもたせて描くようノーランに提案もしている。その女性キャラのひとりが、アンジャーの妻のジュリア（パイパー・ペラーボ）だ。彼女が水槽からの脱出マジックに失敗して死亡した一件が、一緒に働く仲だった奇術師たちの関係に亀裂を生じさせることになる。アンジャーは、ジュリアのパフォーマンス前に彼女の腕を縛ったボーデンが結び方を誤ったとして彼を責めた。『インソムニア』のドーマー刑事のように、ボーデンは自分がどうやったのか

左：オリヴィア（スカーレット・ヨハンソン）は、監督が「現代」都市だと設定した「過去」の通りに繰り出していく

下：野心的なアイデア──アンジャー（ジャックマン）は、完璧なトリックを目指し、ニコラ・テスラ（デヴィッド・ボウイ／中央）と彼の助手アリー（アンディ・サーキス）に自らの計画を打ち明ける

——罪があるのか否か——を覚えていないと友に訴える。もうひとりは、レベッカ・ホールが扮するサラ。ボーデンと恋に落ちて結婚、出産するも、夫に愛されていないと知る日がくることを確信し、自殺に追い込まれてしまう。精神を病んだ男と結婚した悲劇だった。さらに、スカーレット・ヨハンソンが演じる美しいオリヴィアも忘れてはいけない。ステージ上で奇術を補佐する助手の彼女は、アンジャーとボーデンの両方を裏切る結果となる。マイケル・マン監督作『ヒート』の互いに補完し合う男たちもそうだったが、アンジャーとボーデンも共通点が多い。

ノーランは、ジョナと本作の脚本に着手した時点では、俳優について全く考えていなかった。彼には敢えて考えないようにする傾向がある。特定の顔や体つきを想像してしまうと、キャラクターの「成長」を阻害させるのだという。顔や体格といった外見は、ノーランにとっては後から決める要素らしい。『ソードフィッシュ』(2001)や『X-メン』で知られるオーストラリア出身の俳優ヒュー・ジャックマンは、ノーランと初対面した際、アンジャーとボーデンのどちらの奇術師が好みかと監督に訊かれた。ジャックマンの答えは「アンジャー」[10]だったのだが、直感的にそう答えたことに、自分でも驚いたという。しかし、それは理に適っていた。どちらも実に素晴らしいマジシャンで、当時の最高水準であった。ところが、いくら共通点が多いとはいえ、彼らには本質的な違いがある。

「ボーデンはある意味、天才型の奇術師。私が演じたキャラクターより、技術的に優れているんだ」と、ジャックマンは解説している。「だけど、私が演じたアンジャーは、ボーデンに比べて、生まれながらのショーマンという雰囲気がグッと近かった」[11]。そうしたキャラクターの特徴は、このふたりの俳優と一致しないだろうか。ジャックマンもベールも、スーパーヒーローを演じた経験があるのは確かだが、

ジャックマンはブロードウェイのベテランで、歌って踊れる役者だ。一方のベールは、役になり切る集中メソッドが伝説的であった。そしてボーデン同様、ベールもステージに立つのを心地いいとは感じなかったようだ。彼はボーデン役を望んでいたが、(バットマンというスーパーヒーローを演じていた)ノーランとのつながりが不利に働くのではないかと不安を覚えていた。しかしノーランは、ベールとジャックマンのコントラストを気に入った。

主人公たちには、明らかな階級の差がある。ベールが演じるボーデンは孤児として生まれ育った労働階級の平民。それに対してジャックマン扮する上品なアンジャーは、ブルース・ウェインに近い、裕福な家庭の子息だ。ノーランは、異なる身分の者たちがオリンピック選手として熾烈な戦いを繰り広げる『炎のランナー』(1981)から、インスピレーションを得たという。

キャスト陣の中で最も異色だったのは、セルビアとアメリカの両方の国籍をもつ実在した人物ニコラ・テスラ——「電流の父」と呼ばれる——役のデヴィッド・ボウイだろう。アンジャーはイギリスからはるばるアメリカのコロラド・スプリングのテスラ邸に赴くが、思いもよらない結果となる。ノーランがボウイの音楽のファンだったのは言うまでもないが、監督は、ニコラス・ローグ監督のSF映画『地球に落ちて来た男』(1976)で宇宙人を演じた彼をとても気に入っており、ニコラ・テスラにも、似たような「この世の存在とは思えない」オーラを纏わせたいと考えたのだ。『プレステージ』の劇中で、マイケル・ケイン扮するカッターがテスラを「魔法使い」と呼ぶのだが、ボウイが演じることで、まさにテスラはその雰囲気を湛えることになる。テスラの陰謀には、タネも仕掛けもない。彼はアンジャーのために言われた通りの装置を作っただけだ。ただし、それはファウスト的取引〔ゲーテの戯曲『ファウスト』で、

右：ユニバーサル・スタジオ撮影所のバックロットに作られた街路のセットで撮影中のクリストファー・ノーランとヒュー・ジャックマン

下：この複雑な小説の中に「映画」を見出せるとノーランが信頼した唯一の人物である弟のジョナが、本作の脚本を手がけた

悪魔と取引して永遠の命を得た主人公は、代償として魂を奪われてしまう。このことから、とてつもなく大きなリターンを得られるも、破滅的なリスクを伴う取引を指す〕となる。テスラの正真正銘の「瞬間移動」装置は、フランケンシュタインの怪物の誕生、もしくはターミネーターの登場を想起させるような稲妻を吐き、恐ろしい代償をもたらすのだ。ピラミッド風の箱型容器に封印された装置は、まるでハイゲート墓地にある墓石のひとつに見える。

　ノーランは、己のキャリアの中で今回ばかりは、「ノー」という返事は受け入れられなかったようだ。ボウイは丁重に断ってきたのだが、監督はボウイのエージェントに再び連絡を入れ、せめて自分の口から説明したいと面会を求めた。結果、ふたりはニューヨークで会い、かつてマイケル・ケインを説得したように、この謎めいた歌手の心を掴むことに成功し

たのだった。

　デヴィッド・ボウイはよそよそしく、風変わりで、ややぎこちない感じだった。話す言葉に訛りもあまりない。しかし、彼のそのエキゾチックな存在感こそが重要であり、ノーランが本作に加えたかった「電流」のような刺激的要素だったのだ。ニコラ・テスラの助手アリー役には、多才多芸なイギリス人俳優アンディ・サーキスを起用。アリーのほうがその主人であるテスラよりもはるかに出番が多いのだが、それは、テスラの謎に包まれたオーラを維持させる演出だったのかもしれないし、ボウイの拘束時間が本当に限られていたせいなのかもしれない。ファンが些細な要素を掘り下げてあれこれ深読みするのは、ノーランの全作品でありがちなのだが、ここにも興味深い仮説がある。実は、アリーが本物のニコラ・テスラで、ボウイが演じる人物は単なる目くらましに過ぎないというのだ。映画をしっかり見てみると、実験の説明をしたり、機械をテストしたりしているのはアリーであって、テスラではない。そして、サーキス自身、アリーはマイケル・ケイン扮する老発明家カッターを映す鏡のような存在だと説明していた。闘いと二重性は、本作のいたるところにある。何せテスラには、まだ見ぬトーマス・エジソンというライバルがおり、エジソンがテスラの発明品を奪おうと躍起になっているということを観客は知るのだ。

　ノーランが真実だと信じているのは、「ジャンル」は最も「表面的な側面」[12]によって定義されることはないという点だ。彼は、『プレステージ』を時代ものとして捉えたりはしない。石畳を走る馬車が鳴らす車輪の音で映画が幕を開けるなど、あり得なかった。ヴィクトリア時代は、抑圧的で陰鬱な時代だと誤解されることがあまりにも多い。ヴィクトリア時

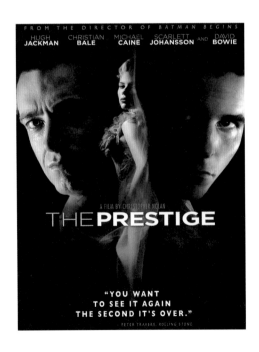

『プレステージ』は、スタジオの悲観的な予想を覆して全米興行収入第1位を獲得し、ノーランに3作連続のヒットをもたらした

代は、贅沢さと科学、インチキ療法と欺瞞の時代だ。どちらかと言えば、ロンドンのほうがゴッサムより豊かな感じがするものの、ノーランが自由に使えるお金は4000万ドルしかなかった。『プレステージ』には、リドリー・スコットが歴史作品で行うアプローチがふんだんに導入されている。層を重ねて厚みを出すビジュアル、豪華な木目調の色彩、ルネサンス美術を思わせる豊かなセット装飾、それらを照らすスポットライト。スコットの『デュエリスト／決闘者』（1977）に登場するナポレオン軍の将校たちが執拗なまでに決闘に囚われた姿も、『プレステージ』に投影されている。そして、『ブレードランナー』のアンティークな質感も、だ。

1890年代、未来は明るく輝いていた。電気が文化的な革命を起こそうとしていたのだ。科学の発展がめざましく、科学者が新しい奇術師も同然の存在になったため、実際の奇術師たちは、自分たちの出し物が時代遅れに見えてしまうのを恐れて科学用語を取り入れた。映画という新しい魔法が生まれたのもこの頃で、古い演芸場は一掃されつつあった。ノーランは、リサーチの結果、創成期のフィルムメイカーたちの多くが奇術師として出発し、電気の力で動く写真という奇妙な新世界に足を踏み入れた事実を知る。特殊効果のパイオニアで、ジャンル映画の元祖と言われるジョルジュ・メリエスは、もともとイリュージョニストであった。「でも、僕が思うに、映画は長きにわたり、マジックがもつ大衆向けの魅力を大量に組み込んできた。そういう点では、本作は時代ものの作品だと言ってもいい。ヴィクトリア時代のマジシャンたちは、当時のフィルムメイカーだけでなく、映画スターやロックスターみたいな存在だったんだ。ただし、リスクはずっと高い。名声や富、その他全てをかけることになる」[13]と、ノーランは説明している。

ゴッサム・シティをイギリスで撮影したかと思え

ば、ヴィクトリア時代のロンドンをロサンゼルスで撮るなど、ノーランの映画制作は鏡に映った逆さまの世界だ。つまり、全てがイリュージョンで、作品ごとに、大西洋を行ったり来たりしている。撮影は2006年1月16日にから3ヶ月間行われた。ロサンゼルスにいたおかげで、BBCの時代劇のおぞましい雰囲気に囚われずに済んだ。本作に登場するステージで行うパフォーマンスのシーンのために、ロサンゼルスのブロードウェイ地区にある、ロサンゼルス・シアター、パレス・シアター、ロサンゼルス・ベラスコ、タワー・シアターという4つの年季の入った劇場を見出し、ほんのひととき、眠りから蘇らせて全盛期であるかのような華やかな舞台を演出した。

ユニバーサル・スタジオのバックロットをヴィクトリア時代のロンドンに改造し、ロンドンの劇場の舞台裏にある地下通路を再現するべく、迷路のように入り組んだ木造の階段の間にあるファサードの裏側を移動することすらあった。映画のセットが映画のセット兼ねていたのだ。コロラド州の山中にあるニコラ・テスラの隠れ家（実際は、コロラド州レッドストーンにある、レッドストーン邸）は、どこかスチームパンクの気配を漂わせている。テスラの異様な仕掛けは、スクリーンの端からはみ出そうなくらい圧倒的な存在感で、ヴィクトリア調の雰囲気を意識した珍妙なスチームパンク機械の数々に対するこだわりの表れを象徴していると言えよう。

「最終的にでき上がったのは、不思議なことに、思っていたよりもずっと大きな映画だった」[14]と、ノーランは振り返っている。どちらかといえば、本作はアート系だと考えていたようだ。撮影は主に手持ちカメラで行い、俳優をどこか目印になる場所に関連づけて撮るというより、カメラが俳優を追いかけていく形を取った。これまでの監督作でも現実を歪曲させているにもかかわらず、ノーランは自身の映画制作における（観客を騙すための）トリックを否定

左：アルフレッド・ボーデンの妻サラを演じるレベッカ・ホール。サラも、妄想に取り憑かれた夫の犠牲者のひとりだ

下：二重結びの末に──アンジャーの妻で奇術助手ジュリア（パイパー・ペラーボ）の水中脱出マジックの手伝いをするボーデン（クリスチャン・ベール）。これが、全ての不幸の連鎖の始まりとなる

上：マジックの達人──オリヴィア（スカーレット・ヨハンソン）とロバート・アンジャー（ヒュー・ジャックマン）の演技を微調整するクリストファー・ノーラン

右：ノーランの前作『バットマン ビギンズ』で演じた執事アルフレッドと同様、マイケル・ケインは本作でも再び道徳的な核となる人物に扮し、この映画の数々の謎を解くヒントを与えている

クリストファー・ノーランの強い希望で、謎めいたニコラ・テスラはデヴィッド・ボウイが演じている。ノーランは、別の惑星からの訪問者のような雰囲気をテスラに求めていた

している。「僕は撮影現場で、壁を操作したりしない」[15]と、彼は言う。カメラが通れるように壁が分かれたりすると、必ず目立ってしまい、観客が騙されたことに気づくからだ。とりわけ『プレステージ』では、抑圧された感覚を求めた。「観客には、実際にその空間にいる感じに陥ってもらいたいんだ」[16]

鳥かごの中にいた鳥が消えるマジックを見ていたサラと彼女の甥の少年のシーンで、「さっきの鳥はどこ？」[17]と、少年が泣きながらボーデンに訊ねる。彼は、マジックを成功させるために、かごの中にいた黄色い鳥が殺されてしまい、ボーデンが持っている鳥は、別の鳥だと敏感に感じ取ったのだ。そして、少年の勘は正しかった。つまり、このシーンでわかるのは、ノーランは我々に一度たりとて嘘をつかない、という事実だ。実際、彼は、この映画の秘密を最後まではっきりと見せている。ただ、彼の絶妙なミスディレクションの手口、時間のズレ、観客の気を削ぐジャンル要素が重なって、我々は大事なポイントを見ていないのだ。しかも、謎の答えを明らかにするのに、本が用意されている。「映画を観る前に原作小説を読まないでくれ。全てが台無しになってしまう！」[18]と、ノーランはマスコミに懇願した。ノーランは、アメリカで、映画とのタイアップ版の小説の発売を延期させ、映画より前に秘密を知りたがる人々を思い留まらせたほどなのだ。

「観客は真実を知っている。世界は単純だ」と、アンジャーは言う。ジョナが書いた中でもノーランが特に気に入っている台詞だ。「世界は惨めで、全てが決まり切っている。だが、観客を騙せたら、たとえ一瞬でも驚かすことができたら、すごく特別な何かを見ることになる」[19]。アンジャーが言っている言葉は、映画にも当てはまるのではないだろうか？我々は、映画自体が巧妙に練られた策略だとわかっているけれど、不信感は保留したいと考えるのだ。映画は魔法をかける。しかしノーランは、カーテンの裏側にあるものを垣間見せることで、観客の不信感を煽り、そして試す。

カッター役のマイケル・ケインのナレーションが、お馴染みの抑揚のある語り口で観客に訴えかける。偉大なマジックは3つのパートから成り立っている、と。我々が観ている本作は、その台詞通りに、微妙に分かれているのだ。この映画は、昔ながらの3幕構成のマジックのバリエーションだと言える。最初は、「確認（プレッジ）」。ヴィクトリア時代のロンドンのトランクひと組など、一見なんでもないものを見せる。2番目は「展開（ターン）」。なんでもないものが、とんでもないものになる。さらにカッターはこう続けるのだ。「そして、観客はタネを探すようになる」[20]。3番目は「偉業（プレステージ）」——最後の華々しい仕上げだ。「映画というものは、最後にたどり着くまでは意味を成さない」[21]と、ノーランは言う。真実が明かされて初めて、自分が観てきたものが何であったかを理解する。感情的な反応も変化する。大団円によって、今観た映画がより良い作品になるはずだ。『プレステージ』のラストで、ふたつのトリックが説明され、我々は、真実が目の前にあったことに気づくだろう。

ボーデンの「瞬間移動」。カッターはそれを即座に理解し、「彼は替え玉を使っている」[22]とアンジャーに告げる。ところがアンジャーは——我々もそうなのだが——聞く耳をもたない。替え玉なんて安易すぎると考え、受け入れようとしないのだ。しかし、カッターは正しい。実際、ノーランはそうではないと示唆していない。替え玉を使うのが、唯一の可能な解決策だ。狡猾なのは、ボーデンのトリックが実際に行われているところを観客は決して見ることがない。カメラが常に巧みに視線を逸らすからだ。我々はまんまと気を逸らされ、それを考えなくなってしまう。ボーデンはひとりではなく、本当はふたりいるのだ。（ほとんど）互いに入れ替わる双子だった。

入れ替わりのトリック——観客の目をごまかすロバート・アンジャー（ヒュー・ジャックマン）と助手のオリヴィア（スカーレット・ヨハンソン）。舞台上の
奇術と映画制作の類似点は、全てが熟考されているということだ

それぞれがライフワークのために、どちらかの存在を隠し、ふたりいるという事実を悟られないようにしつつも、いつも近くのどこかに潜んでいるのだ。バーナード・ファロンという無言を貫く人物は、舞台係でもビジネスパートナーでもなく、ベールが変装した双子の片割れだった。「Bernard Fallon」という名前は、シンプルに「Alfred Borden」のアナグラムに近いものになっている。この真実が明かされて驚くのは、ボーデンの手口ではなく、秘密を守るためなら犠牲も厭わないという姿勢であろう。

ここまでノーランが我々を手のひらの上で転がしているとは！　アンジャーでさえ、ある時点で「ふたり」でマジックを行う選択を試み、アルコール依存症の俳優ジェラルド・ルート（ジャックマンがひとりふた役で演じている）という自分の生き写し——ほとんど双子といえる存在——を見つけ出す。ところが、ふたりで組んでパフォーマンスを始めたはいいが、アンジャーがステージ下に落ち、ルートが喝采を浴びる形になってしまう。
　アンジャーの「瞬間移動」。こちらもカッターが

序盤で答えを出している（彼は、本作の案内役だ）。「タネがない」と、彼は説明する。「本物だ」[23]と。それは、ポスターに書いてあった。映画の中盤、ボーデンを負かしたい一心のアンジャーは、ニコラ・テスラと出会う。テスラは稲妻が飛ぶ中で、実際にトリックをやってのける機械を作ることに同意するのだ。それは、量子電磁力学（QED）による転送装置で、デヴィッド・クローネンバーグ監督作『ザ・フライ』（1986）の物質転送機（テレポッド）や、「スタートレック」シリーズに出てくる転送ビームに類似する。ところが、問題がひとつあった。テスラの転送装置は、正確には、マジシャンを「複製」するのだ。映画の冒頭で、地面に放置されたたくさんのシルクハットが映し出されるのだが、それが何を示しているのか、ずっと秘密のままにされていることすら観客は気づかずに話が進んでいたことになる。

テスラの発明品のメカニズムも詳しくは説明されない。説明のつかない──フィクションの代物だからだ。ならば、「説明がつかない」で済まされるのは不誠実だと感じる者もいるだろう（原作小説には説明が出てくるのだが）。我々には皆目見当がつかないのだから。転送装置は、ノーランのごまかしである。「『プレステージ』の全編を通して受ける印象は、自分がこの目で観ているものを信じられないということだ」[24]と、映画レビューサイトの『Film Freak Central』で、脚本家で映画評論家のウォルター・チョウは書いている。また、批評家のダーレン・ムーニーは、これを「見事な腕前」だと捉えた。「ノーランは、私たちを騙し、自分たちは時代劇ミステリー、パーラーゲーム〔言葉遊びやなぞなぞなど、家の中で行うのに適したゲーム〕を観ていると思わせる。ところが本作は、SFから生み出されたストーリー装置なのだ」[25]。我々はジャンルを間違えていたのだろうか？　とはいえ、ノーランは決して真髄を見せない。彼の映画の中で素晴らしい要素だと思われ

るもの（『インセプション』の夢への侵入、『インターステラー』のワームホール、『TENET テネット』の時間反転）と同様、これはSFというよりは、架空の科学である。モダンなヴィクトリア時代の可能性の閃きの中で、電気は魔法であった。瞬間移動マジックを実行するたび、舞台から消えたアンジャーは地下の水槽に落ち、溺れ死ぬことになる。そして、複製された新たなアンジャーが客席に姿を現し、礼をして、拍手に応えるのだ。

それは、さらなるメタファーであり、より深きシンボリズムでもある。テスラの機械が何かを無限に複製できるという事実は、ハリウッドが模倣映画を好む傾向にあることを考えると、実に興味深い類似点だと言えよう。スーパーヒーローというジャンルは、『バットマン ビギンズ』でノーランが真剣に取り組んだトリックを真似て増殖していった。さらに『プレステージ』がヒットしてすぐに、エドワード・ノートンが主演の『幻影師アイゼンハイム』（2006）というマジシャンを題材にした時代ものの制作が進行していた。

米国で配給したディズニーの社内では、本作がノーランの最初の失敗作になるのではないかという憶測が（公開前に）広がっていた。奇術師やヴィクトリア朝の物語を気にかける者など、誰もいないだろうと配給会社の連中は考えていたのだ。明確な主人公がいない陰鬱な映画であり、公開前に行われたトラッキング（興行収入の予想、観客の反応の推測）の結果は芳しくなかった。それでもノーランは、彼のお気に入りのトリック──期待を裏切る──を繰り返すことになる。興行成績の論理に逆らい、公開された『プレステージ』は初登場1位となり、最終的に全世界で1億900万ドルを稼いだ。ハリウッドは、自分の帽子からウサギを出し続けることができるクリストファー・ノーランというこのマジシャンに驚嘆したのだった。

なんだそのしかめっ面は？

『ダークナイト』（2008）

6作目のトリックは、社会現象となったあの映画の続編だ。光り輝くゴッサム・シティに舞い戻ったノーランは、バットマンの数々の試練と最も象徴的な悪役との対決を描き出す

今回に限り、ノーラン自身が仕掛けたトリックがきっかけとなった。『バットマン ビギンズ』のラストで、ゲイリー・オールドマン扮する実直な巡査部長ジェームズ・ゴードン〔映画の最後では警部補に昇進している〕が差し出したジップロックに入ったトランプのカード——当然のことながら「ジョーカー」なのだが——は、観客に（続編への）期待と可能性を噛み締めながら家路についてもらおうと「ファンサービス」として意図したもので、それ以上の意味はなかった。クリストファー・ノーランはシリーズものを続けて監督するつもりは全くなかったのだ。人気に翳りが出ていたバットマンを復活させた今、スーパーヒーロー映画からは離れ、もっと個人としてやりたいと望む、オリジナリティあふれる素材を追求したいと考えていた。前作の最後に「ジョーカー」をチラリと出したのは、単なる遊び心であり、せいぜい、スタジオに対する去り際のちょっとした提案——（ファンにしたら、ノーランによって）生まれ変わったジョーカーはどんなキャラクターになるのだろうかという魅力的な問いかけ——だったに過ぎない。「物語がどう続くのかと考えた際の可能性を示唆したかっただけで、自分が続編を作りたいと意思表示したつもりはなかったんだ」[1]と、ノーランは訴える。

彼は基本的に、何度も同じことを繰り返したり、ハリウッドやジャンルの規範に従ったり、作品ごとに悪役を入れ替えるという考え方に抵抗を感じていた。それに続編となると、前作から戻ってくる俳優を念頭に入れて脚本を書かないといけない。そもそも、契約上の義務はなかった。しかし、『バットマン ビギンズ』を上映した映画館や鑑賞した映画ファンから発せられる抗い難い力があったのは事実だ。ジョナ・ノーランは、公開初日、ハリウッドの中心に建つ満員のグローマンズ・チャイニーズ・シアターで『バットマン ビギンズ』を鑑賞した夜を振り返る。ものすごく緊張していた彼は、うまくいくだろうか、と何度も自問したそうだ。結果は——うまくいった。映画はラストシーンとなり、ジョナの兄が仕掛けたささやかな「餞別」とも言える例のアイテムが登場する。「ゴードンが最後にトランプのカードを裏返し、それがジョーカーだとわかった瞬間、観客は劇場が割れんばかりの歓声を上げたんだ」と、彼はその瞬間を思い返す。「あんな騒がしい声は聞いたことがなかったよ」[2]

ワーナー・ブラザースから圧力がかけられると、監督は時間稼ぎをした。「前作で用意しておいたアイデアは、しばし寝かせておく必要がある」。そうノーランは主張し、「バットマンから離れて別の何かをしてから、様子を見に戻ってくるから」[3]と、告げ

ヒース・レジャーは、ジョーカーという時代を超えたイコン的な悪役を作り上げた。クリストファー・ノーランが思いついたのは、動機を全くもたない、混沌をもたらす病原体的存在という、実に恐ろしいアイデアであった

たのだった。

　クリエイティブな発想が彼の中で頭をもたげ始めるのは、予想していたよりも早かった。『プレステージ』のプリプロダクションに着手したばかりのとき、ノーランの意識は、オールドマン扮するゴードンが提唱した「激化（エスカレーション）」[4]のコンセプトに向かい出す。これは、バットマンの存在が、ゴッサム・シティの犯罪者たちにとっては効果があると同時に、逆効果ももたらすという考えだ。そして、偉大な正義の味方がいるからこそ、同等の強大な悪者が闇から生み出されてしまう。続編の悪党は、すでに『バットマンビギンズ』のラストで発表されていたため、ノーランは真剣に、彼の最初のバットマン映画でやったように、リアリズムのプリズムを通して、ジョーカーを描写しようとした。そして、逆説的なコンセプトが避けられなくなっていく——ノーランは、伝統に因われない、独創的で、前作がなくてもオリジナルとして成り立つような続編を作ろうとしていたのだ。「人々が私刑（リンチ）を加えるといった問題のある考え方を

扱う場合、それがどこにつながっていくのかをきちんと問わねばならない」[5]と、ノーランは語っている。

　これは単に、設定やキャラクターの進展でも、コミックブック神話の拡大でもない。リアリズムにおける進化だ。ジャンルの原則を自らの計略の隠れ蓑として用い、彼は「犯罪の物語に少し踏み込み、マイケル・マン監督の『ヒート』のような壮大な都市の物語にも少し踏み込むつもり」[6]だった。ネオ・ノワールに傾倒しているノーランは、2016年9月に全米監督協会主催で、マイケル・マン、ロバート・デ・ニーロ、アル・パチーノを招待した、『ヒート』の20周年記念同窓会と称されたトークイベントの司会を行った。観客を前に、ノーランが様々な質問をして彼らに答えてもらうという内容だったが、『ヒート』を敬愛する彼が3人の大御所に、熱心に、そして時折嬉しそうに質問する様子は、トークイベントの司会というよりも、すっかり一映画ファンの顔であった。この催しから遡ること8年、ノーランは丸々1本の映画で、『ヒート』へオマージュを捧げよう

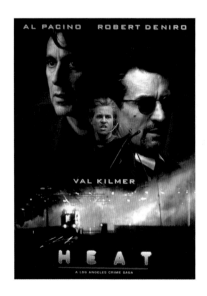

クリストファー・ノーランは、『ダークナイト』のために、非常に対照的だが重要な2本の映画を参考にした。マイケル・マンの超モダン犯罪スリラー『ヒート』と、リドリー・スコットがSF映画史に強烈な印象を残した『エイリアン』である

としていたのだ。

スーパーヒーロー映画の世界観は、映画会社独自のスタイルに固定されており、映画会社の権限がとても大きい分野だったので、ノーランの意向で「犯罪映画の側面をもたせる」といったトーンの変更は、これまでならば到底考えられないことであった。しかし（続編制作の話し合いで）ノーランはスタジオ側に、バットマンではなく、監督である自分こそが貴重な資産であると伝えていた。ワーナーに彼が出した要求は、（ワーナーは予想がついていたが）なかなか厳しいものとなる。ノーランが自分の映画を作るのに4年をかけること。そして、ノーラン自身がクリエイティビティを完全にコントロールできること、だ。ワーナーは躊躇せずに承諾した。

その後、プロデューサー兼共同脚本家のデヴィッド・S・ゴイヤーとランチで同席したノーランは、「よし、続編の話をしよう」[7]と言い、ふたりの話し合いは3ヶ月間続くことになる。彼らはストーリーを構築しながら、主な展開をインデックスカードに書き留めていった。そしてノーランは『プレステージ』の世界に身を投じ、ジョナがバットマン続編の脚本に取りかかる。制作に入るまで彼らはストーリーを何度も練り直して洗練させ、「目が眩むくらい」[8]たくさんの脇筋（サブプロット）とアクションのシークエンスを圧縮させて、道徳的な難問が渦巻く物語を納得のいく映画に仕上げようとした。タイトルはある意味、挑戦であったが、「バットマン」という言葉を外して『ダークナイト』と名づけられた。

本作は決して、ジョーカーのためのジョーカーのストーリーを語るつもりで作られたものではない。ブルース・ウェインを語るのに最適なストーリーを見つけ出し、その話に当てはまる悪役を、バットマンの正典から選ぶところから始まっている。『エイリアン』や『エイリアン2』（1986）は、常にエレン・リプリーの物語であって、クリーチャーの話ではな

かった。「それは、他のスーパーヒーロー映画の多くが作り出される方法とは完全に逆で、はるかに（メインとサブのプロット全てが最後につながる）全体論的なアプローチだった」[9]と、ゴイヤーは明かしており、DC映画の執行部が理解に苦しむ部分でもあった。『ダークナイト』は、コミックブックに忠実に描くよりもまず、キャラクターとストーリーを優先している。

「ティム・バートンが監督したバットマン映画は大好きだ」と、ゴイヤーは、『バットマン』と『バットマン リターンズ』（1992）について触れた。「これまでのバットマンの映画でもテレビでも、なんであれ、ひとつ文句がある。ジョーカーが怖いと思ったことがないんだ。だから、クリスと私はジョーカーを怖い存在にしたいと考えた」[10]

ただ怖いだけではなく、テーマ的に極悪非道なのだ。本作のジョーカーは、一キャラクターというよりも、むしろ触媒〔自身は変化しないが化学反応を発生、促進させるもの〕で、彼自身が新種のバットマン映画のダークな哲学である。「ジョーカーは、僕が何よりも恐れている存在だ」と、ノーランは断言する。「特に昨今のどんな悪役よりもね。最近は、文明が極めて薄っぺらになっていると感じる。ジョーカーは今日の全てのイド〔精神の奥にある本能的エネルギーの源泉〕を体現していると思う」[11]

バットマンとして復帰したクリスチャン・ベールは、不変の存在であり、永遠に問題を抱えたヒーローだ。新作の温度を決めるのは、彼のエキセントリックな敵である。ノーラン曰く、ジョーカーの歪んだエネルギーは「この映画のエンジン」[12]らしい。

キャスティングに関する議論は、『バットマン ビギンズ』のラストでジョーカーの登場が明らかになった瞬間から始まっていたようなものだった。ポール・ベタニーの名前が挙がり、ショーン・ペンを推す声も大きかった。ゲイリー・オールドマンが若かった

犯罪の首謀者──冒頭の強盗シーンのために銀行の金庫室をチェックするクリストファー・ノーラン。このシーンは、極めて現代的なスリラー作品の基調を打ち出すことになる

なら、当然の選択だっただろう。しかし、ノーランの頭には常にヒース・レジャーがいた。この若きオーストラリア人俳優とは、前作のバットマンを演じてもらうのに雑談を交わしていたのだが、レジャーはほどなく、このような陳腐なジャンルに幻滅し、候補から降りていたのだった。「自分は絶対にスーパーヒーロー映画に出るつもりはない」[13] と、レジャーはかつてマスコミに宣言している。レジャーの抵抗する姿勢が、ノーランに知るべき必要な全てを教えたのだ。

　彼らは、ワーナーの敷地内にあるノーランのオフィスで再会し、2時間ほど話をした。脚本は、ジョナ

のノートパソコンでまだ執筆途中の状態だったが、ノーランはストーリーの概略を伝える。面会が終わって別れる頃には、レジャーは「役を演じると決心していた」[14] と、ノーランは明かしている。

　この人選は、一部に衝撃を与えた。レジャーは、不快感や自己不信を演技で表現するのを得意とするも（2005年の『ブロークバック・マウンテン』では己が選んだ道に苦しむ主人公を演じて絶賛され、2003年の『ケリー・ザ・ギャング』では悲しげなアウトローを好演）、残忍な役柄はどうなのか？面接では、どちらかと言えば物腰が柔らかいタイプだと思われた（パパラッチと揉めた過去はあったが）。

映画制作の早い段階でキャスティングが決まったこともあり、レジャーは、役を深く掘り下げることにした。ロンドンのホテルに閉じこもり、声や言動の癖をあれこれ試し、「地雷」、「エイズ」、「ブランチ」[15]といった、ジョーカーがおかしいと思う物ごとを、脚本から抜き出した台詞と並べて書き留めていく。さらに、ミュージシャンのアリス・クーパー、セックス・ピストルズのシド・ヴィシャス(彼と恋人との過激なラブストーリーを映画化した1986年の『シド・アンド・ナンシー』では、ゲイリー・オールドマンがシドに扮し、その尖ったカリスマ性が存分に発揮されていた)、スタンリー・キューブリック監督作『時計じかけのオレンジ』の主人公のアレックスなど、ジョーカー役のインスピレーションとなった人々でムードボード〔コンセプトや素材が視覚的にわかるようにコラージュしたもの〕をまとめた。ボディランゲージのために、チャールズ・チャップリンやバスター・キートンの作品を研究し——最終的に、彼は「ピエロ」のメイクをした犯罪者になるわけだが——身体を傾けがちに歩く姿や大げさな肩のいからせ方の参考にしている。

ジョーカーというキャラクターを作るにあたり、ノーラン兄弟はコミックブックの歴史を徹底的に研究し、1940年に初登場したジョーカーの姿は、ヴィクトル・ユーゴーの小説を映画化した『笑ふ男』(1928)に出演したドイツ出身の無声映画スター、コンラート・ファイトの影響を強く受けていることに気づく。ノーランはまた、偉大な映画監督フリッツ・ラングがベルリンを拠点にしていた、サイレント時代からトーキー初期の頃の作品にも改めて触れた。特に、催眠術を駆使する悪役が街を陰謀の渦に陥れる1933年の監督作『怪人マブゼ博士』は、子供の頃、ノーランが弟に無理やり観せた映画でもあった。「幼い時分から、兄はこれを映画化するつもりでいたんじゃないかな。そんな気がするよ」[16]と、ジョナは笑う。それは、ノーラン映画全作について当てはまるのかもしれない。

最終的に「ダークナイト・トリロジー」となる自身のバットマン映画シリーズをノーランが評価した点のひとつは、スーパーヒーロー映画のキャスティングの基準を設定したことだった。それは、彼がリチャード・ドナー監督による『スーパーマン』(1978)〔クリストファー・リーヴ主演シリーズ4作品の第1作〕に倣ったもので、同作では主演のリーヴの脇を、マーロン・ブランド、ジーン・ハックマン、ネッド・ビーティという名優で固めていたのだ。「だから僕らも、同等のキャストを揃えたんだ」[17]と、ノーランは認めている。『バットマン ビギンズ』では、マイケル・ケイン、ゲイリー・オールドマン、そしてモーガン・フリーマンが、クリスチャン・ベールと共演し、その全員が続編に戻ってきた。それはある意味、ノーラン版バットマン映画の品格を示しているとも言える。そして2作目の今、ヒース・レジャーが加わり、コメディ要素が強かった1960年代のテレビドラマ版で子供のイタズラのような事件ばかりを引き起こしていたシーザー・ロメロのジョーカーや、1989年のティム・バートン監督作『バットマン』に出てきたジャック・ニコルソンによるヘンテコな中年オヤジ風ジョーカーから、心底恐ろしいジョーカーへとそのレベルを一気に引き上げたのだ。

撮影監督のウォーリー・フィスターは、レジャーの演技を間近で見て、「頭の血管をぶち切れさせている感じだった」と語っている。彼のジョーカーは、もはや「演技」では片づけられないほどの狂気を湛えていたのだ。「降霊術で、霊能者に誰かの魂が乗り移り、完全に人格が変わってしまうのと似ていたよ」[18]

ストーリーは冒頭の銀行襲撃シーン——IMAXサイズの高さを誇る驚くべき強盗シークエンス——から度肝を抜かれ、映画が進むにつれ、その衝撃が

正真正銘の悪党──クリストファー・ノーランはジョーカーをリアルに描くことにこだわり、
ピエロのメイクを彼の病的なまでに歪んだ、しかし極めて聡明な精神の延長線上にあるものにした

波紋のように広がっていく。ジョーカーは予告なし
にゴッサムに到着した（もしかしたら最初からいた
のかもしれない）。最初は背後から、このアナーキ
ストのやや背中を丸めた姿が映し出される。『ヒート』
を思わせるスタイルで銀行強盗を行う準備は万端で、
キューブリック監督作『現金に体を張れ』（1956）
の計画的に進む巧妙な強奪シーンで犯人が被ってい
たのと似た道化師のマスクを被って犯行に及ぶのだ。

　初めて彼の顔を見る際、ジョーカーだとわかって
いても、恐怖を覚えるのではないだろうか。カビか
吐瀉物か見紛うようなおぞましい緑色の細い髪。剥
げかかった白いフェイスペイント。インクが滲んだ
邪悪なパンダ目。（刃物で口を裂いた）グラスゴー
スマイルのミミズ腫れを隠すために塗りたくった赤
い口紅。彼の顔は、フランシス・ベーコンの絵画が
出発点だった。ジョーカーがどのようにして「傷跡

だらけの笑顔」を手に入れるに至ったのかは、劇中
で本人が二度ほど口にするのだが〔「酔った父に切り裂
かれた」説と「妻のために自ら切り裂いた」説〕、一貫性が
なく、どちらの話が正しいかは不明だ。そもそもの
彼の起源を明かす決定的な物語は確立されていない。
ノーランは、『羊たちの沈黙』に登場する猟奇殺人
犯で元精神科医のハンニバル・レクターや、「スター・
ウォーズ」シリーズのシスの暗黒卿ダース・ベイダー
といったアイコン的な悪役キャラクターたちが、謎を
失うことによって輝きも失う様を見てきたからだ。

　コミックブックでもジョーカーは紫の衣服〔主にス
ーツ〕を着ていたが、レジャー版ジョーカーが纏って
いるのは、同じ紫でも擦り切れたフロックコート〔19
世紀中頃から20世紀初めに男性が昼間に使用していた礼装〕で、
着古されている質感になっているのが特徴だ。衣装
デザイナーのリンディ・ヘミングは、ジョーカーが

普段からこのような格好をしていると観客に納得してもらうのが重要だったという。彼はコスチュームを着て、わざわざジョーカーに変身するわけではない。分身などいないのだ。そしてジョーカーは、蛇が獲物の味を堪能するかのごとく唇を舐め、小型ナイフと悪魔的な狡猾さのみで武装する。

　監督が認めているように、彼は、『ノーカントリー』(2007)の自責の念が全くなく、なんの説明もない殺人者アントン・シガーと似ている。しかも、『ファイト・クラブ』のタイラー・ダーデンを彷彿とさせる衝動的なエネルギーで、悪事をやってのける。しかしノーランは、ジョーカーをモンスターだと考えたことは一度もない。「彼は、自分の周囲にある構造物(システム)を破壊して、初めて楽しみを得られる。それは非常に人間的な悪の形だ」[19]と、監督は述べている。一方のジョナは、この厄介な悪魔をもっと神話的な見地から（彼は古典的な比喩を好む傾向にある）、北欧神話のロキのようなペテン師まがいのキャラクターだと捉えていた。

　突き詰めていったノーランは、ジョーカーを『ジョーズ』(1975)にも例え、キャラクターであると同時に物語を進めるための仕掛けである「プロット・デバイス」でもあるとした。「彼は、他のキャラクターがどうしても反応しなければならない「力」なんだ」[20]と、ノーランは語る。言い換えれば、ジョーカーは『メメント』の時間の逆行や『プレステージ』の裏返しマジックであり、ノーランのこの最新作では、サイコパスなピエロの体(てい)で描かれた、困惑を生むプロットの原動力なのだ。

　ジョーカーは計画を練るのではなく、死を招くジョークを思いつく。それが、本作の魅力的なアイデアとなっている。ジョーカーは、ゴッサム・シティ

このキャラクターには、バックストーリーがないことも肝心だった。ジョーカーは自然の力のような存在で、バットマンのアンチテーゼとして宇宙が作り出した人物像なのだ

と、ゴッサムを守るため正体を隠して暗躍する「闇の騎士」——バットマン——に次々と機知に富んだ試練を与え、バットマンの倫理的な駆け引きの限界を探るのだ。バットマンは人の命を奪うことなく街を救えるのか？　さらに、ゴッサムの街に蔓延る腐敗を払拭できるのか？　ギャングやならず者たちが再び増殖し、ストイックなゴードン警部補を除けば、警官たちへの賄賂がまかり通っている。「『バットマン ビギンズ』と比べて、『ダークナイト』は残酷で冷淡な映画だ」[21]と、ノーランは告白しており、しばしば、本作がこれほどまでに人気を得たことに驚きを示している。

「『ダークナイト』（ノーランはタイトルに「オブ・ザ・ソウル（魂の）」と付け加えたかったに違いない）では、ジョーカーは（バットマンの）影、あるいは邪悪な双子だとも考えられる。ある意味、病的なやり方で、ふたりは互いを必要としているのだ」[22]と、

CNNの映画批評家トム・チャリティは持論を展開している。ジョーカーもまた、ノーランの極端な変異種なのだろうか？　きちんとしたスーツを着て現場に現れるこの監督は、並々ならぬ才能という鋼球で、慣習をぶち壊した。『プレステージ』同様、ジョーカーとバットマンのふたりも、北半球と南半球という正反対の位置にいて、「ノーランの脳」というひとつの惑星を構成しているのではないだろうか。

クリスチャン・ベールは、かなり困惑していた。ブルース・ウェインと彼の「影」となるバットマンとの二重生活には、どんなトラウマが残ったのだろう？　漆黒のバットスーツは柔軟性が向上したとはいえ、彼は相変わらず神経質のままだった。

「バットマンの場合、「悲劇とは何か？」というのが問題なんだ」と、DCコミックスの社長ポール・レヴィッツは言い、ディナーの席でノーランに感銘を与えた。「「バットマンを動かすものは何か？」と

左：二重のアイデンティティの闘い——ノーラン版バットマンの2作目では、ブルース・ウェイン（クリスチャン・ベール）が分裂した己のアイデンティティと格闘する姿が描かれる

右：多くの点で、『ダークナイト』はバットマンやジョーカーではなく、ゴッサム・シティから合法的な手段で犯罪を撲滅しようとする正義の検事ハービー・デント（アーロン・エッカート）の物語である

WELCOME TO A WORLD WITHOUT RULES.

CHRISTIAN MICHAEL HEATH GARY AARON MAGGIE AND MORGAN
BALE CAINE LEDGER OLDMAN ECKHART GYLLENHAAL FREEMAN

THE DARK KNIGHT

JULY 18 WWW.THEDARKKNIGHT.COM

上:『ダークナイト』は、ただの大ヒット作品ではない。
スーパーヒーローの新時代を切り拓く正真正銘の火
つけ役になったのだ

左:「闇」の騎士の危機──バットマン（クリスチャ
ン・ベール）は、ジョーカーの仕業でくすぶり続け
る瓦礫と化した場所に佇み、ゴッサム・シティから
去らねばならないことを悟る

道化師——レイチェル・ドーズ（前作のケイティ・ホームズに代わってマギー・ギレンホール）と顔を突き合わせる、
招かざる客のジョーカー（ヒース・レジャー）

いう問題もある」[23]。起源の物語として、『バットマン ビギンズ』では、その問いの答えは明白——両親が殺害されたこと——だった。続編では、事態はもっと複雑だ。ゴッサム・シティで起きた混乱に対処する一方で、ブルース・ウェインの二重のアイデンティティが人命を奪うことになってしまう。「事態が激化するほど、彼は（街を守るという）義務感にますます囚われていく」[24]というのが、ベールの視点だ。ウェインは権力、責任、スーパーヒーローとしての取り決めに苦しんでいる。また彼は、幼馴染みのレイチェル（前作演じたケイティ・ホームズが続投を断ったため、マギー・ギレンホールが起用された）が、地方検事ハービー・デント（アーロン・エッカート）に愛情を向けるようになる過程も見てきたのだ。

　法に則ったやり方でゴッサムから犯罪を排除しようと奮闘するデントは、本作の（バットマンの「闇」の騎士に対する）「光」の騎士。バットマンを引退する機会をうかがっていたウェインはデントを支援する。『ダークナイト』の本当のストーリーは、ハービー・デントの出世と転落という見解もあった。レイチェルがジョーカーの策略の犠牲となったとき、ウェインもデントもよりダークな自分自身を受け入れることになる。本作のタイトルは、両者が「闇」の騎士だと意味しているのだ。こうして我々は、『メメント』や『プレステージ』（そして『インセプション』然り）の領域——愛しい誰かが死ぬという呪い——に戻ってくる。

ジョーカーを倒すべく、バットマンは市民権の守るべき境界を越え、道義に反する行動に出る。そのためには街中のあらゆる携帯電話を盗聴し、ソナー追跡装置を作らねばならなかったのだ。この映画は、そうした風刺に近いことをさらりと描いている。「本作の大半は、ジョーカーの映画になっている。彼がそれだけ刺激的な存在だからだ」と、ノーランは言う。「そして、ヒースの演技で、ジョーカーが本作の原動力になっている。しかし、最後の最後で、バットマンがそのポジションを取り返す。ブルース・ウェインが原動力を自分自身に取り戻すんだよ」[25]

デントはレイチェルを失った悲しみに打ちひしがれるだけでなく、ジョーカーが仕掛けた爆薬のトリックで顔の半分にひどい傷を残す。ここで登場するのが、本作の第2の悪役──エッカート扮するデントが変貌した「トゥーフェイス」だ。文字通り、顔の半分は元のハンサムなデントのままだが、もう半分はCGで作られた焦げた骨と筋、まぶたのない眼球が露出した恐ろしい表情になっている。しかも、見かけの美醜だけではなく、かつて誠実で正義感にあふれていたデントの人格の二重性をも具現化しているのだ。

ガジェット・マエストロのルーシャス・フォックス役として、モーガン・フリーマンも本作に戻ってきた。今回は、ブルース・ウェイン（クリスチャン・ベール）がジョーカーの居どころを突き止めるのにひと役買う

彼は復讐の鬼と化し、この事態に責任を負うべき者たちの殺害に乗り出す。

デントがトゥーフェイスとして登場すると、ふと、彼はもともと「光」の騎士たる明るい存在ではなかったのではないかという疑問をもつ者もいるだろう。彼は理想主義者であると同時に、ナルシストでもあったのだろうか？　トゥーフェイスの素質をすでに内なるどこかに具有していたのかもしれない。ノーラン監督作にありがちなことだが、明確に思えるモラルの区別は、近くで見れば見るほど曖昧になるのだ。

カリフォルニア州出身のジェームズ・ニュートン・ハワードとドイツ生まれのハンス・ジマーの作曲家コンビも続編に復帰し、デントの英雄的なテーマ曲などを提供。本作の「道化師」を表現するのに、魅

バットマンの数少ない味方のもうひとり、ジム・ゴードン警部補（ゲイリー・オールドマン）は、ジョーカーの手口の一部を公開する

惑的だが危険な雰囲気ももつサウンドを作り出し、映画音楽にも二重人格の趣を与えている。「ひとつの音色の意味をそこまで引き延ばせるか？」[26] と、ジマーはずっと考えていたが、結局はふたつの音を使うことにした。音楽家の母とエンジニアの父の息子として生まれたジマーは、次第に、ノーランの映画制作プロセスにはなくてはならない存在になっていき、今ではノーラン作品の脚本が執筆されている間に、音楽（その用語が当てはまるとしたら、だが）

に着手するようになっている。

　道徳という面では捻くれた描かれ方をしているものの、本作はノーラン監督作の中では、最も（時間軸が）直線的な映画であるのは間違いない。ゴッサムの街に無秩序な雨が降り注いでも、時間は整然と流れていく。

　ノーランが続編作りに惹かれた他の要素は、ゴッサム・シティを再定義する機会になったことだろう。ジョーカーの異常行動の自由奔放さとは対照的に、

"……ジョーカーは『メメント』の時間の逆行や
『プレステージ』の裏返しマジックであり、
ノーランのこの最新作では、サイコパスなピエロの体で描かれた、
困惑を生むプロットの原動力なのだ"

1作目『バットマン ビギンズ』のネオゴシック・ロマン主義——現在は撤去されたモノレール——の痕跡を全て取り除き、ほぼ全編をシカゴのロケ地で撮影した。今回、ゴッサムのセットは建設されず、CGを用いたワイドショットが数ヶ所あるのみ。ロケ撮影で求めたのは、すっきりとした美しい「直線」。街路、地下道、立体交差の下側の道路、パノラマのような景色。そして、それらは皆、現実である必要があった。『ヒート』でマイケル・マンが神話と都市を融合させたように、ノーランは、ゴッサムに対する新たなアプローチで、『狼たちの午後』や『フレンチ・コネクション』に出てきた1970年代のニューヨークのコンクリートが剥き出しで汚れた建物や、軋んでざらついた日常の雰囲気を具体的に表現しようと考えた。内装もそれに倣い、前作で焼失した贅沢なウェイン邸とバットケイブは本作には登場せず、シカゴを拠点にしたミニマル・デザインの建築家ミース・ファン・デル・ローエの建物の役員室と、ガラス張りの洗練されたペントハウスに取って代わった。ノーランは、コミックブックの映画から「コミック

（滑稽な）」要素を排除し、自分なりのゴッサムという街に重みと幅と奥行きをもたせようとしたのだった。

「自分が一時期育った場所で、大好きな街でもあるシカゴでの撮影は楽しいことがいろいろあった。中でも、ニューヨークほどわかりやすくはないんだけれど、シカゴには、素晴らしい建築物、（多階層道路の）下層道路、あらゆる種類の驚くべき超高層ビル群といった見事な地形的特徴があることだ」[27]と、ノーランは言う。彼が自身のバットマン神話で気に入っているのは、ゴッサム・シティが世界全体を象徴するようになったことだ。ドラマはこの永遠の都市に閉じ込められ、青みがかった暗闇の中に剥がれ落ちていくかのように展開する。

1億8500万ドルをかけた7ヶ月の撮影期間で、関係者全員がほぼゴッサムという牢獄に囚われていたのだが、唯一そこから撮影班とわずかなキャストが脱出できたことがある。それは、香港の高台の街にいる腐敗した実業家を捕まえるための短い旅だった。ノーランは高所から街並みを撮影し、そのシークエ

上：新たに開発されたバットポッドでシカゴを疾走するバットマン。この街は、今や、ゴッサム・シティの超モダン版として認識されている

右：香港の高層ビルの狭間で――続編でクリストファー・ノーランは、コミックのテイストをできるだけ排除し、バットマンの世界をネオ・ノワールのような洗練された輝きで満たすことに専念する

ンスはめまいを覚えるほどの「深さ」を感じさせるのだが、バットスーツを着たクリスチャン・ベールは涼しい顔で、超高層ビルの上に佇んでいる。映画全編を通じて、アクションはさらに拡大され、大胆になり、CGを簡単に使う風潮にますます抗った。本作そのものが「激化」していったのだ。

ジョーカーがデントを追跡している最中、ノーランは遠隔操作のピストンを用い、シカゴの銀行街の中心部で18輪トラックをひっくり返すことにした。戦車さながらのバットモービル「タンブラー」の美学をオートバイサイズに再構築した新型「バットポッド」で車の間を縫うように走って渋滞を抜けると、バットマンは前輪にスチールケーブルを巻きつけ、屈強な大型車を前方に転覆させるのだ（映画全体の上手い暗喩とも言える）。そして37歳のノーランは、暗い色のブレザーにベストというなでたちで、サーモカップに入った紅茶を手にし、その瞬間に立ち会った。もちろんカメラのすぐ近くに佇んだままで。

映画公開まであと半年となった頃、悲劇によって

暗い影が投じられることになる。2008年1月22日、ジョーカーを演じた俳優ヒース・レジャーが、ニューヨークにある自宅アパートで死亡しているのが見つかったのだ。死因は、睡眠薬などの薬物併用摂取による急性薬物中毒だった。衝撃のニュースが世界を駆けめぐったが、それが落ち着いた頃、ノーランは突然、レジャーの素晴らしい演技に監督として報いることに「ものすごい責任感」[28]を覚え、苦しんでいる自身に気づく。ジョーカー役が負担になったことが原因との噂も囁かれたが、それを覆す事実があった。レジャーは、ジョーカーとして復帰したいと熱望していたのだ（本作でジョーカーの運命は曖昧な描き方をされていた）。「事実、レジャーの死は誰に

とっても寝耳に水だった。『ダークナイト』自体には、レジャーの死をほのめかしたり、裏づけたりしている要素は何ひとつない」[29]と、映画評論家のマイク・ラサールは、サンフランシスコ界隈の情報サイト『SFGATE』で書いている。実際、レジャーのジョーカーとしての素晴らしく巧妙な演技は、死後の受賞となったアカデミー賞助演男優賞にふさわしいものであった。

こうして『ダークナイト』という作品自体が脚光を浴びたことにより、ノーランのキャリアは、逆に影が薄くなってしまったと思える部分がある。この映画は、彼の最も高く評価されている作品であり、今もスーパーヒーロー映画の最高峰と見なされているのだ。批評家たちは、本作がもつ驚くべき効果を例示した。映画批評家でノーランの信奉者であるス

コット・ファウンダスは、アメリカ初の生活娯楽教養新聞である『ヴィレッジ・ヴォイス』で、このジャンルにありがちなスリルと同様に、との断りを入れ、次のように述べている。「『ダークナイト』は、観る者の心に取り憑き、ほとんどのハリウッド映画が足を踏み入れるのを恐れる薄暗い路地にさえ、人々を導いていくだろう」[30]。とはいえ、そうした「路地」は、ノーランにとっては「行きつけの場所」だ。映画ライターのキース・フィップスはオンライン新聞『The A.V. Club』で、これは「優れた犯罪小説の、弁解の余地もないほどの濃密さをもつ映画」[31]だと結論づけた。

観客は、この「暗闇」を味わおうと映画館に殺到し、本作は、公開後初の週末で1億5800万ドルという驚異的な興行収入を記録。さらに全世界興行収入

香港の街路でロケ撮影を行う撮影監督のウォーリー・フィスターとクリストファー・ノーラン

どうせ夢だ。派手にやれ

クリストファー・ノーラン主要作品の「クロノラノロジー（年代順類推）」

* クロノラノロジー（chronolanology）は、chronology（年表）とanalogy（類推）を合わせた著者による造語

1998

2000

『フォロウィング』
監督／製作／脚本／撮影／編集
作家志望の孤独な男が、邪悪なゲームに
巻き込まれる。

『メメント』
監督／脚本
記憶を保てない男が、妻を殺した犯人を
見つけ出そうとする。

2012

2010

『ダークナイト ライジング』

監督／製作／原案／脚本

復帰したバットマンが、仮面の悪漢「ベイン」率いるゴッサム・シティの叛乱に立ち向かう。

『インセプション』

監督／製作／原案／脚本

夢泥棒の一団が、ターゲットの頭の中にアイデアを植えつけようと企てる。

2006

2008

『プレステージ』

監督／製作／脚本

ヴィクトリア期のふたりのマジシャンが、同じトリックをどちらがより完璧にできるかに取り憑かれる。

『ダークナイト』

監督／製作／原案／脚本

バットマンが、ゴッサム・シティを混沌に陥れようと躍起になるジョーカーと対峙する。

2002

『インソムニア』

監督

自責の念に苛まれた不眠症の刑事が、白
夜のアラスカで猟奇殺人犯を追う。

2005

『バットマン ビギンズ』

監督／脚本

億万長者のブルース・ウェインが、いか
にしてバットマンになったのかを描く原
点回帰の物語。

2017

2017

『ダンケルク』
監督／製作／脚本

陸・海・空という3つの視点から描く、
第二次世界大戦のダンケルク大撤退。

『ジャスティス・リーグ』
製作総指揮

バットマンが、ワンダーウーマン、アク
アマン、フラッシュ、サイボーグと団結
し、人類滅亡の危機を防ごうとする。

2016

2014

『インターステラー』

監督／製作／脚本

ワームホールを通過し、居住可能な惑星を
見つけようとする危険な宇宙ミッション。

『バットマン vs スーパーマン
ジャスティスの誕生』

製作総指揮

イコン的な2大スーパーヒーローが対決。
「ダークナイト」シリーズとの物語的な
つながりは放棄。

2013

2014

『マン・オブ・スティール』
製作／原案
『ダークナイト』のタッチで演出を試みた、ザック・スナイダー監督の「スーパーマン」映画。

『トランセンデンス』
製作総指揮
長年ノーラン作品を撮影してきたウォーリー・フィスター初監督作。人間の意識の電脳空間への移植をめぐるスリラー。

2023

2020

『Oppenheimer』

監督／製作／脚本

「原爆の父」と呼ばれた物理学者 J・ロバート・
オッペンハイマーの伝記的映画。

『TENET テネット』

監督／製作／脚本

時間の逆行が可能になるテクノロジーが
引き起こす陰謀をめぐるスパイスリラー。

新たな高みへ──香港の超高層ビルの端に立つベールを見守るノーランや撮影スタッフ。グリーンバックやスタントマンは一切なしだ。

では10億ドルの大台を突破した。こうして、2008年公開作では最高の興行収入を叩き出した本作は当時、全米では『タイタニック』（1997）に次いで史上2番目の記録を叩き出した。イベントの数字。業界を揺るがす数字。そしていまだ挑発的で、挑戦的な数字である。

道化師のマスクや不気味なメイクの裏には、ある疑問があった。スーパーヒーロー映画は、現実の世界について何を語れるのか？　前作以上に、ノーランと弟のジョナは、ジョージ・W・ブッシュ政権の対テロ戦争を背景に本作を書いた（『バットマンビギンズ』で「原案・脚本」とクレジットされていたデヴィッド・S・ゴイヤーは、本作では「原案」のみのクレジットになっている）。毎晩のようにテレビ画面に映し出されるのは、2001年9月11日以来、世界を様変わりさせたゲームチェンジャーとしての

テロリズムだ。スーパーヒーロー映画という隠れ蓑を纏い、ノーランは今回も己の時代の温度を感じることに没頭する。そして、ジョーカーの壊滅的な破壊力に対して、バットマンは威圧的に対応した。「フィルムメイカーは（自分の作る映画を）現実的な問題に直結させようとする」と、ノーランは語る。「しかし、意識して政治的な意味合いを絡めてしまうと、自ら作ろうとしているエンターテインメントの条件を破ることになるんじゃないかな」[32]。それでも彼は、「バットマンの犯罪との戦い」[33]に言及した。公平に言えば、メディアのセンセーショナルな反応にもかかわらず、『バットマン ビギンズ』に出てきた影の同盟の扇動的な理念は、ジョーカーが無秩序にゴッサム・シティを駆けめぐるよりも、現代のテロリズムに対してはるかにマシな帰結を生み出す。

監視国家、市民の自由、格差社会、名ばかりのリーダーとして存在する者たちといった際どい問題に触れる『ダークナイト』は、権利主義的であると同時に反権利主義的でもある。これは、現代アメリカの倫理観を揺さぶる作品だ。ノーランは、イギリス人漫画家アラン・ムーアのコミック「ウォッチメン」シリーズの皮肉な領域に足を踏み入れている。ムーアの同コミックのキャラクターたちは反社会性を表現していたが、黒マントを纏った十字軍騎士——バットマン——は社会にとって良き存在なのだろうか？今にも壊れそうなバットマンと、狂気に満ちた彼の相手との間には、辛うじて1本の細い線が残っている。「本作の最後では、バットマン伝説の道徳的基盤全体が脅かされる」[34]と、映画評論家のロジャー・イーバートは、シカゴで発行されている新聞『シカゴ・サンタイムズ』で書いていた。バットマンは、復讐

の鬼と化して人を殺めまくったデントの腐敗の代償を負い、トゥーフェイスになるまでは正義感にあふれた検事だった彼を美徳と希望の象徴のままにしておくことにする。たとえ、それが嘘であってもだ。「ヒーローとして死ぬか、それとも生きながらえて悪に染まるか」[35]と、バットマンはゴードンに言う。彼はそう言い残し、バッドポッドにまたがると風にマントをなびかせて、全く別のジャンルの映画ではあるが、馬に乗って去っていく『シェーン』（1953）のシェーン、あるいは、ひとり砂塵が渦巻く荒野へと歩き去る『捜索者』（1956）のイーサンのごとく、野性の中へと消えていくのだ。事実上ノーランは、『バットマン ビギンズ』でやったのと正反対のことを行っている。今回は、これ以上の続編は作らないと示唆したのも同然だった。彼は誰をからかっていたのだろう？

目がくらむほどの明晰夢

『インセプション』（2010）

7作目のトリックで、ノーランは、銀行ではなく夢の中を舞台にした、
摩訶不思議なSF風の強盗映画を構築する

『2001年宇宙の旅』を初めて経験したときから、クリストファー・ノーランは「遠心機」に取り憑かれてきた。同作の監督スタンリー・キューブリックは、木星に向かう宇宙船ディスカバリー号の宇宙飛行士が、重力に逆らい、居住区にある円環状のトラックをジョギングしているように見せる撮影トリックを考案していた。それにしても、途方もないセットである。アメリカの航空機メーカー、ロッキード社がキューブリックの仕様書に従って作ったもので、直径12メートル弱の巨大な円形の部屋だ（ノーランはこうした詳細を暗記していて、澱みなく説明できる）。軸を中心にセットの左右を別々に同じ速度で回転させ、カメラもセットとともに回ることにより、その場で足踏みしているだけの俳優が動いていて、セットは静止しているようカメラ（観客の目）を錯覚させるという仕組みで、『2001年宇宙の旅』のスタッフは、これを「遠心機」と呼んでいた。実際、セット内の俳優は基本的に、回し車の中のハムスターで、視覚的な挑戦は、理性と幾何学によって成し遂げられていた。

ノーランは、映像の魔術師であった巨匠キューブリックが行っていたように——ペイントを重ね塗りして（人力では）不可能なものを生み出すコンピューターとやらにワイヤーを接続することなく——映画の魔法を生み出すことを夢見ていた。彼は独自の遠心機を作り、重力に逆らいたいと考えていたのだ。

映画制作のための建築物を使い、現実を己の意のままに捻じ曲げたいという願望は、ノーランの想像力に植えつけられた種のひとつで、『メメント』の「時間逆行」以来、最も複雑怪奇なコンセプトをもつ『インセプション』へと成長していく。これは、現実的な夢の世界を舞台にした映画である。

ノーラン自身が主張しているように、『インセプション』の真の発端は、ヘイリーベリーの学校時代の寄宿舎だと言えるだろう。そこで彼は、消灯後、ウォークマンで映画のサントラを聴いていた。毛布の下で、彼は数々の悪夢が相互につながって作られるホラー映画の構想を練っていたのだ。2002年、『インソムニア』を仕上げてほどなく、彼は、『エルム街の悪夢』（1984）風の80ページに及ぶホラー映画のトリートメント〔プロットをまとめたもの〕を執筆した。ノーランは、同映画のスピンオフで『Freddy's Nightmares（未）』と呼ばれるテレビシリーズを覚えていたが、夢から目覚めたキャラクターが、自分たちが他の夢にいることに気がつくという内容だったそうだ。「それって、すごく怖いなって思ったんだ」[1]と、彼は認めている。だが、何かが欠けている——もしくは、まだ、準備ができていない——と感じたため、その素材は、自身の想像力の中で少し煮詰めること

夢の街——レオナルド・ディカプリオ演じるコブ（中央）と夢泥棒のチームがフィーチャーされた、『インセプション』の心揺さぶるイメージを紹介するポスター画像

にした。彼の頭の中では、常に複数の構想が混在し、作用し合うこともあるのだ。

　ノーランが見る豊富な夢の断片たちは、映画作りの構成要素として利用されることも少なくない。「『ダークナイト ライジング』のエンディングは、最初は夢に見たものだった」と、彼は明かしている。やがて制作するバットマン映画3作目のために取っておいたその夢のイメージとは、「誰かがバットマンを乗っ取って、バットケイブにいる」[2]というものだった。では、学生時代の話に戻ろう。ノーランは、前夜にどんなに遅くまで映画や哲学の話に明け暮れたとしても、午前8時に目覚まし時計のアラームをセットしていた。理由は、ロンドン大学の大食堂で配される無料の朝食に確実にありつくためで、食べた後に、またベッドに戻っていたという。ところが、二度寝の際、彼はいつも明晰夢——彼が「これは夢だ」と自覚している夢——を見ていた。ある明晰夢では、彼は砂浜を歩いており、自分自身の心が砂のひと粒ひと粒までをも作り出したとわかって

いたそうだ。

　ノーランは、この潜在意識の創造性のうちでふたつのことに魅了された。第一に、映画などでは夢のシークエンスに（ストーリー展開の）責任を押しつける傾向があるが、彼の夢は、そうした雑然としたシュルレアリスムまがいのものではなかったという点だ。デヴィッド・リンチ、ルイス・ブニュエル、コーエン兄弟といった突飛なスタイルを採用するフィルムメイカーたちは、『イレイザーヘッド』（1977）の人間かどうかわからぬ奇怪な赤ん坊、『アンダルシアの犬』のカミソリでの眼球切り、『ビッグ・リボウスキ』（1998）で魔法の絨毯を追ってロサンゼルスを滑空するジェフ・ブリッジズ扮する主人公デュードなど、現実を歪曲させ、不可思議な映像にするのを好んでいる。第二に、ひとたび夢の中に入ると、時間が歪むということだ。夢を見ていたのはほんの数秒かもしれないが、いつだって、もっとずっと長い感じがする。もちろんノーランは、夢が映画みたいなものである事実をすでに十分認識していた。

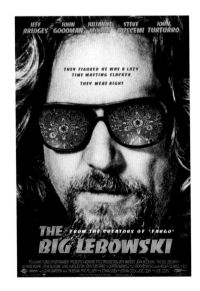

超現実的な夢のシーン——ハリウッドの長い歴史の中、『ビッグ・リボウスキ』や『ダークシティ』など、様々な映画で夢のシークエンスが登場してきたが、クリストファー・ノーランは、それらは「本物」の夢とはほとんど比較にならないと感じていた

『ダークナイト』の成功のおかげで、ノーランは自分が作りたい映画を作れるポジションになった。そして、同作が終わって、次に向かう先がわからないというポッカリと穴が空いた状態に陥る。『メメント』から映画を作り続けてきた彼にとって、そんなことは実に8年ぶりであった。フロリダ州にある、白い砂浜がどこまでも続きそうなアンナマリア島で1ヶ月の休暇を過ごしながら、ノーランの思いは例の夢に関する映画へと立ち返り、それがキューブリック的な領域の作品だとわかったのだ。

現実は実は虚構だったとし、観客に「複雑な哲学的概念」[3]を売り込むことで、『マトリックス』がセンセーションを巻き起こしたという事実から確信を得、彼は脳波に関する名案を思いつく。「僕らの最も価値があるアイデアが根づくのは、夢の中だ」と、彼は考える。「しかも、そうしたアイデアが盗まれてしまうのも、夢の中なんだ」[4]。もしも夢の世界が誰かと共有できるとしたら？　あるいは、もっと端的に言えば、夢の世界に「侵入」されるとしたら？　そこでノーランはジャンルを変え、半年かけて次回作の脚本を書き上げた。奇しくもそれは、『メメント』以来の彼の単独脚本となる。

ある角度から見れば、『インセプション』は、ノーランがついにジェームズ・ボンド映画を作ることになったらどうなるか、という作品だ。「超大作スパイ映画の思考実験」と呼んでもいいだろう。「これは紛れもなく、僕のボンド映画だよ」と、彼は笑う。「自分がこれまでやってきた全てにおいて、僕はボンド映画から容赦なく（いろいろと）略奪してきた」[5]。とはいえ、ノーランにとって、国際的な陰謀合戦では物足りない——舞台が「世界」では不十分だったのだ。複数の人間が同じ夢を共有できるという事実そのものが、「無限の数の共有宇宙」を生み出す、と彼は語る。それぞれが独自のルールと「劇的な結果」[6]をもつ。ノーランはスパイ映画、もしくは強盗映画を設定しているが、それは確かにスリラーであり、ほぼ間違いなくラブストーリーだ。しかも物語は、標的となる人物の潜在意識で展開される。今回のノーランは、いつになく、ジャンルとジャンル狭間をすり抜けようと躍起になっていた。

"観客は何が待ち受けているのか全くわからないままだった……
『TENET テネット』が作られるまで、
彼の作品で、このテック・ノワール難解映画ほど
秘密のベールに包まれた作品はなかった"

右：夢のロジックを確立する──『インセプション』のセットで話し合うレオナルド・ディカプリオとクリストファー・ノーラン

前ページ：ディカプリオを夢泥棒のリーダー、コブ役に起用したのは、ノーランが初めてＡ級スターを配する必要性を感じたからだった。ディカプリオは細部にまでこだわる性格で、ノーランと1年間、脚本を研究して演技に取り組んだ

「本作は、夢の構造・設計（アーキテクチャー）について描く映画よ」[7]と、プロデューサーのエマ・トーマスは発表した。それは、彼女の夫であり、一般人には簡単に理解できない発案をする気鋭の映画監督から託された、完璧に理にかなった次回作の概要だった。しかしながら、彼女は、この作品を一体どうやって完成させるのかと心配していたのだ。人の心が考え出した建物、現実と想像の両方の街といった構造物やその設計は中心的なモチーフである。「僕たちの心は、世界を創造し、同時に認識する」[8]とノーランは言い、自分の映画と『マトリックス』の表面にカビのごとく一気に繁殖した数々の平行宇宙（パラレルワールド）ノワール作品──『ダークシティ』（1998）〔『マトリックス』よりも1年ほど先に公開されたが、『マトリックス』との類似性で話題になり、再注目されてカルト的な人気作に。ちなみに『ダークシティ』で使われたセットの多くは、撮影終了後、『マトリックス』の制作チームに売却されている〕、『13F』（1999）、『リベリオン』（2002）、『イーオン・フラックス』（2005）など──との間に、喜んで距離を置いた。企画売り込みの話し合いがどのように行われたか、我々は知る由もないが、ワーナーは、空想の世界を自在に駆けめぐるノーランの新たな発想に魅了されたようだ。このような掴みどころのないプロット──映画になったところで、監督が本当に伝えたいことが観客に

きちんと理解できないかもしれないというリスクがあったにもかかわらず──映画会社側が賭けに出るのを厭わなかったのは、この時点で、いかにノーランが自立したブランドになっていたかを物語っている。「クリスは我々に多くをもたらしてくれるからね」[9]と、当時、同スタジオ映画グループの社長だったジェフ・ロビノフは、楽観的に話していた。ノーランはバットマンと同じくらい、ワーナーにとって大きな存在だったのだ。

これには、ワーナーという映画会社の保守化が進んだことが背景にあった。2000年代半ばには、年がら年中「リスクを嫌う」姿勢が定着していたのだ。「IP」は、パワーポイントのプレゼンテーション中の踏ん切りがなかなかつかない場に漂うキャッチフレーズで、「intellectual property（知的財産）」のことだが、既存の「IP」の予期せぬ恩恵のほとんどとは、観客への訴求力を広げるために黙殺されていた。ブロックバスター作品のひとつひとつのコストが高くなる一方で、スタジオの収益は減少しつつあった。2009年3月、ディズニーはマーベルを買収し、映画化できる人気スーパーヒーローの数を急増させる。これは、個々のヒーロー作品をシリーズ化するだけではなく、それぞれの世界観が容赦なく相互に結びつく宇宙（ユニバース）なのだ。バットマン映画を手がけたノー

アリアドネ（エリオット・ペイジ）は、コブ（レオナルド・ディカプリオ）から夢を操作する世界について説明を受ける

ランも、この流れの責任の一端を担っていた。『ダークナイト』は、スーパーヒーローものというジャンルを真剣に受け止めて作られた作品で、映画ファンが高く評価した。そして、マーベルは『ダークナイト』が築いた信頼性を利用したのだ。

　そこでワーナーは、躊躇することなく1億6000万ドルのスリラー映画に賭けてサイコロを振った。しかし、本作については何も明かすなという明白な指示が出ていたため、観客は何が待ち受けているのか全くわからないままだった。ノーラン作品は、「彼の監督作」という評判の強みだけで前売り券が売れる。『TENET テネット』が作られるまで、彼の作品で、このテック・ノワール難解映画ほど秘密のベールに包まれた作品はなかった。予告編が世に出ると、流れるように繰り出される洗練されたアクション、仕立てのいいスーツを着たハンサムなスターたち、

物理法則の幻想的な変化といったヒントが垣間見えた。『インセプション』という廊下全体が回り始めたのだ。

　実は、その秘密主義自体が、独自の誇大広告だった。情報を知らなければ知らないほど、映画は人々の想像の中で大きくなっていく。『インセプション』は、ノーランのビジョンの極致であり（現在もそうだろう）、彼が敬愛する作家ホルヘ・ルイス・ボルヘスが書いたボンド映画といった趣であることが判明した。

　最も表層的なレベルでは、『インセプション』は、企業スパイ的な色合いを備えた強盗映画だ。コブ（レオナルド・ディカプリオ）と彼の優秀な専門家チームは、特定のターゲットの心に潜り込むため、秘密のテクノロジーを使う。通常、彼らの狙いは、「情報を盗み出すこと」。しかし、より大胆な挑戦が

起ころうとしていた。サイトー（渡辺謙）というビジネス界の大物に雇われたコブは、ターゲットとして選ばれたキリアン・マーフィー演じるロバート・フィッシャーの潜在意識に、あるアイデア——父親の会社を解体させるという考え——を植えつける任務を引き受ける。サイトーは、ライバル会社であるエネルギー複合企業を破滅させるため、その会社の後継者で、父親との確執というエディプス的な悩みを抱えていたフィッシャーへの「情報の植えつけ〔インセプション〕」をコブに依頼したというわけだ。ノーランは、彼が、世界的メディア王であるルパート・マードックをモデルにした、テレビシリーズ『メディア王 ～華麗なる一族～』よりずっと前に、マードック一族を皮肉っていたという事実を批評家たちがほとんど取り上げなかったことに驚いたという。

　脚本へのアクセスは厳しくコントロールされていた。脚本を読むには、俳優たちはノーランのオフィスに赴く必要があったくらいだ。ハリウッドの階層構造で上位にいる重要人物ならば、警備員を伴ったスタッフに自宅まで届けてもらい、本人が直接手渡しで受け取って、読み終わったらただちに警備員とスタッフがそれを持ち帰るという処置が取られた。ノーランは長い間、ディカプリオという異彩を放つトップ俳優と仕事をすることを望んでいた。ロサンゼルス生まれのこの俳優は型破りのスーパースターで、『タイタニック』（1997）での少年らしい魅力を脱ぎ捨て、19世紀を舞台にした愛憎渦巻く復讐劇『ギャング・オブ・ニューヨーク』（2002）やハワード・ヒューズを演じた『アビエイター』、ジェットコースター・スリラー『ディパーテッド』（2006）などに出演し、マーティン・スコセッシの常連俳優となる。ディカプリオとノーランは何年も話し合い、何かを一緒にやろうと誓っていたのだ。「ノーランは何をしているのか、完璧にわかっている」[10]と、この映画スターは監督を評価している。本作の主人公

であり、夢泥棒であり、欠陥だらけのヒーローであるコブ役をノーランが本格的にもちかけた際、ディカプリオはスコセッシの『シャッター アイランド』（2010）を撮り終えたばかりだった。同作でも彼は、知覚が翻弄され、狂気に走り、妻が死んでいるというコブと似た設定のキャラクターを演じている。

　それでもディカプリオは、『インセプション』が、心理学的探究、ジャンルの融解、分断されるストーリーテリングの融合という点でノーランの初期の監督作である『メメント』や『インソムニア』に通じていることに興味を示す。事実、この新作で、人間の心理を偵察する非公式の「暗夜〔ダークナイト〕」3部作は完成したのだ（コブがノーランの監督デビュー作『フォロウィング』の空き巣役と同じ名前なのは、偶然ではない〔『インセプション』では「コブ」、『フォロウィング』では「コッブ」表記が多いが、どちらも英語ではCobb〕）。「それって、実に知的だよね」[11]と、この俳優はノーラン作品の素晴らしさを認めている。

　個性的で一風変わった役者たち〔エクストラクター〕で構成された「情報抜き取り人」たちの一味は、上流階級専門の熟練した詐欺師という雰囲気だ。メンバーは、コブの他に、気難しい情報収集担当者のアーサー（ジョセフ・ゴードン＝レヴィット）、アイデンティティ泥棒の偽装師イームス（トム・ハーディ）、夢の世界を安定させる鎮静剤を作る調合師ユスフ（ディリープ・ラオ）。それに、新参者のアリアドネ（エリオット・ペイジ〔当時は、女性「エレン・ペイジ」としてクレジットされていた〕）。ギリシャ神話の女神の名前をもつ彼女は、夢の設計士。恋に落ちたテーセウスが生贄としてミノタウロスの迷宮に入った際、アリアドネが糸玉を使って彼を脱出させた神話同様、皆を導く夢の迷宮を構築する。そして問題のミノタウロスは、コブが自ら作ったもののひとつで、死んだ妻モル（マリオン・コティヤール）だ。彼女の歓迎されない霊的な存在が夫の任務をことあるごとに中断させてし

まう様は、哀愁に満ちた上品なジョーカーと言いたくなる。

撮影に至るまでの1年間、ディカプリオは監督と密に連絡を取り合い、複雑な脚本を読んで徐々に演技の方向性を決めていった。コブの妻モルは夫に、夢の世界の幻想の中に永遠に留まろうと誘惑するのだが、本作の核となるそのラブストーリーを強調するのに、ディカプリオは感情の必要性を主張する。しばらく悩んだノーランだったが、死んだ妻エウリュディケーを慕うあまり冥界に下るオルフェウスのギリシャ神話的な側面を際立たせることで、映画がより心に響く、より激しい、より悲劇的なものになるだろうと判断した。しかも本作は、彼にとってさらに個人的な映画となったのだ。カリフォルニアでの休日に、若きノーランとエマ・トーマスが線路の上に頭を置いて撮ったふたりの写真は、同じようにレールの上に横たわるコブとモルの思い出となった。列車は、『インセプション』の中を走り抜けていく。それは、いわゆる「現実」の中でも同じだ。

本作は、劇中のファンタジーを支配するルール、すなわち、ノーランが自分の映画を無意味なものにしないために用意した論理の支柱が存在する。彼の概念的なアーキテクチャーの中で、映画は沈み、そ

れから多層構造の夢を通じて再浮上していく。5つの異なる階層が同時に存在し、それぞれ時間の進む速度が異なる。どれも設計士アリアドネが構築した仕様になっており、ターゲットであるマーフィー扮するフィッシャーの精神の中に閉じ込められたチームの個々のメンバーによって喚起されるのだ。フィッシャーの潜在意識は、攻撃をかわすべく、武装したボディガードを生み出す。現実の世界に戻ると、彼らは全員、747型機のファーストクラスにおり、夢の共有を行うためのテクノロジー（静脈に特殊な薬物を送り込む装置）につながれてヘロイン中毒者よろしく座席に沈み込んでいる。

ノーランのルールは、抽象的であると同時に詳細だ。各階層は物理的に下の階層に影響を及ぼし、睡眠状態にある各人は、時がくれば、上の層から（他の誰かに）「キック」されて夢から目覚める〔現階層で自分がキックしたり、上階層と現階層で同時に協調してキックしたりする説も存在する〕。アイデアの抜き取りをするエクストラクターは、各々が個人的な「トーテム」〔夢への侵入を行う者が、現実世界にいるのか、夢の中にいるのかを見極めるのに使われるアイテム〕を持っており、それによって意識があるかないかを判断することが可能だ。コブのトーテムは、コマ。回転させたコマが倒

右：チームメンバーのアーサー（ジョセフ・ゴードン＝レヴィット）は、ミッションに先立って情報を調達するのが仕事だ

次ページ：現実か幻か？ アーサー（ジョセフ・ゴードン＝レヴィット／左）とコブ（ディカプリオ／右）は、日本らしさがやけに強調された舞台で、実業家のサイトー（渡辺謙）と取引を行う

れたら、もはや自分は夢を見ていないという証拠になる。万が一夢の中で死んだら、「虚無」というユングの思想に基づく集合的無意識（潜在意識）の深層に降下し、現実世界ではたった数分間だったとしても、虚無では非常に長い年月が過ぎていく。コブの崩れかけた潜在意識と9ヶ月かけて作られた完成イメージを通して、我々は虚無の世界を、長く続く灰色のビーチがある海の端に佇む、大小の峡谷が突然変異したような広大な都市景観として見るのだ。

ノーランは、観客は（自分の作品についていくだけの）教養と知性があると信じていた。そして我々は、単純なわかりやすい話にしてもらうという過保護な扱いを受ける必要はなかった。彼は、観客のイマジネーションを信頼していたのだ。ジョナ・ノーランもそれを認識し、「今や観客が映画を精査するレベルは、兄がやっていることとほぼ同等になった」[12]と、話している。

事実上、コブと彼の夢を作る仲間たちは、フィル

パリの有名な街並みが、M・C・エッシャーの絵のように折り曲げられていく

ムメイカーたちの寓喩<ruby>寓喩<rt>アレゴリー</rt></ruby>だ。ノーランは、本作の架空のキャラクターたちの構成が、自分のスタッフたちと似ていると認めている。コブは監督、アーサーはプロデューサー、アリアドネはプロダクションデザイナー、イームスは俳優。サイトーはスタジオで、映画をバックアップする。そして、フィッシャーは観客だ。『インセプション』は夢を描いた映画ではなく、映画を描いた映画だ、という解釈もある。

当初から、映画と夢というふたつの命題は結びついていた。ハリウッドは夢工場となり、映画がやっているのは、我々の睡眠状態の翻訳に近いものであった。少なくとも、シーンとシーンの間のカット、イメージで物語を構築すること、現実の捻じれ、時間の歪み、不安によってしばしば引き起こされるストーリーなど、映画と睡眠には共通したルールがある。さらに、批評家たちはフロイトの手法、つまり精神分析を用いて監督の意図を解き明かそうとするものだ。

『インセプション』は、映画から築かれた映画である。映画批評家スコット・ファウンダスは週刊新聞『SF Weekly』〔2021年にウェブ版に完全移行〕で、本作を観ることは「ノーランの映画的潜在意識の図解つき解説ツアーに参加するようなものだ。彼は臆面もなく、インスピレーションを与えてもらった映画を「盗んで」いる」[13] と、語っていた。

ノーランの主張によれば、彼は「映画についての映画を作ろうとしたわけではなかった」[14] らしい。インスパイアされた個々の映画のイメージは、観客に漠然と共感を呼び起こす程度にし、過度に他の作品を意識させないようにする必要があった。映画は、集合的な記憶として機能することを、彼は本能的に

夢の中の夢──『インセプション』の夢の階層構造の第2階層にあるホテルで「目覚め」ているアーサー（ジョセフ・ゴードン＝レヴィット）

機内でのスパイ活動——コブ（レオナルド・ディカプリオ）の視線の先には、彼のチームのターゲットが座っている。それは、キリアン・マーフィー演じるロバート・フィッシャー。彼は、父親からエネルギー複合企業を継承することになっている

知っていた。本作は、様々な体験、記憶、感情が折り重なる夢が映画のようなものだと示す映画なのだ。『インセプション』には、ジェームズ・ボンドやキューブリックだけではなく、マイケル・マンの現代の犯罪と刑罰が交錯する洗練された街並み、リドリー・スコットの殺伐としたリアリズム、そしてノーラン自身のゴッサム・シティすら姿を見せる。「僕は、そうした偉大な監督たちを心に留めているし、彼らはいつも自分とともにある」[15]と、彼は言う。さらには、『マルタの鷹』の古典的フィルム・ノワールの芳醇さ、ヒッチコック監督作『めまい』（1958）や『北北西に進路を取れ』（1959）の奇妙さ、『オーシャンズ11』（2001）の犯罪スペシャリスト集団の小気味良さ、アニメ・クラシック『AKIRA』の都会のディストピア感をも本作は呼び起こす。これは、名外科医によってもたらされるシュルレアリスムだ。『インセプション』の縛りなき映画制作の中で、パリのオスマン大通りが巨大な折り紙のごとく折り重なるシーンは、M・C・エッシャーの絵がコンセプトアートとなった（文字通り、ブロックバスター映画の区画破壊シーンだ）。「夢の始まりなんて覚えてないだろう？」[16]と、コブはアリアドネに訊ねる。それはまるで、こぎれいなヒーローたちがすでに進行中の映画に乱入するかのようだ。ジャーナリストのA・O・スコットは『ニューヨーク・タイムズ』紙で、これらは全く夢ではなく、「異なる種類のアクション映画の詰め合わせだ」[17]と、不満を漏らしていた。

「ここでクリスが成し遂げたのは、感情的な長旅の他に、サスペンスと無限の可能性という絶え間なく畳みかけてくる感覚だ」と、ディカプリオは言う。「次に何が起こるのか、全くわからないんだよ」[18]

ノーランは、なんでも自由に夢想した。『インセプション』の階層世界は、ノーラニスク（ノーランらしい）の凄まじく緊迫したノワールの世界に構築されている。そのふたつの世界は、同じ、強烈な透明感、調和し合う様々なグレーの色相、建築素材の質感が強調された無骨な印象のブルータリズム建築、そして弾ける派手なアクションを備えているのだ。

撮影開始は2009年6月9日。東京、ロンドン郊外、

パリ、モロッコ北部のタンジェ、ロサンゼルス、カナダのカルガリーの先にある氷に覆われた山腹と、7ヶ月かけて地球を一周することになる。まさしくボンド映画さながらの豪華なフライトプランだ。「映画の終わりには、（夢ならば）間違いなくどこにでも行けると観客に思ってもらう必要があった」[19]と、ノーランは打ち明ける。

無秩序に広がる都市の上をヘリコプターで飛び、サイトーと取引が行われる東京と、雑然として何も調和が取れていないタンジェ（映画では、ケニアのモンバサの設定）の街が、現実の世界として登場する。とはいえ、これらの街が実在していると確信できるところはどこにもない。ノーランは撮影監督のウォーリー・フィスターに、現実世界全体の正当性を醸し出すように告げた。「過分なシュルレアリスムは不要だ」[20]。同時に、どのロケーションでも、何かがおかしくなっていると思わせる、不穏なオーラを漂わせないといけなかった。本作では、そういう雰囲気が求められたのだ。大きなIMAXカメラのためのスペースはなく、目まぐるしい手持ち撮影が制作の要となる。これで観客は、夢と現実の区別が曖昧になるはずだ。

主人公コブは、妻殺しの容疑により逃亡の身で、子供たちのもとに帰れない状況であることがわかる。最後の仕事を成功させれば、コブはサイトーの力で犯罪歴を抹消して汚名を返上し、子供たちに会えるのだ。パリで、コブからアリアドネ（と観客）は夢を操るためのルールと限界を教えられ、我々は計画を学んでいく。

夢の第1階層の撮影は、ロサンゼルスのダウンタウンで撮影された。土砂降りの中（ドリーマー〔夢の提供者〕のユスフは、膀胱を空にするのを忘れていた）、線路が敷かれていない街路に列車が突っ込んでくるシーンでは、原寸大の機関車が18輪の車体下部（シャーシー）の上に作られ、フィスターはその間近でカ

メラを手で振りながら撮影していく。流れるような優美さをもつ乗り物の推進力は、今やノーランの美学の主軸だと言っていいだろう。「あらゆるショットに動きがほしかった」と、監督は明かす。「観客を映画で起きる出来事に引き込み、体験してもらう必要があったからね」[21]。キャリアが浅かった頃のジェームズ・キャメロンと同様、彼は使い古されたジャンルのお決まりのトリックを詩的に表現するのだ。

自分のアイデアを信じてもらえるかどうかにかかわらず、ノーランは観客に彼が尽力したことを感じてほしいと思っている。「この監督は映画作りに全てを注ぎ込んでいる」と、観客にわかってもらいたいのだ。「僕は制作現場で努力を惜しまない。映画に対する誠意を、僕は求めている」[22]

まばゆいばかりの第2階層は、鉄筋とガラスが用いられた、流麗なモダニズム建築のノーラニスクなホテルが舞台だった。ノーランがかつてゴッサム・シティのセットを建てたベッドフォードシャーにあるカーディントンの巨大なサウンドステージ——かつては飛行機格納庫だった——に、このホテルのセットが作られる。ここでノーランは、ついに自分の「遠心機」を完成させたのだ。本作の特徴的なイメージとなる、回転するホテルの廊下のシーンが撮影されたわけだが、作られたのは、強盗の完全性が崩れて夢がますます夢のようになるにつれ、1分間に8回転する、長さ30メートルの廊下のセットだった。

このシーンは、キューブリックの『2001年宇宙の旅』に出てきた観覧車を彷彿とさせるジョギングトラックだけでなく、『恋愛準決勝戦』（1951）の天井で踊るフレッド・アステアも参考にしているが、用いたセットは、回転式温風乾燥機のごとく回転するのだ。「これらのアイデア、テクニック、哲学をアクションシナリオに応用することに興味があったんだ」[23]と、ノーランは語っている。

フレッド・アステアが天井の上で踊る『恋愛準決勝戦』の有名なシーン。実際は回転するセットで撮影されたものだが、これが『インセプション』のインスピレーションに

　肉を回しながら焼くロティサリーグリルよろしく廊下を360度回転させながら、クレーンや特別にデザインされたレールに設置されたカメラが独立して動いていく。そのシーンと並行し、上階層では、眠っているアーサーを乗せたバンが空中で旋回しつつ川へと向かっている。回転する廊下の端には、もうひとつの同じ廊下が垂直に立っていて、俳優やスタントマンがワイヤーで吊られて上下する様子をカメラは下から見上げていた。カーディントンの大きな倉庫には、30度まで傾けられるホテルのバーが丸ごと入っており、水平のエレベーターシャフトもある。ここはまさに夢の工場だったのだ。

　「ノーランは優秀なエンジニア兼アーティストだ」[24]と、特殊効果スーパーバイザーのクリス・コーボールドは言う。ノーランは単に撮影ショットをデザインするだけでなく、それを実現させるための手段や装置まで考案するのだから驚きだ。

　「ノーランは思いついたことを何でもやってしまう」[25]と、アーサー役のゴードン゠レヴィットは監督を絶賛する。そんな彼自身、息を呑むような無重力での戦いのシーンに備え、何週間も訓練しなければならなかったという。

　『インセプション』の夢の第3階層のシークエンスは、カナダのカルガリー近郊のスキーリゾート、フォートレス・マウンテンで行われた。海抜2300メートルを超えるこの場所に、本格的なネオ・ブルータリズムの要塞が建てられ、本作の撮影で、地球を一周するように世界各地の景観を見せる演出が施されたことになる。カナダの山の上の空気は冷たく、風速40メートル以上の猛烈な風が吹き、夢は険しい状況になっていく。そして、雪山アクション定番の壮大なスキーチェイスと銃撃戦が繰り広げられる中、コブのチームは要塞と、自分たちのアイデアを植えつけるための金庫にアクセスしようと企てる。ここでノーランがインスピレーションを受けていたのは、007映画シリーズの中でもお気に入りの『女王陛下

イコン的な回転廊下——本当に回転するセットで撮られたこのシーンは、クリストファー・ノーランのキャリア全体を特徴づけていると言っても過言ではない

上：少ないことは多いこと──
故意にわかりにくくしていたマー
ケティング素材にもかかわらず（あ
るいはわかりにくかったおかげ
かもしれないが）、『インセプショ
ン』は世界中で大ヒットを記録
することになった

右：夢想の達人──ディカプリ
オとペイジに、何が下の階層に
あるかを説明するクリストファー・
ノーラン

右：粉砕された夢の大通り——
パリの街路が爆発する中、破片
から逃れようとするアリアドネ（ペ
イジ）とコブ（ディカプリオ）

下：計画実行前のドリームチーム
の打ち合わせ——左から、コブ（レ
オナルド・ディカプリオ）、アリア
ドネ（エリオット・ペイジ）、イー
ムス（トム・ハーディ）、アーサー（ジ
ョセフ・ゴードン=レヴィット）、
ユスフ（ディリープ・ラオ）、そし
てサイトー（渡辺謙）

自分のトーテムに集中するコブ（レオナルド・ディカプリオ）——もしも回転するコマが止まれば、彼は現実にいることになる

の007』（1969）だった。「とんでもない映画だ。よくもちこたえているよ」[26]と、彼は笑う。俳優のジョージ・レーゼンビーがこの作品で1回きりジェームス・ボンドに扮しているが、ひとりの俳優が何作か続けてボンドを演じる伝統を考えると、異例中の異例だ。それを理解したうえで、本作のロマンティシズムとアクション、スケールと悲劇のバランスをノーランは高く評価する。「全てのボンド映画の中で、これが最もエモーショナルなんだ」[27]。そして、決死のスキーチェイスも出てくる。

　40本のダイナマイトと、ガソリン80バレルを用い、要塞は最終的に吹き飛ばされ、残骸は山の斜面を転がっていく。夢の中であっても、爆発シーンは必要なのだ。要塞の内部は、ロサンゼルスのワーナー・ブラザースの敷地やその近くのユニバーサル・スタジオにセットが建てられたが、巨大なピストンで床

を崩せるよう、床を高くした形になった。

　「今にしてみれば、バットマン映画を2本作っていなかったら、この映画は作れなかっただろうな」と、ノーランはのちに回想している。「何せ、ここまで大スケールの映画なんだから」[28]。ノーランが映画監督として名声を得るまで、本作は待たねばならなかったというわけだ。本作に登場する各階層世界は、独自の外観と雰囲気をもつ必要があった。ハンス・ジマーの激しい拍動と轟き思わせる音楽が押し寄せる中、映画はクライマックスに近づき、キャラクターたちと夢の階層群のカットバック〔複数の短いシーンを交互に入れ込む手法〕がどんどん増えていく。色調は、カルガリーの雪山の冷たく荒涼とした感じから、ホテルの廊下の暖かい色に変化する。（色味でも）自分がどこにいるのか瞬時にわかるはずだ。

　ほとんどの批評家に、これは、クリストファー・

ノーランの頭からしか生まれない作品だと評された。映画全編が、彼の信念である「没入感」のメタファーとなっている。我々は彼の映画の中に飛び込み、どの階層も現実として受け入れるのだ。ノーランらしさの要素は、澱みなく進む熱く、奇妙な流れのようにこれまでの監督作を全て貫いている。彼が作品作りで重要視する心理的な洞察は、物語の核となると同時に、ノーラン作品の最も大きな特徴でもあるのだ。優れた映画は、登場人物の心の中に切り込んでいく。

プロットを要約するのが難しい本作だが、レビューでは、メインストリームの映画の皮を被った挑発的なアイデアを賞賛する声がすぐにあちこちから聞こえてきた。素晴らしい捻り！ 圧倒のスケール感！ 物語を盛り上げるスリリングな映画音楽！ 迷宮のようなコンセプト！ そして多くの批評家たちは、本当は何が起きているのかわかっていないのではないかという指摘が長いこと囁かれていた。「ノーランの過去の監督作で最も知性を要求される『メメント』と同じく、『インセプション』も観客に全神経を集中させ、どっぷりと感情移入をしろと要求し、そうやって観た者たちの期待に十分に応えてくれる」と、映画評論家のフィリップ・フレンチはイギリスの一般紙『オブザーバー』で書いている。「一度観たら、もう一度観たくなる映画だ。しかも、同じ日に」[29]

しかしながら、全ての人が、本作の見事な複雑さが根本的に何かを隠していると確信しているわけではない。『ザ・ニューヨーカー』誌の映画評論家だったデヴィッド・デンビーは、ひとりの映画監督がその頭の良さから、素晴らしいセルロイドのパズルを作り上げることにうっかり駆り立てられていると感じた。「だが、なぜ？ なんのために？」と、デンビーは不思議に思ったようだ。「ノーランの新作『インセプション』は、驚きであり、彼のエンジニアリングの偉業であり、そして最後に、愚行である」[30]

観客は覚悟を決め、喜んで困惑させられた。不発に終わる映画が多かった2010年の夏、『インセプション』は救世主として歓迎され、オリジナル作品として全世界で8億3600万ドルの興行収入を記録。ノーランが全世界を魅了する人材である事実を再確認させることになった。だが、それは始まりに過ぎなかった。

内心では、「これは大アクション映画だった」[31]と、ノーランは抗議していた。観客を混乱させようとはしていなかったのだ。とはいえ、そこが難しいところだった。ノーランの映画は、監督である彼が絶対に答えようとしない問いを常に観客に投げかける。異議は受けつけない。こうした「正解を得られない疑問の数々」は、全宇宙のあらゆる方向から飛んでくるマイクロ波のようなもので、我々にはどうすることもできないし、映画を観る喜びに影響を及ぼすべきではない。例えばスーツを見る場合、スーツとして完成した形を気にすべきあり、布地に織り込まれた糸1本を凝視しようとはしないものだ。しかし、ファンは決して事態を鎮めようとはしなかった。実際、創作者と信奉者の間のこの膠着状態は、『インセプション』を徹底的に研究し、監督の頭脳に入り込んで情報を抜き取るレベルで謎を解明したいと考える熱心なファンたちによる、インターネット上に巨大な「ノーラン・ワールド解析分野」を生み出してしまう。虚無を形成するのはどうしてコブなのか？ ラストの年老いたサイトーとコブの会話が意味するものは？ 終わらない階段はどこから始まるのか？ モルはなぜコブのミッションの邪魔をしまくるのか？ 問いはまだまだある。謎の中の謎に包まれた謎が、洗練された大衆アクション映画の中に詰め込まれているのだ。

より一般的なレベルでは、『インセプション』は、独創性の追求を描いた映画であり、似たような映画

ばかりが作られるようになったハリウッドの均質化への鋭い批判であるとも読めるだろう。マントラのごとく、登場人物たちは新しい夢を見、新しい可能性を受け入れるようにと背中を押される。「いつも新しい場所を想像しろ」[32]と、コブはアリアドネに指示をしていた。主人公を虜にしてしまうのは、ノスタルジアだ。夢と記憶は別物で、それらを混同させると、何が本当なのか理解できなくなるかもしれない。これはコブに起こったことなのだろうか？ そして、我々にも？ 本作を観ている間、我々はこの映画こそが現実だと信じるのだ。

映画館を出ても、我々の頭はまだグルグルと回っている。最後の映像の裏にある意味について、誰もが様々な推測をつぶやく。そう、コブのトーテムであるコマがテーブルの上で回っている映像だ。あの真鍮製のコマはぐらついている？ もうすぐ止まるのだろうか？ ノーランと映画編集者は、この理想的な曖昧なフレームを探し出すのに何日もかけたという。ハッピーエンドは幻かもしれない、と匂わせている。納得のいく仮説がある。それは、『インセ

潜在意識のゴースト──幸せだった頃のコブの今は亡き妻モル（マリオン・コティヤール）

プション』の全てが夢の中で起こるというのが、ノーランの究極の賭けであるというものだ。コブが「現実」のタンジェの街で追われる際の、先に行くほど細くなる路地を考えてみてほしい。コブの子供たちはなぜ歳を取らない？　空港ではどうして誰もが妙に愛想がいいのか？　もちろん、との瞬間もノーランの想像力によって生み出されたフィクションである。回転するコマについて、彼は、「不安定になったり、安定したりするものだ」[33]と、語っていた。カット。起きる時間だ。

……しかし、彼女は意図的に作られたフィクションだ──モル（コティヤール）はサイトー（渡辺謙）が見守る中、コブの計画を混乱させると脅す。いわゆる現実でのサイトーの面会と同じ設定であることに注目してほしい

ビッグ・グッドバイ

『ダークナイト ライジング』(2012)

8作目のトリックで、ノーランは、革命と贖罪の叙事詩的物語をもってして、壮大なバットマン・サーガに勝利の締めくくりを与えるのだが、その評価はより複雑なものとなる

本作のプロローグ的な最初のシークエンスは、どのジェームズ・ボンド映画の冒頭でも飾れたはずだ。実際のところ、クリストファー・ノーランは、今や、007作品でも目指すことができないレベルで仕事をしていた。またこの頃、ダニエル・クレイグが人々に愛される英国のスパイ——魂が傷ついたまま、より厳しい戦いに臨む——に扮したことが、ノーランの暗く重苦しいリアリズムの方向性を決定づけていたのは注目に値する。いずれにせよ、CGIを一切使用せず、スコットランドの高地エリアの上空で大胆な空中ハイジャックの一部始終がIMAX（本作の半分が、ノーランにとって極めて重要なこのフォーマットで撮影されている。ちなみに前作のIMAX撮影シーンはわずか28分だった）。CIAの飛行機には黒いフードを被せられた3人の男たちが乗せられていた。同乗している科学者（本作に多数出てくるマクガフィン〔物語を引っ張っていくネタ〕のひとつの「核融合炉」を起動する方法を知っている）を誘拐しようとした傭兵たちだ。このシークエンスのキーパーソンはふたり。ひとりは、この科学者。もうひとりはフードを剥がされた謎めいた男だ。剃り上げた頭。バイソン並みのいかつい肩。そして、顔に嵌められた精巧な吸入器。彼こそが、CIAが追っていた「ベイン」だった。次の瞬間、延びたケーブルが降ってくる。突如現れたもう1機が上からケーブルを投じたのだ。そして、猛禽類のようにCIA

の小型ターボプロップ式飛行機を捕らえてしまう。ケーブルに吊り下げられたCIA機は翼と尾を失い、垂直に傾いて地上に向かって落下していくが、その様子はまるで『インセプション』の夢のようだ。科学者を拉致してケーブルにしがみついたベインはC-130ハーキュリーズに巻き取られ、まんまと空中での逃亡に成功する。この映画の「奇術師」が使える予算は、2億5000万ドルだった（3億ドルという噂も）。

「一体何者だ？」とCIA局員に訊かれたベインは「誰だろうと関係ない」と、鼻風邪を引いたシェイクスピア劇の貴族まがいの高貴な感じの鼻声で返すのだ。「重要なのは「計画」だ」[1]

ノーランのやり方について、これほど真実味のある一文は他にないだろう。まさしく、計画こそが全て。そして、『ダークナイト』が「激化（エスカレーション）」を描いていたのに対し、この続編は「膨張（エクスパンション）」がテーマになっている。実際、予算、上映時間（2時間45分！）、悪党の数、スタントの大胆さ、乗り物（少なくとも3台のタンブラーが街路を駆け抜ける）、バットケイブ（今回は滝まである）、さらには今度こそゴッサムを完全に崩壊させようとする極悪非道な計画と、あらゆるもののスケールが大きくなっているのだ。

バットマンの危機——『ダークナイト ライジング』のプロモーション・イメージで示されるのは、究極の試練に直面しようとしているヒーローの姿だ

ノーランが続編に不安を覚えていたとしたら、3作目は忌まわしいものだった。「続きものの3作目に、いい作品はない」[2]と、彼は訴える。ワーナーは常に続編を求め、フランチャイズの安定を図っていたが、進行中のバットマン・サーガの中には、ブルース・ウェインの物語は有限であるという感覚があった。とはいえ、彼の最終決算はまだ行われてはいない。ノーランの自宅のガレージ、つまり彼の創作活動の拠点となる「洞窟」で、デヴィッド・S・ゴイヤーとアイデアを出し合いつつ、彼は、本作がシリーズの3作目で、さらに4作目、5作目が続いていく、という立ち位置ではなく、3部作の完結編になることを承知していた。

ジョナから、新たなバットマン・アドベンチャーのベースとして、18世紀のフランス革命前後のパリとロンドンを舞台にした、チャールズ・ディケンズの歴史長編小説『二都物語』を使おうと提案された際、ノーランの「人とは異なることをやりたい精神」が疼き出す。根本的に、彼は今回、今まで以上に大きな出来事が起こらないといけないとわかっていた。（前作の終わりから、設定上、バットマンはモーテルの一室に引きこもっているかのごとく表に姿を見せていない状態なのだが）スケールを縮小したら、観客には受け入れられないだろう。ジョナのアドバイスにより、彼らは本作を「第3幕」として捉える必要があり、悪者たちのゴッサムの街に対する悪魔的なプランが身を結んでしまった場合に何が起こるかを考えることにした。フランス革命の舞台がゴッサムに置き換えられ、3部作の社会的な主張にスパイスが加えられたのだ。そして、キャスティングのリストは数千人に及んだ。「僕たちには伝えるべき物語がある、と感じたよ」[3]と、ノーランは締めくくっている。

屈強なベイン（トム・ハーディ）のプロモーション向けイメージ──クリス
トファー・ノーランはコミックブックの悪党を、ゴッサム・シティの革命家
マクシミリアン・ロベスピエール的な存在と位置づけ、ゴッサムの革命を
扇動する現代の「仮面の男」に仕立て上げた

左：ベインだったとは思えない、プレミアでの爽やかな面持ちのハーディ──『ダンケルク』にも出演した彼は、ノーランが繰り返し起用する俳優のひとりになった

右：ハーディ演じるベインの外見は、第二次世界大戦の戦闘機乗りとゲリラ兵を合わせた感じで、さらに彼の一部がほとんど機械になっているかに見えるフェイスマスクを組み合わせた

　そこで、彼はジャンルを変更し、再び叙事詩的な大作（ジョナは脚本の執筆の手本として、古代ギリシャの詩人ホメロスの長編叙事詩『イーリアス』と『オデュッセイア』を引き合いに出している）を作る方向で進めていく。ノーランは、『十戒』(1956)などで知られる映画創世期に活躍した映画監督セシル・B・デミルの派手さを求めた。伝記作家のトム・ショーンは、彼を「セシル・B・デミルのように混迷の中にいるのかもしれない」（トム・ショーン『ノーラン・ヴァリエーションズ──クリストファー・ノーランの映画術』山崎詩郎・神武団四郎監修、富原まさ江訳、玄光社、2021年、251頁）と語っている。それだけでなくノーランは、『ドクトル・ジバゴ』(1965)の歴史とロマンチシズム、『タワーリング・インフェルノ』(1974) のディザスター映画のやりすぎと思われるくらいの凄まじい描写も取り入れたいと思っていたのだ。
　「こうしたイコン的な存在についての映画では──」

と、ノーランは、コミックブックのキャラクターの誇張的表現について語っている。「他のジャンルではできない壮大なスケールの物語に興じることが許されるんだ」[4]。彼は、そのオペラ的なクオリティを試すつもりだった。バットマンの世界では、途方もない感情の大嵐が吹き荒れようとも構わないのだ。
　では、ドラマの歯車を回し続ける力となる、バットマンが新たに負っていた心の傷とは何か？　彼とゴッサム、常に一致するその本質は、今回、冬の感触で冷ややかなものになっている。川は凍り、騒然とした街路に雪が降る。『インソムニア』のごとく、白昼にフィルム・ノワールが進行していく。バットマンの全貌を見ると、3作を通して時間的なアーク〔物語の横糸〕があるのがわかる。『バットマン ビギンズ』の漆黒の夜から、『ダークナイト』の夜闇とマジックアワー〔日没と日の出の前後に空の色が美しく変化する時間帯〕のゴールドが溶け合う頃を経て、白昼に至る。3作目でその時間帯の物語を実現させるには、バッ

フリッツ・ラング監督作『メトロポリス』のポスター ──『ダーク
ナイト ライジング』に直接的な影響を与えた同作は、クリストファー・
ノーラン監督作全てにわたって「導き手」となっている映画だ

ノーランはデヴィッド・リーン監督の大作史劇『ドクトル・ジバゴ』
を研究し、リーンがどのようにロシア革命のシーンを生み出した
かを学んだ

トスーツのデザインの改良と、我々のヒーローがゴッ
サム市民の前に姿を現せるかどうかにかかっていた。

　今のところ、ブルース・ウェインは世捨て人であ
り、ラスベガスのホテルから外出しなくなった時期
のハワード・ヒューズよろしく、新たなウェイン邸
（ノッティンガムシャーのウォラトン・ホールで撮
影された）を歩き回るだけで、心身ともに壊れ、執
事のアルフレッドが口うるさく騒ぐ中、己の悪霊と
闘っている。「彼はずっと前に進めていないと捉え
られているんだ」[5]と、ノーランは言う。本作が始まっ
た時点のゴッサムでは、もはやバットマンは噂や神
話にすぎなくなっている。

　本作の物語は、前作『ダークナイト』（1作目と2
作目の間はせいぜい1年）の出来事から8年が経過
している設定だ。ノーランは、前作の最後で犠牲に
なった者たちの結果を見せるには、十分な時間だと
判断する。英雄として犠牲になった地方検事ハー
ビー・デントの名にちなんだ「デント法」により、
警察の権限が強化され、組織犯罪は抑制されてきた。
それを「戒厳令」、「警察国家」と呼ぶ者もいた。さ
らには、デントが模範的な人物ではなかったのでは
ないか、という疑念が膨れ、下層階級の不満は高まっ

ている。

　やがてくる嵐のためのスペースを確保し、冬の冷
たさを加えるために、ノーランはゴッサムを新しい
会場に移した。グラスゴー、ロンドン、ニュージャー
ジー、ニューヨークの特定の場所でも撮影されたが、
大部分はピッツバーグがロケ現場だ。3作のゴッサム・
シティは、それぞれ異なる輝きを放っている。今回
は強い灰色の光で、街中では、『メメント』と同じ
く漂白されたような印象だ。ノーランがそこに見出
したのは、ジェームズ・M・カインやダシール・ハ
メットのハードボイルドな犯罪小説に漂う「パルプ
雑誌」感だった。

　ジョーカーの行方が語られることはない。ノーラ
ンは、この役を別の俳優に充てるつもりはなかった
ようだが、ゴイヤーからは、3作目の物語の可能性
として、ジョーカーの捜索を含む様々な案を提案さ
れたという。しかし、あのような神出鬼没の強敵を
再び捕まえるのは奇跡でも起こらない限り無理だろ
うし、第一、この死の道化師のキャラクターはヒー
ス・レジャーのレガシーだ。ゆえにノーランは、新
しい首謀者を必要としていた。ワーナー・ブラザー
スと簡潔な話し合いが行われた際、スタジオ側は、

バットマンのコミックに登場する、謎に執着する犯罪者「リドラー」の登場を支持した（そして、レオナルド・ディカプリオの名前がゴシップ欄に躍り出る）。しかしリドラーは、突き詰めると、レオタードを着たジョーカーに過ぎない。

ベインは、コミックブック神話の中では、比較的新しい存在だ。1993年に初登場したときは、プロレスマスクを被ったチンピラ以外の何者でもなかった。酷評されて嘆かわしい結果に終わった『バットマン＆ロビン Mr.フリーズの逆襲』では、レスラーのジープ・スウェンソンが、喉の奥から唸り声を上げる子分のベインを演じていた。知性とカリスマ性の点で、本作のベインはかなりアップグレードされたものの、ノーランは、身体的にもバットマンに匹敵するキャラクターにしたいと考える――バットマンの背中を激しく痛めつける能力があるくらいに（バットマンのコミックブックの『Knightfall（未）』シリーズで、ベインがバットマンを己の膝の上に叩き落とし、背骨を折っている）。

本作でベインを演じるのは、『インセプション』に出演していたトム・ハーディ（数が増え続けているノーランお抱え俳優の仲間入りを果たしている）。90キロまで増量した彼は、ディケンズの小説に出てくる革命家と第二次世界大戦の軍事美学を反映させたシープスキンのジャケットに身を包み、野生動物の顎の形を彷彿とさせるフェイスマスクを着けたまま、果敢に演技を試みている。「ベインは、ずっと前に負った傷の痛みで壊れてしまっているんだ」と、ノーランは説明する。「マスクからはある種の麻酔薬が出ていて、それで痛みを止めているから、なんとか機能しているんだよ」[6]。マスクのせいで表情が見えないことは、ハーディの演技の幅を狭めた。しかも当初は、かなり強めの音響編集が施され、観客からベインの台詞が理解できないと文句が出たため、ノーランは音声のリミックスを余儀なくされ

ている〔本作の宣伝の一環として冒頭シークエンスが映画館とインターネットでリリースされた際、ベインの声の不明瞭さが話題に。ワーナーがノーランに対処を求めたが、彼は微調整したに過ぎず、音声を完全に変えたりはしていない〕。

ベインには存在感がある。それについては疑う余地はない。そして、「仮にイアン・マッケランが「シャーロック・ホームズ」に登場するキャラクター、モリアーティ教授を演じその声がトランシーバーから聞こえてきた感じ」と言いたくなるようなひび割れた声ではあったが、一応聞き取れるようになった。ノーランは、ベインの訛りを「植民地風」[7]（ルビ：コロニアル）と呼んだが、寄宿舎学校時代に耳にした種類の訛りだったのであろうか？　事実、映画批評家の間では、ハーディの独特の声の比喩合戦となる。「青リンゴ風味のマティーニ「アップルティーニ」を飲んだ、ショーン・コネリー」[8]と、ロサンゼルがベースの映画およびエンターテインメント・ウェブサイト『Movieline』〔もともとは雑誌だったが、2009年にオンラインのみになり、2014年にサービスは停止された〕は喩え、「アイリッシュ訛りのダース・ベイダー」[9]と、『IndieWire』は独自の見解を示した（喉から絞り出される耳障りな声は、間違いなく、ノーランのダース・ベイダーに対するオマージュだろう）。同媒体は、「窓に設置する扇風機越しに話すホラー映画スター、ヴィンセント・プライス」[10]と、面白おかしく書き立てている。

ハーディは、アイルランド人の血を引く、ベアナックル・ボクサーのバートリー・ゴーマンを参考にしたと明言している。「「ジプシーの王」と呼ばれたゴーマンは、ボクサーだ。しかも、（グローブを着けずに素手で戦う）ベアナックル・ボクシングのね。それに、ジプシーの一種であるアイリッシュ・トラベラー〔アイルランドの移動型民族集団〕でもあったんだ」[11]。本作のジプシーの王は、ゴッサム・シティを破壊し、影の同盟の目的を完遂させるべく、核爆弾の組み立てを監督するわけだが。ジョーカーがゴッサ

大は小を兼ねる──自身が愛してやまない IMAX カメラを覗き込み、フレームをチェックする
ノーラン。本作の半分以上が、巨大スクリーン向けの IMAX フォーマットで撮影されている

ムの無我意識（イド）ならば、ベインは、ゴッサムの超自我（スーパーエゴ）だ。別の言葉で言えば、彼はジェームズ・ボンドの悪役のように話す。

また、ベインは、バットマンの写し鏡でもある。ブルース・ウェインの頼れる分身ゆえ、バットマンがウェイン家の礼儀正しさをもち合わせているのに対し、ベインにその要素はない。同じ孤児でも、ベインのほうは、影の同盟によって覇権を握るべく訓練されてきた。このヒーローと悪役のマスクの顔の覆い方が、真逆なことに注目してほしい。バットマンのマスクが鼻と口以外全てを覆っているのに対し、ベインのスチームパンク調の吸入器具であるマスクは、彼の鼻と口だけを覆っている。鼻と口は、ある意味、声と関わる身体の部位だ。ノーラン作品の悪役は全て、バットマンにその使命について疑問を投げかける。彼らは、バットマンが選んでいたかもしれない道を示す。どの悪役も、バットマンの個性の一部を表現しているのだ――とはいえノーランは、ジョーカーは自分だけの法則だと主張するだろう。

バットマンを突き動かすものが執念であるのと同じように、ノーランは「ベインは狂信的で、己がやっている行いによって納得させられる」[12] と言う。ベインは、アーノルド・シュワルツェネッガーと掛け合わされた革命家ロベスピエールだ。監督は彼を『地獄の黙示録』（1979）のカーツ大佐――使命を負った男――にもなぞらえている（となると、あの声はカーツ大佐を演じていたマーロン・ブランド味を帯びているのか？）。「それは再び、ホメロス叙事詩の悪役に立ち戻ることになる。悪役の頭にあるのは、建物を徹底的に破壊し、畑を塩漬けにし、街を完全に消滅させるという考えなんだ」[13] と、ジョナは付け加えている。

戦争時の都市のエネルギーを理解すべく、ノーランはスタッフに、イタリアの映画監督ジッロ・ポンテコルヴォによるドキュメンタリータッチの戦争映画『アルジェの戦い』（1966）を観るようにと指示を出した。同作は、フランス占領軍に対するアルジェリア人の反乱を描いた名作だ。そして、デヴィッド・リーン監督の『ドクトル・ジバゴ』は、古典的恋愛ドラマの体ではあるが、革命でモスクワが変貌する様子を、人気のない街路、混雑した室内、ロシアの厳冬の刺すような冷たさで表現している。ノーランはまたしても、コミックブックの風景を生き生きと描き出すのに、映画に登場する「歴史」を利用したのだ。ノーランが愛してやまないフリッツ・ラングの『メトロポリス』は彼に、「建築と主題」[14] の関係を教えた。社会階級というアイデアは貧しい者たちを下水道に追いやった。ベインが始めた反乱は、街中を走る下水道から噴き出すことになる。下水道は都市の腐敗を具現化したものであり、ある種のディケンズ風、ラング風の風味が込められているのだ。『ダークナイト ライジング』の中盤、ヒーローは、文字通り、この敵によって壊されてしまう。スーパーマンとスーパーマンの決戦は、プロレスかと思うくらい不格好な肉弾戦だった。その結果ウェインは、ほとんど中世にタイムスリップしたのかと勘違いしてしまうほどの、はるか遠方の地下監獄に幽閉されるのだ。2011年5月6日に7ヶ月に及ぶ撮影が開始され、「奈落」（ピット）として知られる牢獄の外観は、インドのジャイプールの荒野でカメラに収められた。牢獄最深部は、そのセットが英国カーディントンの広大な格納庫内に建てられている。ジョナ考案の「奈落」は、井戸の底から上に開いた穴の向こうの空を眺めるといった感じの奇抜な構造物だ。エッシャーの騙し絵かと言わんばかりの階段を登るというほぼ不可能な行為を除いては、脱出を阻むものはない。「脱出の秘訣は、命綱を使うことではなく、己の強さに頼ることだ」[15] と、英国映画協会が発行する月刊映画雑誌『サイトアンドサウンド』で、イギリスのファンタジー作家で映画評論家でもあるキム・ニューマ

ンは話している。ブルース・ウェインが奈落の垂直に切り立った壁を登り切ることは、バットマンの復活のメタファーとして機能しており、ノーランの逆転の発想で、これは（今までにありがちだった「転落」の物語ではなく）どん底から這い上がる「再起」の物語となっているのだ。

ジョナは、キャットウーマンについて兄を説き伏せる必要があった。ノーランは、1960年代のテレビドラマ『怪鳥人間バットマン』シリーズでキャットウーマンを妖しく演じた女優アーサ・キットのイメージを払拭するのにひと苦労し、このキャラクターが自分たちの世界の落ち着いた雰囲気に反するかもしれないと不安を感じていたという。「このキャットウーマンは、現実では一体どんな人物になるのか。その点が問題だった」[16]と、ノーランは主張する。そこでジョナは、セリーナ・カイル（『ダークナイト ライジング』では、彼女は「キャットウーマン」と呼ばれることはなく、「猫」[17]の異名を持つ宝泥棒としか紹介されない）のキャラクター設定を綿密に決め、犯罪歴のある流れ者的存在と位置づける。彼女の目的は、全てのデータベースから個人情報を消去できるテクノロジー「クリーン・スレート」[18]の入手。ジョージ・オーウェルが小説『1984年』で描いたような、全体主義の傀儡と化したゴッサムから解放され、人生をやり直そうと考えていたのだ。

キャスティングに関しては（ナタリー・ポートマンか、キーラ・ナイトレイか、はたまたレディー・ガガか？）激しい議論があったが、ノーランの頭にはアン・ハサウェイが常にあり、彼女なら、外見にも内面にもキャットウーマンとしての「信憑性」[19]をもたらしてくれるだろうと考えていたようだ。彼は、ハサウェイのもって生まれた観客を惹きつける力を

上：クリストファー・ノーランは戦場のスケール感にこだわり、ゴッサム・シティの多くをピッツバーグで撮影。映画の設定に必要な寒冷の気候も条件に合っていた

左：ゲイリー・オールドマンが扮するゴードンは、本作ではゴッサム市警本部長に昇進しているが、現場に出て戦う姿勢は変わらない

上：バットマンに協力を申し出る若手警官役のジョセフ・ゴードン＝レヴィット。のちに彼の重要なアイデンティティが明らかになる

左：バットポッドにまたがるバットマン（クリスチャン・ベール）のプロモーション用イメージ。ゴッサムの混沌とした街で、車と車の間をすり抜けて疾走する準備は万端だ。本作でも、アクションシーンのためにシカゴの多層道路が使われた

> "時間と記憶、ノーランの魅力。全てが各自の役割を果たしている。死んだ両親、死んだ恋人、死んだ悪役たちの亡霊が冬に閉ざされた街の凍てついた空気に満ちているのだ"

気に入っていたし、何よりキャットウーマンという役柄は、泥棒猫の動きにそれ——ノーランは「ダンスのようなクオリティ」[20] と呼んだ——が必要だった。聞くところによると、彼女はハイキックのスタイルを完璧にするのに、数ヶ月に及ぶ過酷なトレーニングに耐え、バットマン兼ブルース・ウェインの引き立て役兼恋愛対象としてふさわしいと証明した。彼女が演じるセリーナ・カイルは、バットマンを裏切るが、救いの手も差し伸べる（それにより、社会の基準から逸脱した自分自身の心に背くことになる）。異彩を放つ女優ハサウェイは、キャットウーマンとセリーナ・カイルに力強さとユーモアを与えることで、ゴシック調の深刻な要素全てに挑戦したのだった。そんな彼女は、このバットマン3作目の、わずかに良い方向に微調整されたジョーカーに相当すると言えよう。

　もうひとりの悪役が、ありふれた風景の中に隠れている。その人物を交え、気まぐれなセリーナとの三角関係が生まれるのだ。『インセプション』で主人公コブ（レオナルド・ディカプリオ）の想像力を掻き乱したマリオン・コティヤールは、本作では、魅惑的なビジネスウーマンのミランダ・テイトを演じる。実はこのキャラクターは、『バットマン ビギンズ』でリーアム・ニーソンが演じたラーズ・アル・

グールの娘タリア・アル・グール——ここでも「二重のアイデンティティ」要素が登場——であった。『サイトアンドサウンド』でニューマンは、彼女が「父の死の代償を街に払わせるという、バットマンと全く同じ動機をもっている」[21] と指摘。時間と記憶、ノーランの魅力。全てが独自の役割を果たしている。死んだ両親、死んだ恋人、死んだ悪役たちの亡霊が冬に閉ざされた街の凍てついた空気に満ちているのだ。混乱に加え、神話をまとめて伝えるために……キリアン・マーフィーのスケアクロウは、3部作のどの作品にも姿を現しているのだが、本作では、ゴッサム・シティの金持ち連中の運命を裁くイカサマ裁判を主宰し、その場でベインは、ディケンズの『二都物語』のドファルジュ夫人よろしく座っていた〔反乱グループを率いるドファルジュ夫人は、いつも編み物をしているのだが、復讐すべき相手の名前や特徴などを暗号化して編み込んで記録している〕。

　本作が膨張（エクスパンション）の物語であるならば、それはまた、爆発（デトネーション）の物語でもある。頭脳派ではあるけれど、ノーランは確かに、ある場所を吹き飛ばすのが好きなのだ。バットマンを追放したベインは街を乗っ取り、ノーラン作品では稀なCGIで生成された壮大なショットでアメフト競技場と複数の橋を連続爆破し、ゴッサム・シティがある島を孤立させようとするの

ともに犯罪と戦う相棒——ジョセフ・ゴードン゠レヴィットが演じるブレイクは、
礼儀正しいブルース・ウェインとバットマンが同一人物ではないかと確信を深めていく

だ。闇の戦士であるバットマンが戻ってくるまで、
ゴッサムの砦をできる限り守ろうと尽力するのは、
同市警本部長のジム・ゴードン（ゲイリー・オール
ドマン）と理想家である新人警官ジョン・ブレイク
（ジョセフ・ゴードン゠レヴィット）。実は、ブレイ
クもまた、二重のアイデンティティの持ち主だった。
ノーランには珍しい、遊び心満載の設定で、我々は
後に、彼の本名が「ロビン・ジョン・ブレイク」だ

と知る〔ロビンは原作コミックに登場するキャラクターで、バッ
トマンの相棒〕。

　今一度ノーランは、我々の注意を物語の
「時間との闘い」に向けさせる。後半はカウントダ
ウンに早変わりし、ベインの爆弾がいよいよ爆発す
るというジェームズ・ボンド的モードに戻る。ノー
ランの解説によれば、「長い時間をかけて物語を伝え、
最後で時間が一気に加速する。つまりこの映画で、

ファム・ファタール──ウェイン（ベール）はふたりの謎めいた女性の間で板挟みになる。そのひとりがセリーナ・カイル（アン・ハサウェイ）だ

時間はとても弾力性がある」[22]とのことだ。時計は刻々と進み出すが、『ダークナイト ライジング』の後半が、『ダンケルク』全編の試運転のように感じられる。彼は、「カウントダウン」を映画で初めて用いたのは、フリッツ・ラングだったと読んだことがあった。数字がどんどん大きくなるようにカウントしていくと、際限がない。観客には、エンディングが近づいてくる感覚が必要なのだ。ストーリー、キャラクター、ロケーション、勢い（モメンタム）といった様々な要素が、ハンス・ジマーの徐々に盛り上がっていく音楽と絡み合う。アクション映画は「ひとつの音楽」[23]だと、ノーランは主張している。観客はクレッシェンドのようなシーンに身を委ね、段々とヒートアップしていくのを感じ、そして最高潮に達した後の余韻を味わう必要があるのだ。

本作の叙事詩的な物語は、戦争映画へと変わり、街中での戦いの大混乱が映し出されていく。「ここは、社会の構造が完全に壊滅する様子が描かれる」[24]と、ノーランは言う。モーガン・フリーマン扮する優秀なミスター・ルーシャス・フォックスは、バットマンに、空飛ぶロブスターとでも言いたくなる、特注のヘリコプターと戦闘攻撃機ハリアー・ジャンプ・ジェットを組み合わせたような乗り物を提供する。フォックスはそれに「ザ・バット」というシンプルな名前を与えた〔ザ・バットは、ハリアー・ジャンプ・ジェット、垂直離着陸機のV-22オスプレイ、攻撃ヘリコプターのAH-64アパッチのデザインが参考にされている〕。

『ダークナイト ライジング』で反映された社会不安は、資本主義そのものが監視下にあり、その範囲は拡大している。本作は、2008年の金融危機の最中に書かれたもので、ベインによるゴッサム株式市場の攻撃は、当時ニューヨークでの撮影時に盛んだった「ウォール街を占拠せよ」を合言葉にしたアメリカ経済界や政界に対する抗議運動との類似性が見て取れる。「抗議デモなどを避けてスケジュールを組まなければいけなかったんだ」[25]と、ノーランは明かす。ブルース・ウェインが勝利するためには、まず彼が全てを失う必要があった。とはいえノーラン

もうひとりの魔性の女は、魅惑のビジネスウーマン、ミランダ・テイト（マリオン・コティヤール）。一緒に写っているのは、ルーシャス・フォックス（モーガン・フリーマン）

は、自分の映画は「政治的行為」[26]ではないと主張した。本作の反乱と社会的規制はどちらも問題視され、彼は保守主義だと非難されてしまう。

　2012年7月20日に劇場公開されたノーランの最後のバットマン映画は、歓喜半分と落胆半分をもって迎えられた。クリストファー・ノーランは無敵ではなかったのだ。人々の心の底には反感（「バット」ラッシュと言うべきか？）がくすぶり、「ノーランは本作の非現実な話の壮大さ、ときには聖書的な要素に夢中になってしまった」[27]と、イギリスの政治文化

雑誌『New Statesman』は指摘している。『ザ・ニューヨーカー』誌も、「『ダークナイト ライジング』は、話が不明瞭で、冗長で、ごちゃごちゃしていて、膨れ上がった自信過剰な心の結果だ」[28]と、バッサリ切り捨てた。興行収入は1億6000万ドルで始まり、その後、10億ドルの大台を突破したはいいが、不本意にも、本作は前の2作よりも劣る作品だという感覚が広まっていく。

　3部作は、ブルース・ウェインがフィレンツェで生存しており、クリーン・スレートを使ったであろ

右：『ダークナイト ライジング』のロケ地となった冬のピッツバーグの撮影現場を歩いてチェックするクリストファー・ノーラン。車体に戦地用の迷彩塗装が施されたタンブラーが、本作が戦争映画であるという秘密のひとつを明示している

下：戦いとの決別──ノーランは意を決し、バットマン・サーガをふさわしい形で完結させることにした。そして復帰の予定はない

うセリーナ・カイルとともに元気そうにしているシーンで幕を閉じた。健在ぶりという点では、監督と同じだった。酷評されたところで、ノーラン人気に翳りなど出なかったのだから。あのシーンが『インセプション』からそのまま飛び出したような場面であることは、何かを意味しているのだろうか？　別の夢？　一方、ロビンはバットケイブへとたどり着くが、ノーランの思惑通り、観客たちは、ロビンが後続の作品の主役になるのだろうかと疑問を抱えたままとなった。『バットマン ビギンズ』のラストのトランプカードに合わせた、ノーランからワーナーへの餞別だったのかもしれない。しかし、ノーランはいつものごとく、人々の問いには答えぬままだ。スタジオ側はそれを好きなように扱う権利があるものの、彼にしてみれば、それは単なるテーマを表示したに過ぎないのだろう。「バットマンはシンボルである。誰でも彼になり得る。そのテーマは、我々にとってとても重要なことだ」[29]。ところがその説は、ファンには納得がいくものではなかった。後任者であるロビンは、腕立て伏せをたくさん行った億万長者のプレイボーイである必要はない？　それともバットマンの若い弟子という立ち位置？　そういうことではなく、ファンはクリスチャン・ベールが戻ってくるかもしれないと信じたかったのだ。

「僕たちがやろうとしたのは、バットマンというスーパーヒーローの物語の完結ではなく、自分たちが手がけたこのキャラクターの物語の完結だったんだ」[30]と、ジョナは振り返る。このジョナの言葉は、彼の兄の気持ちも代弁していたようだ——ノーランはそれ以来、ゴッサムにもスーパーヒーロー作品にも戻っていない。彼はDCの他の頑強なヒーロー、スーパーマンを描く映画『マン・オブ・スティール』(2013)をプロデュースした。同作は、ザック・スナイダーを監督、イギリス人俳優ヘンリー・カヴィルを主役に据え、ノーランのバットマン3部作と似た真実味

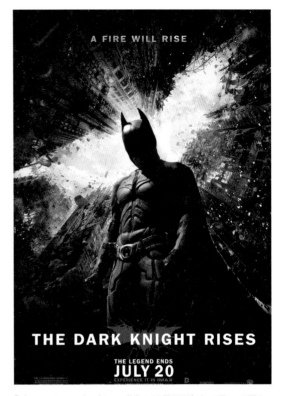

『ダークナイト ライジング』は、前作よりも賛否両論が入り混じる反響だったものの、10億ドルの大ヒットとなり、非常に大きな影響力をもつ3部作が完成した

を追求している。

しかし、高層ビル群を飛び越えたり、空を飛んだりするスーパーマンは、ノーランの世界のリアリズムには合わなかった（スナイダーの巧妙さと熱狂の組み合わせもノーランの作風とは異なる）。DCの世界とスーパーヒーロー映画全般が神話とCGIの氾濫で目詰まりを起こし出す中、ノーランは、このジャンル（の監督）から撤退する。のちにこのジャンルは、文化的に高い影響力をもつようになった。そう考えると、「ダークナイト」3部作は、スーパーヒーロー映画の規則（神話とCGIの多様）には例外があることを示す、稀有な存在であると言えよう。

5次元

『インターステラー』（2014）

9作目のトリックで、ノーランは星空へと旅立ち、ワームホールを抜けて新たな次元に突入する。そして、スティーヴン・スピルバーグとスタンリー・キューブリックのどちらにもオマージュを捧げた壮大なSF叙事詩を作り上げたのだった

19 77年の夏の間に、クリストファー・ノーランは、『スター・ウォーズ』を7回も観たという。彼が訪ねたシカゴでは、ジョージ・ルーカスのこのSF映画は英国より半年早く公開されており、社会現象のようになっていた。これもある種のタイムトラベルであった。地元の友人たちとそれぞれの誕生日〔ちなみにノーランは7月30日生まれ〕に劇場へ出かけるたび、彼は『スター・ウォーズ』の世界に引き戻されたのだが、しまいには内容を空で覚えているまでになった。しかし、宇宙の騎士のワクワクするような神話や威張った宇宙海賊たちよりも、彼は、この映画がどう作られたかに夢中になる。『スター・ウォーズ』について書かれたあらゆる雑誌を買い求め、あらゆる「メイキング」の話を読み、特殊効果やフィルムメイカーたちの抜け目のなさを学び、使命感が疼き始めるのを感じた。「『スター・ウォーズ』は僕に、映画は自分を旅に連れていってくれるという感覚を与えてくれた」[1]と、彼は振り返る。そして、映画の背後には、必ず物語の語り手がいる、ということも実感したそうだ。

その後、ロンドンに帰ってまもなく、ノーランは父親に連れられて、スタンリー・キューブリックの高尚な地球外生命体との遭遇譚『2001年宇宙の旅』を大スクリーンで鑑賞した。映画は退屈かつ不可解で、『スター・ウォーズ』とは全く違っていたが、その壮大さは「根本的」[2]なレベルでノーランに語りかけてきたのだ——彼は、『2001年宇宙の旅』で描かれているもの全てが何を意味するのかを知りたいと感じた。と

発見の宇宙旅行──新たな世界がブラックホールの端で見つかるという設定だが、CGで描かれたリアルなブラックホールの姿に、天体物理学者たちでさえも驚愕したほどだった

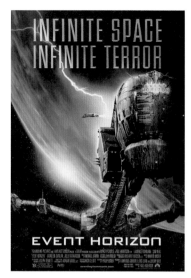

無限宇宙そして、その先へ——同ジャンルの金字塔『2001年宇宙の旅』から極めてスペキュレイティブな『イベント・ホライズン』まで、数々の宇宙探索映画が歴史を築いている

はいえ、同時にそれが「経験」についての作品だとは理解した。映画の中で迷ってしまってもおかしくはない。同作の規模の大きさは、「映画の最大の可能性を示唆していた」[3]と、彼は語っている。

　ノーランの映画による重要なSF体験3作目は、スティーヴン・スピルバーグ監督作『未知との遭遇』（1977）——家族から離れ、取り憑かれたようにUFOを探して宇宙に旅立つ普通の男の物語——であり、観た当時の様子はそれほど具体的に覚えていないものの、驚異と楽観主義に満ちていたという記憶は残ったままだ。

　これら3作の異なる映画によって、ノーランはSFが可能性に満ちあふれていると信じるようになる（『ブレードランナー』の影響を受けるのは、もう少し後のことだ）。閉じられた世界のみを見る映画監督が多い中で、ノーランはジャンルの分類をし、それぞれを掘り下げるのを好む。ジャンルに向き合い、ジャンルを受け入れ、己のアイデアをジャンルという壁に投じるのだ。しかし、ジャンルの境界を越えることもある。ノーラン作品の全てにSFのオーラが浸

透しており、『メメント』、『インソムニア』、『ダンケルク』の「現実的な監督作トリオ」でさえ、実験映画的な熱を帯びて構成されているのだ。だから、このSFというジャンルに思い切って踏み込む機会は、彼がスーパー8カメラを試していた少年期以来待ち望んでいたことであった。

　『インターステラー』は、スピルバーグ的なスターチャイルド〔『2001年宇宙の旅』のラストに登場する、進化した人類〕だったと言えよう。2000年代になり、『A.I.』（2001）や『マイノリティ・リポート』（2002）といった洗練されたSF映画に感化されるようになったノーランは、ブラックホールの謎めいた性質をめぐる映画を作るべく、天体物理学の最新の発見に目を向けた。実際のところ、『インターステラー』の発端は、もっと過去の、カール・セーガン（著名な天文学者で小説『コンタクト』の著者）が映画プロデューサーのリンダ・オブストに、理論物理学者でのちにノーベル賞を受賞する、カリフォルニア工科大学のスーパースター、キップ・ソーンとのブラインドデートを設定した時点まで遡る。このデートはロマンスに

は発展しなかったものの、現実世界の科学で最も突飛なコンセプトに基づいた映画のアイデアをふたりに閃めかせ、8ページのトリートメントを書かせるに至ったのだ。ブラックホールを扱った映画には、『ブラックホール 地球吸引』（2006）や『イベント・ホライズン』（1997）などがあるが、ブラックホールという「天体」に、真摯に、かつ科学的に向き合うのではなく、あくまで超自然的な展開を引き起こすための都合のいい設定として安易に用いられることがほとんどだった。

2007年、スピルバーグがジョナに声をかけ、ストーリーを考え、脚本を書く手助けを依頼する。ジョナは、ソーンとともに相対性理論を研究し、アルベルト・アインシュタインの理論と時空の交絡する性質を深く理解した。ジョナが「共生」[4]関係と呼ぶつ

ながりを築いているノーラン兄弟は、その素材について話し合い、量子力学に関しても定期的に意見交換していたので、兄のほうも4年にわたって続く同企画の状況を常に把握していた。やがて2009年、ハリウッドという宇宙を襲った太陽フレアのごとく、スピルバーグが自身の製作会社ドリームワークスのパートナーをパラマウントからウォルト・ディズニー・カンパニーに移したため、スピルバーグが手がけるはずだったSF大作は、監督不在のままパラマウントに取り残されてしまう。そこでジョナは、兄に、キューブリックのスケール感と臨場感を、スピルバー

壮大な家族の物語──クリストファー・ノーランは、宇宙の広大さと家族の絆を描く物語を組み合わせることを決意。左から主人公クーパーの息子トム（ティモシー・シャラメ）、クーパーの義父ドナルド（ジョン・リスゴー）、クーパー（マシュー・マコノヒー）、娘のマーフィー（マッケンジー・フォイ）

ディストピアの微かな気配──アメリカ中西部のダストボウルの再発を含め、
クリストファー・ノーランは人類の荒廃した未来のリアリティあふれる描写
を心がけた

グのエモーションと兄がもつ映画的な巧妙さと融合
させる機会に興味はないかと訊ねた。それは、運命
だったと言えるかもしれない。2012年、ノーラン
が正式に契約書にサインをしてプロジェクトに参加
することになる。

　すでにノーランの市場価値は非常に高かったため、
彼の正規のスタジオであるワーナー・ブラザースは、
1億6500万ドルの「宇宙の旅」の海外配給権を得る
交換条件として、大ヒットとなったホラー映画『13
日の金曜日』（1980）のリメイク権と、過激な描写
や辛辣な社会風刺と可愛い切り絵風の絵とのギャッ
プで人気のギャグアニメ『サウスパーク』の将来的
な映画化権をパラマウントに譲渡。ワーナーにとっ
ては、非常に有利な契約を結ぶことになった。

「誰かとのつながりや関係性といった人間味あふれ
るストーリーを、全体の出来事の宇宙的なスケール
と対比して語るチャンスがそこにあると心から実感
したんだ」⁵と、ノーランは明かす。別の言い方を
すれば、彼は、アインシュタインと、『スミス都へ
行く』（1939）や『素晴らしき哉、人生！』（1946）
などヒューマニズムあふれる往年の名作の数々を生
んだ映画監督フランク・キャプラの教えを混ぜ合わ
せたSF映画を予見していたのだ。それは、人類の

救済と父親としての試練を描く映画になる予定だっ
た。

　ノーランは、彼の「宮廷作曲家」さながら仕事を
一緒にしていたハンス・ジマーと、すでにこの時点
で打ち合わせをしている。ノーランはジマーに、父
と子の関係をテーマにした曲を書いてほしいとだけ
言い、1日で作るようにと頼んだ。そしてジマーは、
ピアノと弦楽器のための4分間の曲を完成させる。
録音されたものを聴くのではなく、監督はジマーの
サンタモニカにあるスタジオに個人的に赴き、ピア
ノに向かうジマーの後ろにあったソファに腰掛けた。

『インターステラー』は、元NASAのパイロットでエンジニアだったクーパー（マシュー・マコノヒー／左）をヒーローとして描く、一風変わったブロックバスター映画だ

『インターステラー』は基本的に、主人公クーパー（マシュー・マコノヒー）とマーフィー（マッケンジー・フォイ）との父娘の物語で、ノーランと彼自身の娘との関係にインスパイアされているという

「だから私は、監督の顔を見ないで曲を弾いたんだ」と、ジマーは打ち明ける。4分後、作曲家は振り返り、ノーランに顔を向けた。

「で、どう思うかね？」と、ジマーは訊ねる。

ソファに背をあずけたノーランは、どこか遠くを見つめながら、こう答えた。「うーん、僕は映画を作ったほうが良さそうだ」

「どんな映画なんだい」[6]と、ジマーはさらに問いかけた。

そこでノーランは、出エジプト記ならぬ出銀河記と言える内容であり、これまでにない壮大なスケールで科学と哲学の未開拓分野について描くSF物語だと説明する。しかも、特殊効果、広大な宇宙空間はもとより、この儚げな音楽が、映画の中心となるのだ。「僕はハンスに、映画のジャンルを知らずに音楽を書くことに挑戦してもらいたかったんだ」[7]と、ノーランは語る。彼は、その曲を、ひと筋縄ではいかない『インターステラー』の制作を通じ、真に重要な目標（トゥルーノース）として据えた。ノーランは映画作りのプロセスでも「逆転」のスタイルを取っている。まずは音楽から始めたのだから。

彼は弟のストーリーテリングの不要な「装飾」部分を削ぎ落とし、彼らの叙事詩をより合理的で、個人的なものにした。フラクタル図形〔部分と全体が自己相似になっている図形〕のような宇宙人、時空を超えた宇宙ステーション、重力の方向を変えられる機械といったジョナのアイデアは割愛された。残されたのは、滅びゆく地球の近未来物語と、別の銀河に居住可能な惑星があるとの見通しのもと、土星付近に出現したワームホールを通って仕方なく宇宙探索に出る宇宙飛行士の旅という設定だった。

「映画を『インターステラー』と呼ぶのであれば、観客に対して、（地球の）外に出て、人間であることの意味を探しに行くというかなり大きな約束をし

ていることになるんだよ」[8]と、ノーランは笑顔を見せる。不思議なもので、どんどん遠くの宇宙に出ていくほど、映画制作が「偽りのないもの」になっていく。「本作は、いろんな点で、実にシンプルなストーリーだ」と、彼は振り返る。「基本的に、父と子供たちとの関係、そして子供たちを置いていかないといけない自身の運命との関係を描く映画だからね」[9]

2013月8月6日、『インセプション』の雪山のロケ地の南、カナダのアルバータで撮影がスタートする。本撮影の期間は約4ヶ月だった。2067年の壊れつつある地球のため、ノーランは、ケン・バーンズ監督の2012年のドキュメンタリーシリーズ『The Dust Bowl（未）』〔1930年代にアメリカ中西部で断続的に起きた大規模な砂嵐「ダストボウル」に迫った全4話のテレビ番組〕を指針とし、アメリカの小説家ジョン・スタインベックの『怒りの葡萄』に出てくるような荒涼とした大地を想起させる光景を表現したいと考える。これは、彼が「いかにもアメリカ的な図像」[10]と呼ぶもので、大きな空となだらかな風景が広がる、控えめなノーマン・ロックウェル〔アメリカの庶民の生活を描いた絵で人気の国民的画家〕風の黙示録だ。時はすでに歪んでいる——未来が過去のように見えるではないか。制作チームは、トウモロコシ畑が燃えるシーンを撮影するのに、500エーカーの土地にわざわざトウモロコシを植えて育て、見事な青々とした畑を作った。

また、大型タービンでダンボールの細かい破片を吹き飛ばし、合成の砂嵐を実際に起こしたのだ。そして、巨大な錆色の雲が、アメリカーナの象徴である野球の試合会場の上に発生する。一方、劇中の食料が枯渇したアメリカでは科学的知識は軽視され、月面着陸はフェイクだと断言されているのを観客は知る。大勢が信じてしまう陰謀論は新たな宗教も同然で、NASAは非合法化された。そうした要素と絡み合って、本作の背景にある政治的な意味合いが鋭く見えてくる。ジョナは、アメリカの失われた可能性に不満を向けている。「アポロ宇宙旅行の時代に育った僕たちは、将来、ジェットパックを背負って空を飛び、テレポーテーションで瞬間移動する未来がくると信じ込まされていた。フェイスブックやインスタグラムに翻弄される世界じゃなくてね」[11]

　観客は、ある家族の姿を通して、地球規模で環境問題が悪化し、人類滅亡が迫っている事実を目の当たりにする。主人公は、男やもめのクーパー（マシュー・マコノヒー）。彼はかつてNASAのパイロットだったが、今は、義父、15歳の息子トム（若きティモシー・シャラメ）と10歳の娘マーフィー（マッケンジー・フォイ）と暮らし、トウモロコシ農場を営んでいる。タイムワープに合わせて地球上の時間が一気に進むと、トムとマーフィーは成人になってケイシー・アフレックとジェシカ・チャステインがそれぞれを演じた。そして高齢になったマーフィーには、エレン・バースティンが扮している。映画が始まってほどなく、窓を閉め忘れたマーフィーの部屋に砂が入り込み、クーパーは床に積もった砂塵が奇妙な模様を描いていることに気づく。なんとその模様は二進法で、とある座標を示していたのだ。こ

クーパー（マシュー・マコノヒー）が娘マーフィー（マッケンジー・フォイ）に別れを告げるシーン。クリストファー・ノーラン監督作の中で最もあからさまにエモーショナルな映画であるにもかかわらず、『インターステラー』は決して感傷的な作品ではない

うしてクーパーは謎の施設にたどり着き、とうの昔に解散させられたはずのNASAが秘密裏に活動を続けていた事実を知る。そこで彼は、宇宙船エンデュランスでワームホールを抜け、第二の地球となり得る惑星を探すミッション「ラザロ計画」にパイロットとして参加することに同意するのだった。

　ノーランは、マコノヒーの「普通の人っぽさ」を気に入る。もちろんマコノヒーは映画スターでハンサムだが、テキサス生まれらしい、純朴さを感じさせるゆっくりとした話し方と、感情が安定しているところに好感を覚えたのだ。当時、『TRUE DETECTIVE／二人の刑事』の謎めいた刑事や『ダラス・バイヤーズクラブ』（2013）のエイズに冒された主人公など翳りのある複雑なキャラクターを演じ、低迷していたキャリアを復活させたばかりだったが、そうした役柄でも品性を漂わせていた。『インターステラー』のような硬派なSFジャンルは、マコノヒーにとっては未知のものではない。彼は、ロバート・ゼメキスがカール・セーガンの小説を映画化した『コンタクト』（1997）に出演している。曖昧なエイリアンの存在、ワームホール、父娘の絆が描かれる同作は、明らかに『インターステラー』の前身と言えるだろう（しかも、どちらもリンダ・オブストがプロデュースしている）。

　意識的だったのかどうかは別として、『インターステラー』は、「イン」で始まる音韻的に似たタイトルで、非日常的な環境と悩めるヒーローという共通要素をもつ『インソムニア』、『インセプション』とのある種の3部作を完成させたと言えるかもしれない。『インターステラー』の主人公クーパーは完全なる無私無欲ではなく、『未知との遭遇』でリチャード・ドレイファス扮するロイ・ニアリーが家族よりも「冒険」を選んだのと同様に、「宇宙への憧れ」を有している。とはいえ、クーパーは、人類を救おうとしているのだ。ノーラン作品では新しいタイプ

の主人公かもしれないが、罪悪感に苛まれることになるのは、やはりノーランらしい設定である。

今回、探査船レインジャー号で宇宙船エンデュランス号に向かうのは、クーパーの他に、アメリア・ブランド（演じるアン・ハサウェイは、前作のキャットウーマンから真面目すぎる科学者に転身）、ドイル（ウェス・ベントリー）、ロミリー（デヴィッド・ジャーシー）の3人の博士だ。NASAの管制センターで彼らの帰りを待つのは、マイケル・ケインが扮するアメリカの父のジョン・ブランド教授である（この父娘はクーパーとマーフィーとは立場が逆で、娘が父を置き去りにした形になっている）。

父親の決断を許せずに怒ったままのマーフィーにクーパーが別れを告げ、自分を思い出すようにと腕時計を渡すシーンの後、トラックで家からどんどん離れていくクーパーとクロスカットして、宇宙へ向かうカウントダウンが始まる。これは、ノーランが冷淡な映画を作るという人々の思い込みが誤解であることを示す一例だ。一般的に、ノーランはスピルバーグよりも、キューブリックに近いと考えられている。文字通り冷ややかで、全体的に暗い（フィルム・ノワール的な）映画ではあるが、時計のような正確さの下には、情熱が流れている。『プレステージ』の奇術師は、感情の嵐に駆り立てられ、『メメント』は悲劇だ。そして、ノーランは『インターステラー』で未知の海域を航海している。本作は、個人的な叙事詩で、涙なくしては見られない。ノーランは4児の父親であり、子供たちを置いて（何カ月かかかる）映画制作の現場に出かけねばならないときの胸の痛みを知っているはずで、それをクーパーの出発シーンに直接反映させている。子供時代のマーフィーは、ノーランの長女フローラをベースにしており、本作の制作中の仮題は『フローラの手紙』だった。

大人になったマーフィーを演じていたジェシカ・チャステインは、撮影現場に訪ねてきたフローラと会ったときのことを振り返り、次のように語っている。「（彼女と会って）点と点がつながって線になったの。この映画を観るのに、ちょっと探偵気分で謎を解かないといけないんだけど、それがわかった瞬間、私は信じられないほど感動した。『インターステラー』は、ノーランの娘に対する手紙なのよ」[12]

「クリスは、私たちが教わってきた多くのことが矛盾している人物なの」と、ハサウェイは明かす。「彼はワーカホリックだけど、現在進行形で子育てをしている、愛すべき父親でもある。彼は真面目なフィルムメイカーだけど、馬鹿馬鹿しいコメディが大好き。彼は模範的な人間だけど、（欠点もある）生身の人間よ」[13]

クーパーとノーランは、かけ離れてはいない。家族を大切にする男で、科学を信じ、（家族のもとを離れて）罪悪感を抱える冒険者だ。

スピルバーグ調の地球のゴールドの色合いを残し、映画はノーランが生み出す地球外の風景へと旅をする。ぼんやりと覚えている夢に出てきたような氷河が広がる空間、グレーと青紫がかったダークなシルバーの色調、大理石の岩床を彷彿とさせる海——。ミッションは、「ガルガンチュア」と名づけられたブラックホール付近にあるワームホールのはるか先にあるふたつの惑星にクーパーたちを向かわせる。ひとつは、一面、広大な海に覆われた水の惑星。もうひとつは凍てつく荒野が果てしなく続く氷の惑星だった。それは、海と氷——大航海時代の航海者クリストファー・コロンブスと南極探検隊を三度率いたアーネスト・シャクルトンという、ふたりの冒険家が目の当たりにしたはずの光景を連想させる。スイス出身で、オランダとスウェーデンの国籍をもつ撮影監督ホイテ・ヴァン・ホイテマが、ロシアの映画監督アンドレイ・タルコフスキー（代表作は1972年の『惑星ソラリス』、1975年の『鏡』、1979年の『ストーカー』など）のSF作品がもつ物悲し

上：クーパー（マコノヒー）、ブランド（アン・ハサウェイ）、ロミリー（デヴィッド・ジャーシー）の宇宙飛行士の面々。尊敬してやまない巨匠スタンリー・キューブリックの『2001年宇宙の旅』と同様に、ノーランは深宇宙を現代的なものとして描こうと決める

右：ハサウェイ扮するブランドは、迫りくる巨大な高波に恐怖のまなざしを向ける

左：2番目に着陸した氷の惑星（アイスランドの氷河で撮影された）が人類の新天地になる可能性はなかった

下：水の惑星を見つけた探索チームを示すプロモーション用イメージ。（左から）ブランド（アン・ハサウェイ）、クーパー（マシュー・マコノヒー）、ドイル（ウェス・ベントリー）

さに刺激を受ける一方で、ノーランは、NASAの初期の有人宇宙飛行計画をもとにしたフィリップ・カウフマン監督作『ライトスタッフ』（1983）の感動的な描写を見せるべく、スタッフのために同作を上映した。

エンデュランスの乗組員たちは、自然災害と人災の両方に迎えられることになる。水の惑星では、（ダストボウルの砂嵐に呼応する）高波が着陸した一行を襲う。『インターステラー』では、「時間の主観性」にノーランが感じる魅力が、交響曲のごとく様々な要素を調和しながら表現されている。ブラックホールに近づけば近づくほど、強力な重力により、時間の拡張の度合いが大きくなっていく。高波から脱出し、命からがらクーパーとブランドがエンデュランスに戻ったところ、彼らの帰りを待っていたロミリーはかなり歳を取っていた。水の惑星の1年は地球の7年に相当し、クーパーたちの留守中に、ロミリーの時間は23年も経過していたのだ。『インターステラー』における時間の拡張は、『インセプション』の夢の階層に等しく、次なるノーランの監督作『ダンケルク』を特徴づけている。映画制作のプロセスとの類似性は、さらに顕著だ。ノーランは、憧れのキューブリックが示した手本に従っていた。キューブリックの代表作『2001年宇宙の旅』では、黒い

"スピルバーグ調の地球のゴールドの色合いを残し、
映画はノーランが生み出す地球外の風景へと旅をする。
ぼんやりと覚えている夢に出てきたような氷河が広がる空間、
グレーと青紫がかったダークなシルバーの色調、
大理石の岩床を彷彿とさせる海——"

左：成人したマーフィー（ジェシカ・チャステイン）は、宇宙に旅立った父の軌跡をたどるべく科学者となる

右：宇宙船エンデュランス号は、NASAの深宇宙旅行のコンセプトに基づいている——12個のポッドが連結した形のこの船は、時計の時間を象徴的に表したものだ

石板のような謎の物体「モノリス」の出現により、ホモサピエンスの祖先であるヒトザルが動物の骨を武器にして戦うことを覚えるのだが、サルが骨を放り投げたシーンから、たったひとつのカットで数千年の時が飛ぶ。宙で回る骨が、宇宙で軌道を進む宇宙船となり、その後、ゆっくりと月に着陸する科学者を映し出し、月面や宇宙船などの極めて細かい部分まで見せつけるのだ。

本作は、設定、ストーリー、情緒の大胆な描写といった点で、「旅立ち」の映画だが、同時に「帰還」の映画でもある。ノーランと彼のチームは、『バットマン ビギンズ』でも利用したアイスランドのヴァトナヨークトル国立公園に戻り、氷の惑星のシーンを撮影した。その惑星でクーパーたちは、マット・デイモン扮するラザロ計画の先駆者マン博士を発見。スティーヴンソンの小説『宝島』で、仲間に取り残されて何年もひとりで宝島に住んでいた元海賊ベン・ガンよろしく、長年誰とも接触することなく睡眠カプセルに入っていた。マン博士は、氷の惑星は人類の移住が可能だと地球に信号を送っていたが、実は、それが捏造データだったと判明する。この荒涼とした不毛の惑星では人類は生存できないと、彼は到着直後にわかっていたのだ。そして、マン博士の狂気が、このミッションに大きな混乱を招いてしまう。

「ダークナイト」3部作と同様に、デザイン哲学は「形よりも機能」であった。本作に、未来的なものは何もないと、ノーランは断言している。さらに、全てが「我々がいる現在の現実をベースにしていた」[14]と、主張。『インターステラー』は、NASA——国際宇宙ステーション、シャトル計画、複雑なドッキング手順など——を基準にしており、どの設備も、質感から目的意識が感じられる作りになっている。スイッチ類であっても、コンソールのどこに配置されるか、意味をもっているのだ。エンデュランスは、モジュールポッドが12個、円環状に連結された形の、どこか時計を連想させる宇宙船で、その中心には着陸船用のドックがある。惑星間宇宙旅行を実際に経験している気持ちを引き起こすべく、実物大の着陸船レインジャーが、カリフォルニア州カルバーシティのソニー・ピクチャーズのスタジオのサウンドステージに作られた。それは油圧式ラム〔ピストンの一種〕の上で縦揺れしたり、左右に向きを変えたりし、ノー

ランがリモコンを手にすることも多かった。もはや
セットというよりは、シミュレイターと言える代物
だろう。「僕は俳優たちに窓の外を見て、彼らが本
当に宇宙で見るべきものを見てほしいと考えたんだ」
[15]と、ノーランは語る。こうした映画ではありがち
なグリーンバックではなく、制作チームは高さ25メー
トル弱の湾曲した大型スクリーンを取りつけ、そこ
に特別に作った動く星空の映像を投影した。

　ノーランは、宇宙船の乗組員として、2体のロボッ
トの参加を強く希望する。とはいえ、『スター・ウォー
ズ』のC-3PO的な人型ロボットは認めなかった。
どちらかというと本作は、キューブリックが『2001
年宇宙の旅』で登場させた人工生命の流れを汲んで
いる。同作のコンピューター、HAL9000を大型金
属製スライドブロックパズルと言わんばかりの見た
目に再構築したような『インターステラー』のロボッ

クーパー（マシュー・マコノヒー）は、時空を超えたコミュニケーションを可能にする（5次元の空間を具現化した）4次元超立方体「テセラクト」を漂い、世界中の観客を困惑させた

操作する、本格的な実物大のパペットとして作られている。ノーランの指示は明白だった。アーウィンは、三脚〔実際には4本の直方体が可動〕の機能性を目指して設計された何かに命を吹き込む必要があったのだ。「このキャラクターたちは、アーウィンの演技によって個性が生み出されている」[16]と、監督は話している。TARSとCASEの直方体のスライド式の動きは、奇妙なボディランゲージだ。それに加えて、ユーモアの度合いを設定できる。劇中では、「でかい皮肉屋のロボットってわけか」[17]と、人工知能のアシスタントのジョークを聞いたクーパーは、やれやれとため息をつく。

　理論物理学者のキップ・ソーンが製作総指揮と科学面での相談役として参加し、無限の宇宙への飛躍は、現実の物理学に基づいたものとなった。「（ソーンに相談できるなんて）脚本家として、夢に描いていた以上のことだった」[18]と、ノーランは笑う。そこで彼は、単純に、ブラックホールはどのように見えるのかと訊いてみた。

　『インターステラー』は、ノーランの監督作の中で、最もCGを多用している映画だ。これは必然であったが、ひと味違うCGである。ソーンは、物理学が現実の宇宙を支配しているような設計の指針となる方程式を生成した。ワームホールの周り光が一直線に動かないとしたら、それをどうやって数学的に表現できるのか？　ソーンはエフェクトチームに方程式を送ってきたが、何ページにも及ぶその方程式の解説も添えられていた。その解説は、もはや最先端科学の研究論文であり、それがコンピュータでシミュレートしたモデルに変換されたのだった。

　事象の地平線〔光が脱出できるギリギリの境界線〕を越

トは、ピカピカに磨かれた台所のシンクみたいに光沢がある、変形してシンプルな動作をする直方体のロボットだ。

　この2体の乗組員TARSとCASEは、過去に道化師やパントマイミストの経験もあった俳優のビル・アーウィン（TARSの声も担当。ちなみにCASEの声は『ダークナイト ライジング』でベインの側近役を務めたジョシュ・スチュワート）が撮影現場で

えてクーパーが落下するブラックホール「ガルガンチュア」には、重力レンズ——重力によって光が歪み、拡大すること——を取り入れる必要があった。個々のフレームのレンダリングには100時間を要している。レンダリングをするには、気が遠くなるような計算をしないといけないからだ。降着円盤と呼ばれる、円盤状のガス構造の光冠(コロナ)が、まるで黄金の光輪のように球体を強調する。ソーンは、その結果を見て驚いた。これは単なる画期的特殊効果だっただけではなく、科学的な新発見だったのだ。

　ガルガンチュアに落下したものの、目に見えない謎めいた存在(「未来人」と推測する者もいれば、「異星人の神々」と言う者もいる。はたまた「全ての創造主である神」と考える者も)によって忘却の彼方から救い出されたクーパーは、ブラックホール内の超幾何学的な空間「テセラクト」に閉じ込められ、

そこから時空を超えたコミュニケーションを取るために力を注ぐ。平面と角度が増殖していったようなこの超立方体のビジュアルは、エッシャーの騙し絵に影響されたノーランが描いた空間の中で最も高度なもので、ブルース・ウェインを陥れた奈落や、『プレステージ』で奇術師たちが用いていたトリックの箱などが、5次元——マーフィーの部屋の本棚の裏からその部屋の中が覗き見られる場所も含まれる——で描かれていると考えていいだろう。

　クーパーがブラックホールに落ちていくシーンは、『2001年宇宙の旅』でキューブリックがサイケデリックに描いたスターゲート(ワームホール)を彷彿とさせ、スターゲートの先にある新古典主義のホテルの白い部屋は、クーパーが年老いたマーフィーと再会する部屋に重なる、という解釈もあるようだ。そして、時間そのものが歪んで過去に遡り、物ごとが

ノーランらしい演出──テセラクトに閉じ込められたクーパー（マコノヒー）は、映画の冒頭にループし、娘のマーフィー（マッケンジー・フォイ）といる若き日の自分を目撃する

宇宙船エンデュランス号は、巨大なブラックホール特異点「ガルガンチュア」の近くに出現する
──ブラックホールがどう見えるか、天体物理学者の仮説をスクリーン上で正確に視覚化した

一巡する……。かつて、マーフィーの部屋で床に積もった砂塵で二進法の痕跡を残した「幽霊」は、クーパー自身であることが証明されるのだ。「あれはゴーストストーリーとしても解釈できる」と、ノーランは言う。「子供の未来に、幽霊として存在している親のイメージだよ」19。成長し、ジェシカ・チャステイン演じる科学者になった娘に、クーパーはブラックホールからデータを送り、人類の大量脱出に必要な重力装置を完成させることが可能となった。

この展開に関しては、舞台裏から監督の手が滑り込んでくるのも同然のご都合主義ではないか、という不満の声が出たのも事実だ。それに対して、姿なき異星人は、『2001年宇宙の旅』でキューブリックが無言の「モノリス」を登場させたことに直接なぞらえたものだと、ノーランは主張している。驚くほどの数式を駆使しても、テセラクトは我々を、あ

ゆる要素を結びつける中心的テーマ「親であること」へと引き戻す。スピルバーグ、さらにはルーカスの銀河を束ねる「フォース」へと戻るのだ。ノーランにとっては、これは感情的なつながりであり、時空を超えて娘に手を差し伸べる父の姿であった。「愛は、我々が時間と空間の次元を超えて知覚できる唯一のもの」20と、アメリア・ブランドは訴え、愛が重力と同じくらい普遍的な力だと示唆しているのだ。

批評家たちは、本作が突然センチメンタルな方向に舵を切ったことに困惑した。この映画は、ノーランの作品の中で、フィルム・ノワールの分類から外れる最初で唯一の映画だ。『インターステラー』には、観客の知的好奇心を満足させる要素──特異点、（時間の）拡張、テセラクト──がすでにたくさん盛り込まれているが、それらがヒューマニズムあふれるショットと混ざり合うことで、圧倒的に心を動かす

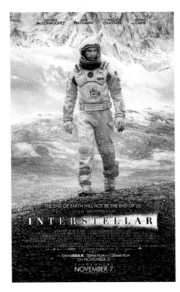

クリストファー・ノーランの新たな大ヒット映画となった『インターステラー』は、真剣なブロックバスター作品が求められていたことを証明する作品だった

着陸船レインジャー号のセットで話すノーランと主演のマコノヒー。このセットは、俳優（と監督）ができるだけ実際に宇宙旅行をしているという感覚を得るべく実物大で作られたものだ

結果が生まれた。ポストプロダクション時、作曲家のハンス・ジマーとは、大聖堂のパイプオルガンの音色を利用した哀歌を含め、45回ものスコアリング・セッションが行われている。完成した映画の上映時間は2時間49分となった。『インターステラー』は、まさしく一大巨編なのだ。

映画評論家のマーク・カーモードは、イギリスの一般紙『オブザーバー』で「ノーランが生み出す傑作の数々を愛するファンであれば……生の科学としての物語のさらなる厳密さ、豊かな感傷性、この非常に個人的なプロジェクトの心と魂のための馬鹿馬鹿しさとの闘いを切望するだろう」[21]と、嘆く。「異次元の存在によって作られた偉大なメインストリーム映画として、十分に説得力があるシミュレーションだ」[22]と、オンライン雑誌『Salon』のコラムニスト、アンドリュー・オヘールはせせら笑う。

ノーランは、これこそが本当の自分であり、楽観主義者であると反論した（ディストピアが彼の最も楽観的な作品に刺激を与えられるのは、彼の逆さまの宇宙でのみだ）。「僕は物ごとを心配するけれど、同時に、人々が集まって問題を解決すると信じている」[23]。映画の撮影現場で彼が毎日目にしていたのが、まさにそれではなかっただろうか？　全世界での興行収入が7億ドルに達した今、ひとつはっきりしているのは、観客は、自分たちが本当に映画を理解しているかどうかにかかわらず、ノーランの壮大な計画に喜んで参加しているということだ。パズル作りの達人で、目に見えないエイリアンの支配者である彼は、映画を知的に解決することは重要ではないと主張している。ノーランはトークショーで何度も、映画は単なる「娯楽」[24]と繰り返した。そして、映画は「経験」である、と。

サイエンス・フィクション

いかにしてクリストファー・ノーランは、真の科学で己のストーリーテリングを支えてきたのか

記憶障害（『メメント』）：ノーランのこのフィルム・ノワールの根幹を成すのが、脳の奥深くにある「海馬」が損傷して新しい記憶が形成されない「前向性健忘」という症状だ。『白い恐怖』から『ボーン・アイデンティティー』（2002）まで、誇張された描写にはなるものの、完全な逆行性健忘（発症以前の過去の記憶が思い出せない）は映画ではよく登場する。一方、前向性健忘が映画で描かれるのは珍しい（2004年の『50回目のファースト・キス』のドリュー・バリモア演じるヒロインは、一晩で記憶がリセットされ、同じ人物と恋に落ちたことを繰り返し忘れてしまう）。神経心理学の研究から着想を得た『メメント』は、その正確な描写で特別な賞賛を受ける。「映画の一連のシーンが断片的で、ほとんどモザイクのような質感であることも、この症候群の「永続的現在」の性質」[1]と、『British Medical Journal』で、臨床神経心理学者のサリー・バクセンデールは語っている。

不眠症（『インソムニア』）：もうひとつのお馴染みの映画の設定——『タクシードライバー』（1976）や『ファイト・クラブ』などで精神崩壊を機能させるべく用いられている——は、ノーランが厳格に物語を進行させる中で、またもや登場人物の心理状態を追い詰めていく。ノーランが特に惹かれているのは、不眠症の影響だ。彼の映画の数々で描かれるのは、混乱した脳が知覚を歪める仕組み——つまり、自分たちの目が、どのように自分たちを欺くのかということである。彼は、ドイツ出身の物理学者ヘルマン・フォン・ヘルムホルツの著作を読み、『Treatise on Physiological Optics（未）』の中で、我々の目は世界を正しく知覚するのに十分ではないと記されているのを発見した。知覚は、起っていることを組み立てようとする試みに過ぎないのだ。

電気（『プレステージ』）：イリュージョンが展開される『プレステージ』は、物質的進歩についての映画でもある。端的に言えば、科学についての映画なのだ。しかし、ノーランが仕掛けるひと筋縄ではいかないゲームの中で、科学は、自然の摂理に逆らうことが可能な「奇術」という形で明示され、デヴィッド・ボウイ扮するニコラ・テスラ——現実世界で、独自の電力供給システムを考え出した人物——として擬人化されている。興味深いことに、本作に登場するふたつのバージョンの「瞬間移動」トリック（一方は電気を使ったもので、もう一方は手品のようなもの）の対比は、映画制作における、いわゆる技術の進歩——CGという怪しげな魔法——に対するノーランの両義性を反映しているのだ。

潜在意識（『インセプション』）：ノーランのこの複雑な強盗映画は、人間の潜在意識について描くというよりも、その中を舞台にしたものである。しかし、彼のアクション映画の全体的な構成の鍵となるのは、フロイト流の夢分析の考え方だ。ノーランは、我々がどのように夢を見るのかに関心を示す。『WIRED』に掲載された記事『『インセプション』の神経科学』で、コロンビア大学で神経科学を学んだ著述家のジョナ・レーラーは、科学者たちは「映画鑑賞中の成人の脳は、特異な活動パターンを示す」[2]ことを発見したと指摘。それは、睡眠時の脳の活動パターンによく似たものだったという。

シンギュラリティ（『インターステラー』）：純粋科学とストーリーテリングの最も明白な融合は、ノーランの宇宙旅行で実現した。この映画の脚本は、ワームホールを用いて宇宙を移動するというコンセプトとブラックホール（がもつ重力の特異点）の時間歪曲効果から始まったが、天体物理学者キップ・ソーンの助けを借り、

熱力学的範囲——『TENET テネット』では、時間が順行する世界の主人公（ジョン・デヴィッド・ワシントン）が、時間が逆行する世界の同じ俳優が演じる同じキャラクターと戦う

ノーランは多次元構造への探究へと作品を拡大させた。重要なのは、本作が確立された物理法則に反していないことだろう。実際、ソーンはこの作品で描いた科学理論をまとめた『The Science of Interstellar（未）』という本を執筆。数々の方程式で映画を支えている。

不安（『ダンケルク』）：この凝縮された戦争映画は、恐怖をスクリーンから観客に転移させる研究であると同時に、過酷な逆境を生き延びる様子を描いた作品である。映像、音楽、音響の組み合わせが、緊張感を生むのだ。ノーランは、観客を劇中で起きている戦争の真っ只中に放り込むかのごとく、無意識のうちに映画を擬似体験させるプロセスを作り出す。

エントロピー（『TENET テネット』）：『インターステラー』ほど物理法則に厳密に忠実ではないが、ノーランはキップ・ソーンの協力を得て、熱力学第二法則を逆転させた仮説を考案する。この法則を簡単に言うと、エントロピー〔「乱雑さの度合い」を意味し、いかなる現象もエントロピーが大きくなるように変化する〕は常に増大し、時間の流れを我々に与えている。秩序は混沌となる運命なのだ。人は、スクランブルエッグを元の生卵には戻せない。厳密には、これは確率の問題である。つまり、スクランブルエッグを生卵に戻せる可能性は極めて低いが、不可能ではない。本来、時間には方向がないので、物理学の理論では時間は逆転させても成立する。従って、『TENET テネット』を元の状態に戻すのは本当にありそうにないものの、不可能ではないのだ。

渚にて

『ダンケルク』(2017)

ノーランは10作目のトリックで、第二次世界大戦の伝説となっている「ダンケルク大撤退」——ドイツ軍が包囲していたフランスの海浜からの奇跡的なイギリス軍撤退作戦——を史上最大の脱出映画にすべく動き出す

『ダンケルク』の宣伝活動で、本作の発端の話が出るのは定番となった。20年以上前の1990年代半ば、クリストファー・ノーランと、将来の彼の妻、そして映画プロデューサーとなるエマ・トーマスは、イギリス海峡を渡ってフランスの海岸に向かっていた。それは5月で、ダイナモ作戦〔第二次世界大戦のダンケルクの戦いで行われた連合軍大規模撤退作戦（ダンケルク大撤退）のコードネーム〕が実行された月でもある。ノーランたちは20代の若者で、ヨットでの航海の経験もほとんどなかった。ヨットについての知識がある友人も同船していたものの、大胆不敵な冒険は、悪夢の船旅へと変わっていく。春の天候が彼らに協力的でなかったのは、出港してまもなくわかる。急に寒くなり、荒れ模様となったのだ。危険な潮流と闘いながら航路を維持し、荒波に揉まれて過ごした時間は、ノーランの推定では19時間だったそうだ。彼らがようやくダンケルクに到着したときには、暗くなっていた。いつも冷静な彼には珍しく、「そこにたどり着けて、めちゃくちゃ嬉しかったよ」[1]と、当時の心情を露呈した。

フランス最北端にある海辺の町の名前は、歴史に深く刻まれている。1940年、漁船から貨物船、遊覧船まで様々な民間船が緊急徴用され、土壇場でダンケルクの砂浜からイギリス遠征軍を救出した船団の活躍は、教科書に載るほどであった。いつの間にか、軍事的大惨事は勇気と創意工夫の勝利に書き換えられ、敗北に直面する中、楽観主義が再燃し、最終的に戦争に勝つための国家の高まりを導いたのだ。彼らはそれを「ダンケルク精神（スピリット）」と呼ぶ。

「イギリス人なら、ダンケルクの話を聞いて育つ。骨まで染み渡っているんだ」と、ノーランは思い返す。「あれは敗北だ……なのに、驚くことが起きる敗北なんだよ」[2]。数字を調べてみると、聖書に書かれているのかと思うほどの数だった。33万8000人が、長さ18キロにも広がる海岸から救い出された。しかも、停泊が難しい浅瀬、生き残りをかけて頻発するいがみ合い、ドイツ軍による容赦ない爆撃、目視できない恐怖のドイツ軍潜水艦「Uボート」、時間とともに縮小の一途をたどる防衛戦力など、極めて苦しい状況下で、決行されたのだ。まさにそれは、民間人が一致団結して起こした英雄的行為、勇敢であれと立ち上がる本能についての物語だ。

ノーランは祖国の歴史を熟知している。ダンケルク大撤退の史実は、退屈な寄宿学校に暮らす少年の心を掴み、詳細を暗記させるほどだった。しかも、例の悪夢の船旅で苦難の経験をした彼は、実際の撤退作戦の過酷さを実感し、さらに尊敬の念を抱くようになる。世界の果てに取り残され、恐怖に怯える兵士たち。浜辺に降り注ぐ爆弾。数少ない海軍の船は負傷者ですし詰め状態。不安がどんどん絶望になっていった民間船の男たち。ノーランは、当時の状況に思いを馳せずにはいられなかったのだ——船の舵

兵士の物語——「トミー」と呼ばれる二等兵役のフィオン・ホワイトヘッド
は海岸に到着するが、彼の悪夢は始まったばかりであった

を取る（軍人ではなく）一般人の彼らはどんな気持ちで戦地に赴いたのだろうか？「我々はやるべき務めがある」[3]と、英国人俳優マーク・ライランス演じるミスター・ドーソンは明言する。揺るぎなき態度でイギリス軍兵士を助けに向かうドーソンのプレジャーボートは、ノーランがフランスへ向けて乗り込んだ船と同じくらいの大きさだ。また、戦闘機パイロットたちが時間稼ぎをしようとした敵との交戦は、どのようなものだったのか？

「それが、この物語を伝えたいと感じることになる「種」だったんだ」[4]と、ノーランは振り返る。嵐を切り抜けてやっとの思いでダンケルクの海岸にたどり着き、第二次世界大戦時の兵士たちに思いをめぐらせた当初は、まさかのちに、自分がそれを題材に

した大作映画を作ることになるとは、意識していなかったはずだ。

アイデアは、そうした小さなきっかけから大きくなっていく。重要プロジェクトの数々に明け暮れ、何年も歳月が流れていったが、ノーランの想像の中で、ダンケルク大撤退の映画は徐々に形を成していく。その計画も、幾度か動きを見せた。ロンドンのバッキンガム宮殿とトラファルガー広場を結ぶ通り、ザ・マルから少し外れたところにあるチャーチル博物館・内閣戦時執務室〔第二次世界大戦時にウィンストン・チャーチルが高官たちと軍事作戦を練った地下複合施設が現存している〕を訪ねたり、妻となったエマ・トーマスから英国のノンフィクション作家ジョシュア・レヴィーンの著書『ダンケルク』——撤退作戦の（美化され

歴史の足跡をたどる——1940年のダイナモ作戦で、英国海軍の船がイギリスの海岸に接岸する様子を写した写真。船上にいる大勢の「トミーズ」の安堵した表情が印象的

た部分とは）対照的な現実が率直に語られている——を贈られたりしたことが、後押ししたのだ。このような出来事を同じように経験した者がダンケルク大撤退の当事者以外いないということから、同書の作者であるレヴィーンが映画のアドバイザーとして起用された。

「自分でもすごく怖いと思う何かをやりたいと思ったんだ」[5]と、ノーランは認めている。そして、ブロンズで鋳造されているような、人々に熟知されている歴史に挑戦することは、決して容易ではなかった。これは「聖域」[6]だったのだ。レヴィーンを通じて探し当てた数少ない退役軍人たちは、すでに90代になっていたが、辛い記憶を掘り起こしてくれた。波間へと飛び出していった男たちがいたそうだ。彼らが泳いで祖国に帰ろうとしたのか、あるいは、単に（生還を）諦めてしまったのかは、今となっては知る由もない。いずれにせよ、彼らの遺体は潮目が変わると浜に打ち上げられたという。歴史に真摯に向き合うノーランは、こうした胸を引き裂くような証言を聞き、写真や映像を見てもひるまなかった。

視覚的に、彼は防波堤の描写に重点を置く。港の両側にあるそのコンクリートの防波堤は、細い指のごとく海に向かって伸びていた。東側の防波堤は長さが約1.6キロあり、その先には木製の桟橋がある。映画が始まってまもなく映し出されるこのシーンは衝撃的だった。しかも、実にイギリス的でもあった。砂浜から防波堤、さらに桟橋にかけて、大勢の兵士たちが行列を作っている。ここに並んでいる彼らの切実な望みは、船にぎゅうぎゅう詰めにされ、祖国までの短い航海に出ること。ひとりの兵士が顔を空に向けると、敵機 Ju 87 シュトゥーカが再び急降下し始め、固定式車輪支柱の付け根の小型風車から、サイレンのような音が鳴り響いた〔同機は、急降下時にサイレンに似た音を立てるため、連合軍側はそれを「悪魔のサイレン」と呼んでいた〕。波のうねりのように次々と身

を届め、ヘルメットの位置を正す兵士たちの間に、恐怖の波紋が広がっていく。兵士たちの希望であった桟橋に停泊していた船は出航直後に爆撃で沈み、この「どこにも行けない道」は、美談と化した言い伝えの根底にある生死を分かつ緊迫感の象徴であった。

ノーランが驚かされると同時に励まされたのは、近年、この史実を伝える映画が作られていなかったことだ。振り返れば、レスリー・ノーマンが監督し、ジョン・ミルズが男気あふれる兵士役を演じた他、名優リチャード・アッテンボローも出演している1958年の『激戦ダンケルク』という作品があり、純粋に神話となった物語をセミドキュメンタリータッチで映し出していた。最近では、ジョン・ライト監督作『つぐない』（2007）で、撤退作戦が行われるダンケルクの海岸沿いをジェームズ・マカヴォイが町中まで延々と歩く、12分間の現実離れしたシーン〔うち5分あまりがワンテイクの長回しで撮影されているのも有名〕が知られているくらいだろう。

「僕が本当に求めているのは、情熱なんだ——自分がやっていることを心から好きでいないといけない」と、ノーランは語る。「すでに終わったことに熱中するのは難しい」[7]

映画をどのように観るかを頻繁に思案し、物語に対する自分の反応を分析する彼は、己の中に、厳密ではないロジックに対する「ガイガー・カウンター」をもっている。「（映画の設定やシーンで）何かの法則があったとして、それについて、僕の内面で（ガイガー・カウンターの数値が）一貫していれば、観客は（そのシーンを）信じるだろう」[8]と、彼は考えるのだ。

1980年代初頭のシカゴで、ノーランは初めて『レイダース／失われたアーク《聖櫃》』を鑑賞し、スピルバーグが築いたスリリングな世界に進んで身を投じた。その映画体験が、彼を変えてしまう。だが、

ある瞬間にこだわっていたのも事実だ。それは、イ
ンディがナチスのUボートに向かって泳ぎ、艦が
潜水する直前にたどり着くのが目撃されるシーン。
普通の子供であれば、「数々の危機をくぐり抜ける
主人公が取った、英雄的だが現実的にはナンセンス
な行動」で済ますところだが、ノーランは、インディ
が貨物船から潜水艦までの距離を泳ぎ、水を吸った
重たい服を着たままで海から身体を持ち上げるのが
どれだけ難しいかを、真剣に考え続ける。映画では、
息切れしていることを伝えるのが容易ではないこと
に気づいたのだ。そこで、自身の『ダンケルク』で
は、（海から）船の上に乗り込む動作が、いかに体
力を消耗させるかを描きたいと考える。

　将来のプロジェクトを話し合ういつもの朝食の席
で、ノーランは妻のトーマスに、独自のスタイルで
ダンケルクの話を語る準備ができたと打ち明けた。
歴史をノーラン風に描くこと、それは、形式上、新
たな実験を意味する。トーマスは、夫の奇抜な脚本
を初めて読むのは――「大きなグラスに入れた赤ワ
インを片手に」[9] 読むそうだが――神経をすり減ら

す作業だと冗談めかして言う。

　初めの頃ノーランは、脚本を全く用いずに本作を
作れないかと思っていた。つまり全編が即興劇とい
うわけだ。資材や機材、小道具類の調達が混乱し、
スタジオからの予算も激減すると踏んだトーマスは、
夫をなんとか説得する。それでも、『ダンケルク』
の脚本は76ページで、制作費1億ドル規模の作品の
半分の分量であった。「僕はこの作品を、「肌で感じ
る叙事詩」と呼ぶ」[10] と、ノーランは明かす。そして、
彼が言うところの「積極的に、もちろんビジュアル
的に、人が現地で体験したスケール感を再現したス
トーリーテリング」[11] に観客を没入させることを熱
望したのだ。

　ノーラン作品の典型である難解な描き方では、（戦
争映画にありがちな）ミニチュアの船を地図の上で
移動させて作戦を説明する将官などは登場せず、彼
が「陸・海・空のアプローチ」[12] と呼ぶ展開が、そ
れぞれ時間を並行させながら主観的に描かれていく。
『インセプション』が五線譜の音符のごとく、いか
に夢と夢の間で躍動するかを思い起こすと、『ダン

ケルク』は、最も型破りな方法で語られる、（史実ゆえに）独創性のない型に嵌った物語であった。本作は、同じ出来事を3つの視点で捉え、「陸」の1週間、「海」の1日、「空」の1時間の3幕構成で、それぞれが異なる要素を映し出している。陸では、浜辺から逃げ出す道を必死に探そうとする何千人もの兵たちのひとり、英国陸軍二等兵のトミー（フィオン・ホワイトヘッド）の姿を追う。海では、小型船ムーンストーン号（19世紀後半、イギリスで人気を博したウィルキー・コリンズの探偵小説に出てくる黄色のダイヤモンドの名前に由来）の船長ミスター・ドーソン（マーク・ライランス）とふたりの乗組員（ドーソンの息子ピーターと、同行する青年ジョージ）が、勇敢にも海峡を渡る種々様々な船の編成部隊に参加する。空では、ドイツ空軍の猛攻を巧みにかわす、スピットファイア戦闘機のパイロット、ファリア（ノーラン作品3作目の出演となるトム・ハーディ）の奮闘を描く。しかし、彼らの背景はほとんど何も説明されない。ノーランは、「その瞬間」の登場人物に観客が共感するよう仕向けている。さらに、古代ギリシャの哲学などで提唱された、この世を構成する四大元素「火、空気、水、土」のうち、3つの要素が「陸・海・空」の3章として語られているとしたら、残りひとつの要素「火」は、物語が収束しつつある終盤近くで発生していると言えよう。撃墜されたドイツ軍戦闘機が堕天使のごとく落下し、沈没間近の英国駆逐艦から漏れて海面を覆っていた重油に点火して紅蓮の炎を上げるのだ〔また本作のラストで、浜に不時着したファリアが、敵軍に回収されないように火を放ち、燃え上がるスピットファイア機の様子を見つめる場面も、印象的な「火」のシーンである〕。

　時間を操るいつものノーランらしい巧妙さで、「陸・海・空」の3章の体験それぞれが、異なる拍子で奏でられていく。『メメント』や『インセプション』の時間的な駆け引きが、一見、ごく普通の戦争映画

に見える本作でも活かされている。（陸の1週間、海の1日、空の1時間の構成ではあるものの）実質的に描かれる戦場での主要シーンは、陸では1日分、海での活動は3時間、空中戦はたった10分という感覚だ。監督の意図は、我々を吹きさらしの砂浜、波に揺られる船上、スピットファイアのコックピットに「存在させる」ことであった。「観客に、実際にあの場にいる気持ちになってもらいたいと考えたんだ」13と、彼は語っている。

　キューブリックはかつて、フランス人映画評論家のミシェル・シマンに、「映画は、フィクションよりも音楽に近い。また、そうあるべきだろう。映画は、雰囲気と気持ちの連続であるべきなのだ。テーマ、感情の裏にあるもの、意義といった全ては、後からやってくる」14と、話している。

　ノーランほど、この巨匠の知恵を心に刻んだフィルムメイカーはいない。『プレステージ』や『ダークナイト』の音楽でも聞くことができるのだが、「シェパード・トーン」という音の仕掛けが、本作でも用いられている。シェパード・トーンとは、認知科学者のロジャー・シェパードが発見した「無限音階」のこと。簡単に言うと、3つ（1オクターブずつ違う高音程、中音程、低音程）の上昇音階をループするように流すと、エッシャーの階段の騙し絵よろしく、1つの上昇音階がずっと続いていると聴覚が錯覚を起こしてしまう、という仕組みだ。『ダンケルク』でノーランは、それを物語で行おうとしていた。陸・海・空の不安の高まりが絡み合い、耐え難いほどの緊張感を生み出し、一瞬たりとも気が抜けない状況が生み出されたのだ。恐怖はスクリーンの外に滲み出し、我々の手足にまで染み込んでくるのだ。

　次作を待ち望んでいたワーナー・ブラザースに売り込む際、ノーランは、『ゼロ・グラビティ』（2013）や『マッドマックス　怒りのデス・ロード』（2015）などの観客を引き込む力のある刺激的なSFスリラー

"聖書に書かれているのかと思うほどの数……
33万8000人が、長さ18キロにも広がる海岸から救い出された。
極めて苦しい状況下で、決行されたのだ。
まさにそれは、民間人が一致団結して起こした英雄的行為、
勇敢であれと立ち上がる本能についての物語だ"

作品や、『インデペンデンス・デイ』（1996）といった映画
の中の「ダンケルク的瞬間」[15]を引き合いに出した。（原因
や背景の詳細を解説するなどの）形式ばった歴史の描き方は
忘れ、映画の一部始終が手に汗握るクライマックスだけで突
き進むものだと考えてほしいと、彼は訴える。たとえこれま
での前衛的でクールなノーラン・スタイルから思い切って離
れたとしても、スタジオ側は彼のアイデアは信頼できるとわ
かっていたようだ。高層ビルはなく、鋼鉄色のヒーロースー
ツもないが、映画への期待は膨らんでいく。ノーランがそれ
までに作った時代ものは『プレステージ』のみで、同作は、
ライバル関係にある奇術師たちという斬新な設定と、華麗な
トリックの種明かしの面白みをもち合わせていた。何よりも
今回、彼のキャリアで初めて、映画の枠を超えた客観的な現
実が存在することになる。

「スタジオシステムで仕事をしたいと考えるフィルムメイカー
は、常に、スタジオシステムに呑み込まれない方法を探さな
いといけないんだ」[16]と、ハリウッド的な考え方の反逆児と
して、ノーランは笑う。彼は、実は望んでいるのに気づかな
いでいる何かを人々に与えることに余念がない。

　前作の『インターステラー』との対比は際立っている。ジャ
ンルの問題だけではない。評論家のダーレン・ムーニーは、
『インターステラー』と『ダンケルク』は、二重国籍であるノー
ランのふたつの国民性が露呈していると指摘する。未来を見

上：ただ生き延びるために走る──砂浜を一心に目指すトミー役のホワイトヘッド。クリストファー・ノーランは、この映画をスタジオに売り込んだ際、『スピード』や『アンストッパブル』のようなアクション・スリラー作品になぞらえたという

左：フィオン・ホワイトヘッドが演じるトミーの必死の姿は、本作の中心的なテーマ──生き残ること自体が勇気のひとつの形である──を体現している

繰り返し、浸水した船内に閉じ込められるのだが
——（船内の）金属の壁に固定したカメラを45度
回転させて撮影した驚くべきシーンも出てくる——
本作は、もはや『インセプション』の悪夢的世界同
然の領域へと飛び込んでいく。歴史的背景がなけれ
ば、観客は、ディザスター映画ではないかと思って
もおかしくない。

　しかしノーランは、観客がふたつの反応をするよ
うに模索した。視覚や音響で本能的に（出来事の緊
張や衝撃に）反応するのと同時に、我々は、これが
いかに信じられない物語だったのかを理解しないと
いけないのだ。海岸のシーンは、本作で最も従来の
歴史映画の手法に近く、カメラがトミーの動向から、
防波堤で撤退作戦の指揮を執るボルトン海軍中佐役
の名優ケネス・ブラナーにカットバックし、絶望が
指揮系統をぐらつかせたことを観客に印象づける。
とはいえ、困難に立ち向かう根性は揺るがなかった。

　本作のスリラー要素で観客は心を掴まれ、叙事詩
的な壮大なスケール感で圧倒させられる。公開時に
は、『アラビアのロレンス』（1962）と同じ70ミリ
のフォーマットをIMAXの大型フレームで上映す
るバージョンも用意された。それは、コックピット
やジメジメした船室の詳細を見るのに最適で、観る
者を丸ごと映画の世界に没入させるフォーマットで
あった〔劇場フォーマットは、「IMAX70ミリ」、「70ミ
リ」、「35ミリ」、「IMAXレーザー」、「IMAX」、「DCP」の6種類があった〕。

　2015年後半の『ダンケルク』のための長いリサー
チと準備期間を経て、2016年に入ると、ノーラン
は制作部門の統括者とメインキャスト向けに様々な
映画の上映会を開く。彼が皆に見せたいと意図した
ラインナップは、なかなか興味深いテイストの作品
ばかりであった——『アラビアのロレンス』を撮っ
たデヴィッド・リーン監督の厳しくも美しい自然を
背景としたヒューマンドラマ『ライアンの娘』（1970）
（臨場感を出すための参考に）、ヒッチコックの第二

つめた前者は、人類を救う使命をめぐる純粋なアメ
リカン・ストーリーで、歴史上の出来事を描いた後
者はイギリス神話だ。そして両者とも、「単に生き
延びるという行為が、勝利の代わりになる」[17]。
『ダンケルク』の冒頭から登場する若き英国陸軍二
等兵トミー〔「トミー」とは無名のイギリス兵士の俗称でもあ
る〕は、撤退作戦が始まった砂浜へ抜け出る道、そ
して救助船に乗り込む術を必死に探す。無表情で身
体を張りながらコメディを演じたアメリカの喜劇俳
優バスター・キートンのドタバタ劇かと思わんばか
りの瞬間が幾度か見られるものの、生き残ろうと死
に物狂いになるのは、人の本能で、自然の流れであ
る。そして、その行動自体が勇気の形なのだ。彼は

凛とした立ち姿──クリストファー・ノーランは、歴史の臨場感あふれる世界に観客を没入させつつ、個々のキャラクターの当時の現状をまとめて経験させることで、より大きな視点でこの作戦、そして戦争を捉えさせようとした。始終、桟橋から動かずに冷静に指揮を執るボルトン海軍中佐役のケネス・ブラナーが表現する心情の機微も、本作に重要な意味を与えている

次世界大戦前夜の欧州が舞台のサスペンス映画『海外特派員』（1940）（飛行機が海に墜落するシーンの参考に）、さらには『スピード』（1994）、『アンストッパブル』（2010）、『炎のランナー』の他に、『イントレランス』（1916）や『サンライズ』（1927）などの古典的サイレント映画だ〔『サンライズ』は厳密には、音楽と効果音が入るサウンド版無声映画である〕。「『ダンケルク』には、サイレント映画の静寂さとシンプルさが必要だった」[18]と、ノーランは自身が選んだ無声映画の2作に触れているが、それらは、観客を惹きつける素晴らしい魅力にあふれた傑作でもあっ

左：決死の撤退劇――負傷者を船に乗せるべく、ダンケルク海岸の凍てつく波の中へ入っていく兵士たち

下：桟橋で空襲を受けるイギリス兵たち。乗船地点の桟橋から防波堤にかけての長さは1.6キロ。敵機に空から攻撃を受けても、兵士たちが隠れる場所はなかった

た。最後に彼は、フランス人監督のアンリ＝ジョルジュ・クルーゾーが手がけた1953年のサスペンス映画『恐怖の報酬』を上映したそうだ。危険なニトログリセリンを悪路の山道を越えて運ぶ仕事を引き受けた自堕落なトラック運転手たちを描く同作は、これまで作られた映画で、最も緊張感の盛り上げ方が見事な作品と言っても過言ではないだろう。軋むような音を立てるギアチェンジに至るまで、細部にこだわり抜いた手に汗握る映画である。

彼はまた、『プライベート・ライアン』（1998）で第二次世界大戦の描写に新たな迫真性をもたらし

たスピルバーグからアドバイスを受けた。同作の35ミリプリントの原板を精査したところ、ノーランは『ダンケルク』には「その迫力や激しさがそぐわない」[19]と判断した。『ダンケルク』では、敵軍の戦闘機や爆撃機――シュトゥーカ急降下爆撃機、メッサーシュミット戦闘機、ハインケル爆撃機――は視界に入るものの、敵兵の姿を目にすることは一度もない。ある意味ノーランは、カメラに水が打ち寄せる『ジョーズ』のほうに近い選択をしていたのだ。

2016年5月14日、ダンケルクのロケ地で撮影が開

左：危険な海峡横断を敢行する小型船ムーンストーン号での撮影を始めるクリストファー・ノーラン（左から3人目）

左：危険な海峡横断を敢行する小型船ムーンストーン号での撮影を始めるクリストファー・ノーラン（左から3人目）

下：自然の要素をそのまま活かす映画作り——ダンケルクの浜辺の状況が映画からリアルに伝わってくる。（左から順に）クリストファー・ノーラン、ハリー・スタイルズ、アナイリン・バーナード、フィオン・ホワイトヘッド

右：アナログのアプローチ──カメラで全てを捉えられるようにするため、ノーランはデジタルエフェクトではなく、ダンボールを切り抜いたものを使うことにした

下：戦いが全て──撮影監督のホイテ・ヴァン・ホイテマ（左の軍服ではない人物）とクリストファー・ノーラン（中央の軍服ではない人物）は、トミー役のホワイトヘッドが爆撃機が到来して砂の上に身を伏せるシーンの準備を行う

始される。その数週間前、ノーランとプロダクションデザイナーのネイサン・クロウリーは、18キロに及ぶ砂浜を、これから作る映画とこの地で起こった歴史的出来事を頭に描きながら歩いていた。防波堤の基礎は水面下にあり、彼らは当時の仕様で作り直すことになる。CGで多くの要素を合成するのを頑なに拒み、ノーランは昔ながらの手法に固執した。それが、彼の特徴的な「矛盾」である。未来派でありながら、デジタルの柔軟性を否認し、アナログ志向を貫くのだから。『ダンケルク』は、キャスト、スタッフ、観客にとってリアルでなければならなかった。

彼は、ジェームズ・ボンド映画や『バットマン ビギンズ』にも参加したベテラン美術監督のアラン・トムキンスにも助言を求めている。トムキンスは、1977年のリチャード・アッテンボロー監督の戦争映画『遠すぎた橋』に携わっていた。同作は、第二次世界大戦時に連合国軍が行い、オランダのアルンヘムで失敗に終わった空挺作戦（マーケット・ガー

右：スピットファイアがムーンストーン号の上空を通過する時点で、「海」と「空」のふたつの時間軸が交差する。さらに「陸」を加えた3つの物語が収束するとき、本作は最高潮に達するのだ

次ページ左上：英雄的なスピットファイアのパイロット、ファリア役で、クリストファー・ノーラン映画に戻ってきたトム・ハーディ。ノーラン作品への出演は、『インセプション』、『ダークナイト ライジング』に次ぐ3作目となる

次ページ右上：ムーンストーン号の船長であるミスター・ドーソン役のマーク・ライランス。3人の主要人物は、異なる世代——ライランスは退役軍人、トム・ハーディは熟練したパイロット、ホワイトヘッドは新米——という3つの世代を代表している

デン作戦）をめぐる物語で、その視覚的な作り込み
がノーランの目に留まったのだ。トムキンスは、金
属の箔で縁取りされたガラスに兵士の輪郭を描き、
背景に置いたそれが日光に照らされるとキラキラと
輝いて、兵士が動いているような錯覚を起こさせた
と説明した。そこでノーランは、アルミニウムを用
いた。さらには、兵士だけでなく、船全体を厚紙に
描いて切り取ったものを使ったという。

「CGに欠けているのは、偶然性だ」と、彼は語る。
つまりCGでは、作っているときに偶然、新たな発
見や発明をする機会を得られないのだ。「CGは基
本的にアニメーションだから、アクシデントは起こ
らない」20。映画では、観客の目をトリックで楽し
ませる必要があるわけだが、一様に同じではなく、
変則があるからこそリアルに見える。

若きノーランが愚かにも海峡横断を敢行したとき
と同じくらい、天気が急変した。嵐の暴風雨がスタッ
フやキャストを激しく打ちつけ、景色を引き裂き、
波打ち際の海水が攪拌され、石鹸のような泡が砂浜
に寄せる。それでもノーランは、安全が確保できな
くなるまでは撮影を続けた。気象の過酷さが皆の注
意を引きつけた――当時の兵士たちは、これを戦っ
てきたのだ。立っているのがやっとの状態もあった。
「とにかく続けよう」21が、彼の基本方針となる。
ひどい状況をカメラに収めるのだ。それに、悪天候

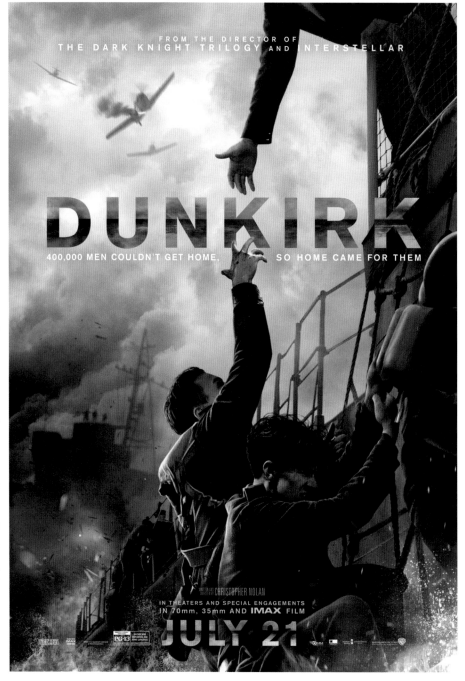

ハリウッドの既成概念に囚われない成功例であり、第二次世界大戦を描く大作でもある『ダンケルク』は、見事なブロックバスター映画として受け止められた

は映画でよく映える。優れた技術力とコントロール能力があっても、ノーランは置かれた環境の状況に応えた。「その場にいる、自然の中にいるという現実は、率直に言って、自分の目と耳を使い現状を吸収し、何が自分に語りかけているのかを捉えようとすることで、自分が解放される機会となるんだ」[22]

彼らはオランダのユルクに場所を移し、そこで4週間、沖合でのムーンストーン号のシーンや、ジャック・ロウデン扮する英国空軍パイロットのコリンズが沈みゆくスピットファイア機のコックピット内で必死に脱出しようとするシーンを撮影した。「閉じ込められること」が、本作に流れるテーマである。キャストとスタッフは、船で波に揺られることに慣れ、船酔いしなくなるように救命ボートで（ダンケルクから）ベルギーまで行って戻ってきたという。ミスター・ドーソン役のライランスは、最小限のスタッフで撮影されたシーンで、実際に爆撃機が頭上を飛ぶ中、何度も小型船を操縦している。ノーランは、俳優を「（当時の）現実をできるだけ再現した空間」[23]に存在させたいと考えた。いつものフォーマルな装いからウェットスーツに着替えた監督は、水中のプラットフォームに設置されたカメラとともに波打ち際に立っていた。

「数々の船と船の間で、防波堤を作り、実機のスピットファイアを飛ばし、古い旧ソ連の飛行機（Yak-52）の本物のコックピットに乗り込み、実物大のレプリカのスピットファイアを実際に海に不時着させるのは、本当に大変だった」と、プロダクションデザイナーのクロウリーは振り返る。「物理的に大変だったんだ。これは、私が思うに、今まで作られた中で最も物理的な映画だよ」[24]

空のシーンは、イギリスのハンプシャーにあるリー・オン・ソレント飛行場でも撮影されている。アメリカの億万長者から本物スピットファイアを借り受け、シリアルナンバー入りのできるだけ正確な仕様に塗装し直したのだ。プラクティカル・エフェクト〔ミニチュアやワイヤーワークの操作、自然現象の演出などを手がける。日本では「操演」とも呼ばれる〕のチームは、海に落下させる実物大のスピットファイアを含めて、様々なスケールの模型も使用した。透明感と光沢をもつエナメルブルーの空を、飛行機が機体を傾けたりしながら駆け抜ける空撮シーンは、危険なほど爽快で、ノーランは、映像が美しくなりすぎないように加減しなければならなかったほどだ。こうした「目の保養」[25]は、緊張を高めるところか、軽減させてしまう可能性があった。彼は、（ビジュアルで観客をうっとりさせるのではなく）「戦闘機による空中戦がいかに難しいものかを観客に伝えたい」[26]と、考えていた。

また、鋭い聴覚の持ち主であれば、本部から通信で、戦闘機パイロットへ「油断するな。敵は太陽から現れる」[27]と告げる声がマイケル・ケインだとわかるだろう。

トム・ハーディ演じるファリアというキャラクターは、ヒーローらしい最も伝統的な行動を取る。彼は燃料が足りずに帰還できなくなっても、敵機に対しての襲撃を続けるのだ。これは、イギリス空軍の爆撃機に乗って戦死したノーランの祖父に敬意を表していると言えるだろう。ラストシーンの撮影中、ファリアの飛行機がエンジンを止めて滑空する様子をスタッフたちは固唾を呑んで見守り、細く長く伸びる砂浜に完璧な形で着陸した際には、歓声を上げたそうだ。そしてファリアは、バイキングの葬儀よろしく、最後まで懸命に戦ったスピットファイアに火を点け、燃え上がる機体を眺めるのだが、これはハーディのストイックなパイロットの強烈なイメージとなっている。

これまで同様ノーランは、作曲家にハンス・ジマーを起用したが、本作でジマーは、音響編集、特殊効果に近い仕事もこなしている。映画のために音楽が

存在し、音楽のために映画が存在する。そのふたつは切り離して考えられない。『インセプション』では、スコアの大きな唸りと、まるで悪魔的な鯨が歌うような音楽が、観客の感覚を混乱に陥れるのにひと役買っていた。『ダンケルク』では、ノーランはチクタクと時を刻む音がこれでもかと緊張を煽るのを望んだので、ジマーは監督の懐中時計の音を録音してスコアに重ね、脈動する感じを映画に与えている。「メソッド・アクター〔自身の経験に基づいて演技をする「メソッド演技法」に影響を受けた俳優〕がいるならば、私はメソッド作曲家だろうな」と、ジマーは回想する。「ダンケルクの海岸まで赴いた。そこまでするなんておかしいと思われるかもしれないが、実は、私は近所に住んでいたんだ。で、空が最も灰色で天気が良くない日に撮影が行われると知っていたから、現場を訪ねた。そこで私は、ひと握りの砂を瓶に入れて持ち帰ったんだよ」[28]

ジマーの音楽は、音符を三つ編みの組紐にした構造体に絡み合う4番目の組紐のようなもので、音符でできた音楽を無数の周波数でうねらせている感じだ。映画の終盤、兵士たちを救出するための船団が現れると、ケネス・ブラナー演じるボルトン海軍中佐が故国を思って涙を浮かべ、『威風堂々』で知られるイギリスの作曲家、エドワード・エルガーの管弦楽曲『エニグマ変奏曲』第9変奏「ニムロッド」が流れ出す。お馴染みのクラシック音楽は、音が膨れるかのごとく盛り上がり、映画に高揚感を与えた。この曲が観客の心に刺さるのと同様に、ノーランも感傷的になったようだ。「ハンスには言わなかったが、数年前、父の葬儀でこの曲が流れてね。だから僕は、耐えられないほど感動してしまうんだ」[29]

『ダンケルク』を観た批評家たちは堰を切ったようにコメントし、レビューは絶賛の声であふれた。「ノーラン監督の過去の作品のあらゆる要素が、本作で、ほぼ完璧に磨きをかけられている」[30]と、映画関連サイトの『SlashFilm』のライター、カレン・ハンは書いている。

1857年からボストンで発行されている月刊誌『The Atlantic』の映画評論家クリストファー・オールは、「名誉、義父、戦争の恐怖という古典的なテーマを扱いながら、同時に、ノーラン作品では、『メメント』以来最も過激な実験映画となっている。これら全ての理由で、傑作以外の何ものでもない」[31]と、断言した。

もちろん否定派もおり、この映画が、（ぎこちない動きを繰り返す）きつくネジを巻かれたぜんまい仕掛けか何かにしか見えない者もいたようだ。とはいえ、名作とまではいかないにしても、『ダンケルク』は、ノーランのワイドスクリーンの美学を最も確実に表現した作品だろう。初期の監督作に見られる、抑圧された空気の中でずっと続くテンションと、ダークナイト・トリロジー以降の大胆さが融合した映画で、彼のストーリーテリングがいかにエモーショナルであるかを思い起こさせるものだ。すぐに映画は専門用語を交えて議論され始め、神秘主義者のごとく人々の頭を悩ませるが、物語が収束し、全員ではないにせよ、大勢が救済されるにつれて、麻薬のような恍惚感が押し寄せる。本作の核では「死なずに故郷に帰ること」が描かれ、それが叶った安堵感は圧倒的だ。

ノーラン監督作も第10作を数えると、我々は、今度は彼がどんな時間の操り方をするのか、心の準備はできていた。本作はダンケルク撤退作戦という同じ出来事が「陸・海・空」と異なる視点と期間で描かれるが、陸のトミーは船に乗っては、海に投げ出されるのを繰り返しているうち、小型船ムーンストーン号が兵士の救出に出向き、スピットファイア3機が船の上を飛び越えていく。そして、ムーンストーン号がキリアン・マーフィー扮する謎の英国兵を助ける。彼は、戦争ノイローゼになってしまっていた

が、トラウマを抱える前は物静かな指揮官であったのかもしれない。こうして時間は無情にも過ぎていき、我々は3つの流れの交差する点——桟橋に立つボルトン海軍中佐が船団を見つけた時点——に向かっていくのだ。ムーンストーン号が哀れなトミーを水から引き上げ、ファリアが最後のドイツ機を撃墜。ここで観客は、映画開始以来、ようやく息をついた気分になるだろう。あるいは、初めて、脇役としてハリー・スタイルズが出ていることに気づくかもしれない。噂によると、スタイルズがオーディションを受けたとき、ノーランは、彼がイギリスの人気ボーイズバンド「ワン・ダイレクション」のメンバーだとは知らなかったらしい。

第70回（2017年）全米監督協会賞の長編映画監督賞ノミネーションのメダルを見せるクリストファー・ノーランとプロデューサーのエマ・トーマス

映画の公開を待っていた監督は、神経をすり減らしていたようだ。「可能な限り最大の方法で、本作を世に出し、ひとりでも多くの人に観てもらいたい」[32]と彼は言った。しかし、これは第二次世界大戦の話だ。40代より下の世代には伝わるだろうか？夫よりも自信があったエマ・トーマスは、「本作は自分たちがこれまでの映画作りで学んできたことの総決算だ」[33]と、話している。

『ダンケルク』の成功は、ノーランの心からの希望を凌駕するものだった。歴史ドラマとブロックバスター作品の両方の役割を果たした本作は、全世界で5億2700万ドル（イギリスで最も高い興収を叩き出したノーラン映画となった）を稼ぎ、ノーランが優れた映画を生み出すヒットメイカーである伝説をさらに強化する結果となる。アカデミー賞では、作品賞、監督賞、撮影賞など8部門にノミネートされた

ものの、ギレルモ・デル・トロ監督の異種間恋愛譚『シェイプ・オブ・ウォーター』（2017）に敗れてしまう。第二次世界大戦というプリズムを通しても、ノーランは禁欲的で複雑すぎると判断されたのだ。

それでも、ノーランが望まなかったブレグジット（イギリスの欧州連合離脱）と呼ばれる国家主義的な熱気に駆られ、彼の祖国のひとつである英国の某政党が、本作を政治利用するのを阻止することはできなかった。ノーランは、本作の目的は、ダンケルク精神の象徴性のドにある絶望的なリアリズムを暴くことだったと、記者たちに訴える。

「ダンケルクの出来事は、人々にとって常にロールシャッハ・テストとなっているが、今日に見られるような愛国心とナショナリズムの混乱は非常に厄介だと思う。僕がどこかの政治的派閥に愛国心をもってもらおうとか、『ダンケルク』を政治活動に利用してもらいたいと思うことは全くない」[34]

「サバイバル」は、複雑なビジネスなのだ。

終末論的な思考

『TENET テネット』(2020) &『オッペンハイマー』(2023)

11作目となるトリックで、ノーランは、時間が順行と逆行、両方の向きに流れることが可能な世界でのスパイスリラーを作る。しかし、これまで懸命にノーラン作品についてきた熱心な観客に、彼はとうとう多くを求めすぎたのだろうか？　そして12作目では、「原子爆弾の父」——世界を破壊する力を開発した科学者の実話を語っていく

『TENET テネット』が劇場公開された当時は、まるで時間が止まったかのようであった。世の中は世界的なパンデミックに見舞われ、社会はロックダウンされたのだ。オフィス、バー、レストラン、店、空港、スタジオ、映画館は暗いままで、人気がなく空っぽになる。人々の暮らしは、終末論的で、観る者を煙にまくクリストファー・ノーランのプロットを思わせる世界に封じ込められたかのようだった。結局、2020年の夏の公開は一時的に延期され、再延期の後、ワーナー・ブラザースにとっての、三度目の正直で、ノーラン監督の最新作を公開する目処が立ったのだ。この作品は、ロックダウンの影響で低迷していた映画界を救う救世主的なスリラーか、それとも、かつてないほど我々を困惑させる問題作か——。個人の受け取り具合によるが、『TENET テネット』は、いまだにくっきりと意見が分かれる映画であり、(感染拡大で)先行き不透明で暗く不安な時流……あるいは、克服しないといけないさらなる難題に、内容的にもピッタリと重なる1作となった。

端的に言えば、『TENT テネット』は、とんでもなく複雑だ。時間が前にも後にも進む世界で描かれる、壮大なスケールの禁欲的なスパイもので、映画という概念そのものが限界に達する。鍵がなく、からくりがわからないと開かない細工箱のような映画とでも言おうか。その理解しにくい構造に、息が詰まりそうになる。個々のシーンは、あまりにも見事に観客を欺くための理屈で組み立てられているため、何が起こっているのかを解読するのに何百回も観なければいけない。我々は、ノーランは全てわかったうえでコントロールしているのだと信じなければならず、ほとんどの人間が彼と、彼の構築した世界を信じて本作の難解さに身を委ねた。しかし、批評家の受け止め方にも、ふたつの方向性があった。「絶賛」か「酷評」か。「傑作」か「見境なく、やりたい放題した結果」か。

『TENET テネット』を見る限り、このフィルムメイカーは自身のやり方から抜け出せなくなっているのは明らかだ」[1]と、映画レビューサイト『Film Frenzy』は不安を滲ませる。『ザ・ニューヨーカー』誌に至っては、「これは『ミッション：インデサイフレブル(理解不能)』だと考えよう」[2]と、嘲笑う。絶賛派の意見では、『ガーディアン』紙の映画評論家ピーター・ブラッドショウが時間を華麗に操るノーランの天才的手腕に触れ、次のように書いている。「『TENET テネット』は、極めて不条理だ。それは、ジョン・ブアマン監督のネオ・ノワール作品『殺しの分け前／ポイント・ブランク』(1967)、あるいは、ミケランジェロ・アントニオーニ監督の『砂丘』(1970)に似ている。まるで、真面目くさった顔で言い放つ

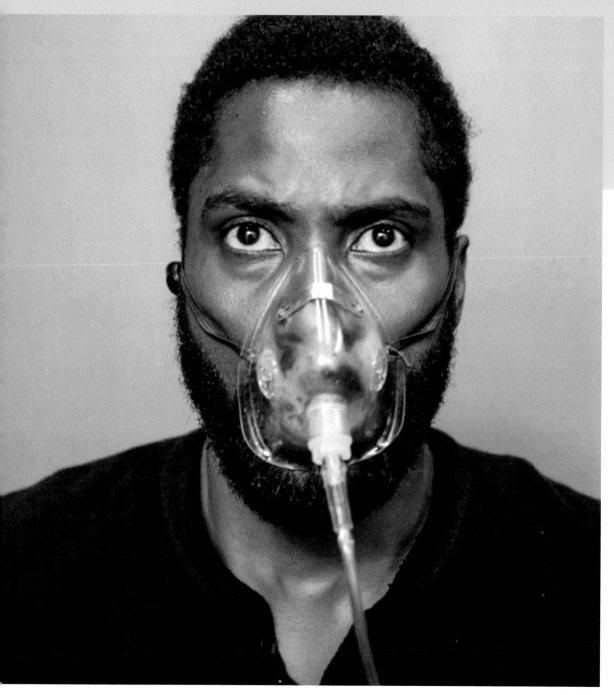

酸素マスクが似合う男──『TENET テネット』の主人公「名もなき男」
を演じるジョン・デヴィッド・ワシントン。時間が逆行する世界では息がで
きないため、呼吸装置の装着が必要

シャレ、知性に訴えるカデンツァ〔楽曲が終止部に入る直前に行う自由な即興演奏・歌唱〕、派手さと冷静さで描くクレイジーなほどに信じがたい何か――しかも、ものすごいエネルギーとイマジネーションで観客を過剰に圧倒する――であるかのように」[3]。本作は、アートシアター系の実験映画的ブロックバスター作品なのだろうか？

これまでのノーラン監督作の基準からすると、今回の興行収入は低調だった。2億ドルの予算に対して、世界興収が合計3億6300万ドルというのは、（大規模なマーケティング展開を考慮した場合）彼が初めて経験する商業的な数字の伸び悩みとなった。これは、（本当は大スクリーンで観たいのに）感染症が怖くて映画館に全く戻れなかったであろう観客の存在や、ワーナー・ブラザースがアメリカでHBOの配信チャンネルでの（劇場公開との）同時リリースを許可した首を傾げる事実も慮る必要があるだろう。ノーランは激怒し、「この業界の大物映画監督や映画スターの重鎮の中には、最高の映画スタジオの仕事をしていると思って就寝したのに、翌朝目が覚めたら、最悪の配信サービスのために働いていたのかと知った人たちもいる」[4]と、訴えた。

しかし、それは過去の話となり、現状は変化している。ノーラン映画は全て、「死後の世界」にも似た「公開後」もしくは「鑑賞後」の世界をもっているのだ。つまりは夢のごとく、我々の無意識に埋め込まれた物語である。ノーランはよく、自身の「次元的思考」[5]について話している。それは、各作品に、スクリーンに映し出されるものを超えた人生がある、ということだ。おそらく『TENET テネット』で我々に必要だったのは、時間だったのだろう。

本作の発端は、あるコンセプトだ。『メメント』の冒頭シーンを思わせる、壁から跳ね返ってきた銃弾が銃口に戻ってくるというイメージに過ぎなかっ

た。学生だったノーランがブルームズベリー劇場の地下で編集デッキを発見したことを思い出してほしい。彼は、次から次へと片っ端からリールのフィルムを再生、そして逆再生していた。さらに昔の記憶もある。16歳の頃、パリに家族で滞在していたときのことだ。彼のフランス語は上達し、父が編集していたドキュメンタリーを発見する。ノーランは父がアフレコをしながらフィルムを映し出すのを見ていたが、映像は前後、どちらの方向に再生されても極めてクリアなままだった。

フラッシュバックのような構造上の約束ごとではなく、架空の現実として、文字通り時間を前方向にも後ろ方向にも行き来する物語の可能性は、ようや

上：『TENET テネット』の回文タイトルにインスピレーションを与えた「SATOR スクエア」は、古代都市ポンペイの遺跡から発見された、ラテン語の回文が刻まれた芸術品。この5つ単語（SATOR、AREPO、TENET、OPERA、ROTAS）は全て映画で使われている

右：重力に逆らう――クリストファー・ノーランは、主人公たちをバンジージャンプ用のロープを使って建物を登らせることで、（「落下」という）自身の作品のアイコノグラフィー（約束ごと）を逆手に取る

"それは完璧な体験でなければならなかったが、
全体の（時間順の）出来事の配列は、動いているエッシャーの絵のごとく、
絶えずヘアピンカーブを曲がって、
以前の場面に真正面から向き合うという構造になっている"

く2014年に形になる。ノーラン曰く「アイデアの
バランスが取れた」[6]状態に達したということだ。フォ
ルダーはメモであふれ、大量の手書きの図表の中に
は、グラフを横切る時間の矢印が書かれていた。こ
のとき彼は、SF的衝撃をスパイ映画のクールな外
見で包もうと決めていた。「秘密裏に進められるこ
とを描く話で、「過去に遡る危険」というテーマに
うまくマッチする」[7]と、ノーランは、過去と未来
の冷戦を想像しながら語った。

　タイトルに関しては、今回に限って早く決まって
いた。「回文が出発点だったよ」[8]と、彼は明かす。
前からでも、後ろからでも読める映画を作っていた
わけだが、ポンペイの遺跡で見つかった遺物「SATOR
スクエア」が題名の由来だ。「SATORスクエア」
には、ラテン語の5つの単語──「SATOR（セイター：

種を蒔く人、創設者）」、「AREPO（アレポ：人名
などの固有名詞と推測される）」、「TENET（テネッ
ト：保持する、学ぶ）」、「OPERA（オペラ：仕事、
努力、トラブル）」、「ROTAS（ロータス：車輪、
回転）」──が刻まれており、これらは全て映画で
使用されている。さらに英語の「tenet」は「主義」
や「信条」の意味だが、定義上は、集団や職業によっ
て真実であるとされている原則や教義を指す。つま
りこれは、信念という概念に関する映画なのだ。「僕
たちは、時の流れに対する自分たちの考えに囚われ
てしまっている」と、彼は説明する。「客観的な現
実とは、盲信なんだ」[9]

　2018年になり、ノーランは、インドのムンバイ
で開催された映画の未来を考える会議に、ビジュア
ルアーティストのタシタ・ディーンと参加した。カ

メラは文字通り、時間を「見る」ための「史上初の機械だ」[10]というディーンの言葉に彼は心を打たれる。これにより、自分の新作映画がどのように機能するか、視覚的な認識をもてたそうだ。「彼女の言葉を正しく理解するには、経験しなければならない」と、ノーランは話す。「それは映画の本質を語っているんだ」[11]。「ダークナイト」3部作と同じく、彼は、脚本が完成する前に、プロダクションデザイナーのネイサン・クロウリーに参加してもらった。ノーランは何ヶ月も行き詰まっており、まだ物語の最終章を書けずにいたのだが、『TENET テネット』の世界を視覚化する過程で、固い結び目が解けたがごとく筆も進み始める。

我々は時間を「見る」必要があった。

「この映画は、他の作品と比べて、「読む」より「見る」ほうがずっと簡単で、率直に言って、ずっと楽しいはずよ」[12]と、プロデューサーのエマ・トーマスは、脚本を（ノーランが）完成させた時点でそう主張した。ジョナ・ノーランは、彼の兄がこれまでにやってきた全ての集大成、つまり、過去のあらゆるノーラン映画についてのノーラン映画だと断言している。言い換えれば、『TENET テネット』の迷路を進むには、ノーラン全監督作の助けを借りるのが最善策なのだ。「本作は『インセプション』に似ているが、複雑なんだ」[13]と、第一助監督のナイロ・オテロは、実際に複雑な過去作を挙げてジョークを飛ばすが、彼は脚本を読みながら、興奮と緊張で固唾を呑んだそうだ。

観客は、レイヤーケーキのごとく夢が何層にも重なった『インセプション』以上に、『TENET テネット』のメビウスの輪のような不可解さの中に、『メ

ント』並みの引き込む力を感じるだろう。バックストーリーは未来にあり、その設定さえも、説明はなく、暗示されるに過ぎない。

ノーランが数々のトークショーをこなして繰り返し、相変わらず、几帳面なほど丁寧に訴えたように、『TENET テネット』はタイムトラベル映画ではなかった。我々は常に「同じタイムライン」[14]に従っているのだと、素で引きつり笑いをするトークショーのホストに主張したのだ。「主人公」もしくは「名もなき男」（ジョン・デヴィッド・ワシントン）とだけ知られている主人公のタイムラインは、たまたま前と後ろ、双方向に流れることになる。彼は決して、時間を飛び越えて一瞬でどこか別の時点に移動するのではなく、（行動する際に時間の）「向き」を変えるだけなのだ。キーコンセプトは、エントロピー（エントロピー増大の法則、もしくは熱力学の第二法則によれば、エネルギーは常に秩序のある状態からカオス状態へと変化する——反時計回りならぬ反ノーラン回りの方向とでも言おうか）。つまり、逆行しないもの（例えば、世界の他の部分）と比較すると、本作では時間が逆行している状態が発生する。そこでは割れた瓶が元通りになり、放たれたはずの銃弾が銃の中に戻ってくるといった現象が起こるわけだ。時間が逆行するたび、複数の現実の扉が開く可能性も示唆されている……。

待ってくれ。もう一度やり直さないといけない。映画的にはどうなっているのだろうか？　観客は、ウクライナのオペラハウスでのテロ攻撃を阻止しようとしている、おそらくCIAの潜入捜査官である主人公の名もなき男を追っていく。しかし、この爆発事件は、未来からの大規模攻撃である「第三次世界大戦」を阻もうとする秘密組織「テネット」に彼を勧誘するための隠れ蓑だったことが判明する。名もなき男は、ニール（ロバート・パティンソン）と名乗る、洒落た英国人エージェント——物理学の修

時間犯罪の現場——ニール（ロバート・パティンソン）と名もなき男（ジョン・デヴィッド・ワシントン）は、これから起こることになる銃撃戦の余波を検証する

超特殊部隊——名もなき男（ワシントン）とニール（パティンソン）は、東西ではなく、過去と未来の境界を越え、新世代のスパイ像を生み出す

士号を持ち、前述したような時間の力学も熟知している——の手を借り、世界を逆行させる装置アルゴリズムの部品のひとつ「プルトニウム241」〔未来人が作り、危険な装置のため9個の部品に分割されて過去に保管されていた〕の痕跡を追う。非道極まりない在英ロシア人の大富豪で、武器商人という裏の顔をもつアンドレイ・セイター（ケネス・ブラナー）の存在を知った名もなき男は、セイターの妻〔愛情は冷めているが、息子を人質に取られて夫のもとから逃げ出せないでいる〕で、華奢な英国美女のキャット（エリザベス・デビッキ）を利用するのだった。

　追跡の過程で、善と悪、現在と未来の勢力は、「回転ドア」[15]を使うことになる。この装置は、大型の時計じかけの歯車のごとく回転する鉄の扉で、そこを通り抜けた者は、最近経験したシーンを（順行からなら逆行、逆行からなら順行と）反対の向きの時間で進むのだ。この双方向の同じ場面で、名もなき男は、反対向きに進む自分自身と戦う。つまり、逆行（順行）している自分が順行（逆行）している自分と対峙するのだ。ノーランの言葉を借りれば、観客を「このふざけた状況に巻き込むこと」[16]が非常に重要だったらしい。それは完璧な体験でなければならなかったが、全体の（時系列順の）出来事の配列は、動いているエッシャーの絵のごとく、絶えずヘアピンカーブを曲がって、以前の場面に真正面から向き合うという構造になっている。同じ高速道路を猛スピードで疾走する同じカーチェイスが2回行われ、倒れたビルが元通りに蘇り、爆発が虚無へと流れ込んでいく。「まだ頭が痛むかい？」[17]と、ニールは笑顔で名もなき男に訊ねる。もちろん頭痛どころの話ではない。

　ワーナーは、躊躇なくノーランの新企画にゴーサ

インを出した。何せこの難解で刺激的なスリラー作品は、夢を時間に、強盗をスパイに置き換えても、装いは上品、アクションは上等という新たな『インセプション』と言わんばかりの特徴を備えていたのだから。

『TENET テネット』が、これまでのノーランが作ったあらゆる映画の集大成ならば、それは彼に影響を与えた人や物——スタンリー・キューブリック、リドリー・スコット、ホルヘ・ルイス・ボルヘス、迷路のように入り組んだフィルム・ノワールの謎の数々——の集大成でもあろう。そして、ノーランが本格的に「スパイもの」というジャンルに参入したのは本作が初めてで、当然のごとく、ジェームズ・ボンドを連想させるガジェット、エキゾチックなロケーション、偉そうに話す悪者、英国紳士クラブ風の要塞の中でM〔007シリーズのキャラクターで、イギリス情報局秘密情報部（M16）の部長〕の香りを漂わせるマイケル・ケインが登場する。とはいえ映画の雰囲気は、イギリス出身の作家ジョン・ル・カレの（ジェームズ・ボンドの世界観とは真逆の）リアリズムが貫かれたスパイ小説のほうに近く、ストーリーは我々の力の及ばない次元に留まっているのだ（ホイテ・ヴァン・ホイテマは、ル・カレの小説『ティンカー、テイラー、ソルジャー、スパイ』を映画化した2011年の『裏切りのサーカス』でも撮影監督を務めていた）。「おそらく、映画に対する僕の考え方にとって、フリッツ・ラングが最も重要なフィルムメイカーだろう」[18]と、ノーランは明かす。このオーストリア出身の映画監督が、1928年のサイレント映画『スピオーネ』でスパイというジャンルを生み出したと言っても過言ではない。

地政学的なインスピレーションもあった。現実世界の情報や知識で、ノーランが興味を抱き、いつか使用するかもしれないと保管しておいたものの中には、例えば、「フリーポート」がある。フリーポートとは、億万長者が税務署の目を逃れて確実に安全な倉庫に貴重な美術品や財宝を隠しておく空港の奥にある倉庫施設のことだ。オスロ空港は、最初の回転ドアが出てくる地点だが、そこで行われる偽強盗劇（撮影はロサンゼルス国際空港）では、実物大の旅客機ボーイング747（カリフォルニア州ビクターヴィルの「飛行機の墓場」で見つけた古い飛行機）を実際に格納庫に激突させ、キューブリックの『現金に体を張れ』のドル紙幣よろしく、駐機場に金の延べ棒が大量にこぼれ落ちる。さらに、旧ソ連各地に点在する秘密都市や、放棄された核実験場の跡地をリサーチした彼は、「スタルスク12」を瓦礫と廃墟だらけの放射線に覆われた月面のような街として想像していた。そこは、セイターの出身地。青年時代の彼はスタルスク12の残骸の中で暮らし、プルトニウムを漁っているときに未来人から過去に送られた金塊と「隠されたアルゴリズムを探し出せ」という司令書を掘り当てるのだ。

ノーランはキャスティングに関しても発想を逆転させ、皆の予想を裏切りたいと考えた。主人公、もしくは名もなき男の配役には、過去に一緒に仕事をしたレオナルド・ディカプリオやマシュー・マコノヒーといったトップスター以上に、スパイク・リー監督のコメディ・スリラー『ブラック・クランズマン』（2018）で輝きを放っていたが、そこまで知られていなかったジョン・デヴィッド・ワシントン（デンゼル・ワシントンの息子）に惹かれたという。その年の第71回カンヌ国際映画祭にて、ノーランはリーから個人的に招待されて同作を観たそうだが、彼がその映画祭に参加していたのは別に理由があった。実は、『2001年宇宙の旅』公開50周年記念として、ノーランが監修を務めた70ミリ版が特別上映されたのだ。この70ミリフィルムは当時のオリジナルネガを修復せずに、新しくプリントしたもので、ノーランは、キューブリック作品を紹介するイベントに

真逆の人物像──本作の卑劣な敵であるセイター役としてキャスティングされたケネス・ブラナー。ブラナー自身とは正反対のタイプの人物を演じることになり、彼は役作りに苦労する

も参加。映画史に対する彼の寛容さとキューブリックに対する恩義を証明する機会となった。

さて、『ブラック・クランズマン』を観たノーランは、そのときの様子を次のように振り返っている。「目が奪われたよ。ジョン・デヴィッド・ワシントンがもつカリスマ性の度合いにね」[19]。ワシントンは、クールでセクシーで謎めいていながらも、ひねくれていないキャラクターを見事に体現していた。『TENET テネット』の名もなき男は、ノーランがこれまで創造した中で、最も率直にヒーロー性を発揮し、感情を素直に示す中心人物だ。かつてプロのアメフト選手であったワシントンだったが、本作で求められた身体能力に愕然とする。元海軍特殊部隊（ネイビーシールズ）から訓練を受けても、肉体を張った演技は容赦がないものだった。撮影開始から6日目、ワシントンは過労で倒れてしまい、ノーランの映画制作の現実をまざまざと見せつけられた形となった。

名もなき男は自警団員に近く、法の枠を超えて活動し、しばしばマスクで素性を隠している。彼の任務は国益を超越したものだと言われており、それがゆえに、彼の存在はバットマンを彷彿とさせるも、二重のアイデンティティを有するというよりは、アイデンティティが皆無──すなわち、白紙状態の人物だ。バックストーリーどころか何せ、彼の過去が未来になったりするのだから！ イタリアの映画監督セルジオ・レオーネのドル箱3部作（1964年の『荒野の用心棒』、1965年の『夕陽のガンマン』、1966年の『続・夕陽のガンマン』）の主人公「名無しの男」と同じで、名前がないことにより、臨場感あふれる物語の中にいきなり投げ込まれた伝説的な人物という感覚が際立つのだ。さらには、1960年代のイギリスのテレビドラマ『プリズナー No.6』の主人公にも通じるものがある。このSFの色合いを帯びたスパイシリーズでは、アメリカ生まれのアイルランド系俳優パトリック・マクグーハンが演じる主人公──突然、国もわからない「村」に連れてこられ、

「なぜ自分はここにいるのか」と己の存在理由に苦しむ――は、劇中では「No.6」という番号でしか呼ばれない。フリッツ・ラングの『スピオーネ』のスパイも326号とだけ、言及される。

『TENET テネット』の名もなき男は、不安なほど何も知らない状態で物語を体験していかねばならない。学びながら進み、自分が善なる側にいると頑なに信じる以外になかったのだ。「ある物語に飛び込んで、今、目の間にあることに集中しろと言われるのは、本当に説得力がある」[20]と、ノーランは言う。我々は名もなき男がするように、行動しながら学び、自分ができる何かを築き上げていく。

ブロンドの前髪を垂らし、上流階級を匂わせるアクセントで話し、並々ならぬ能力の持ち主だという空気を漂わせるニールは、英国大使館に勤務するベテランで、海外を飛び回って滅多に本国の土を踏まない、優秀な大使館員をモデルにしている。エマ・トーマスの父親がそうした外交官だったゆえ、彼女は父と同じタイプの人材をすばやく見抜いた。世界的大ヒットとなった『トワイライト ～初恋～』(2008)から始まる「トワイライト」シリーズでブレイクしたロバート・パティンソンは、同シリーズで演じた、高校生の女の子と恋に落ちるハンサムで繊細なヴァンパイアの強烈なイメージを払拭すべく、大きなスタジオに縛られないインディーズ映画や珍しいジャンルへの挑戦に意欲的になっていた。悪行を重ねる男の役でそれまでのイメージを一新させた犯罪映画『グッド・タイム』(2017)、宇宙が舞台のSFスリラー『ハイ・ライフ』(2018)、ウィレム・デフォーと共演したホラー作品『ライトハウス』(2019)でのパティンソンの存在感に、ノーランは心を掴まれる。ノーランのオフィスでふたりは会い、3時間、話をしたのだが、パティンソンは、自分が参加するのがどんな映画なのか皆目見当がつかないまま、初顔合わせの場を後にしたという。それでも、ニール役は獲得した。

ノーランによく似ているのは、名もなき男よりも、楽天的でフットワークが軽く、目的意識を有し、どこか怪しげなニール(『フォロウィング』のコッブを品行方正に再現した感じ)のほうだろう。本作の雰囲気を明るくするのは、ニールに頼ることになるのだが、映画が進むにつれ、ヒーロー同士の仲間意識(そして差し迫った悲劇)が中心になっていく。「美しき友情の終わりだ」[21]というニールの言葉は、明らかに『カサブランカ』(1942)の「美しき友情の始まりだ」という名台詞を引用し、逆にしたものである。

ノーランは以前から、シェイクスピアの悲劇『オセロ』の映画版(1995)で古典的な悪役イアーゴに扮したケネス・ブラナーを賞賛しており、この俳優が『ダンケルク』にもたらした高潔さを逆転させるアイデアも気に入っていた。セイターは、ジョーカーのように激しい恐怖を噴き出す感じでは決してないものの、魂のない絶対的な残虐さをもつ人物になることになった。

本作の撮影は、ノーランの三次元的に思考する能力にさえ重い負担をかけるほどだったが、「フラストレーション」[22]があるからこそ、奮い立ったと彼は明かす。撮影は、外科手術のように正確でなければならなかった。ひとつでもピースがズレれば、建物は崩れてしまう。撮影現場に立った際、シーンがどちらの方向からでも正しく連続しているかをチェックできるようにするため、ノーランはプレビズ技術者(事前に、完成した状態を理解すべく、各場面をコンピューターアニメーションで視覚化する作業を担当)を雇用した。

2019年の5月下旬から6ヶ月に及ぶ撮影が開始され、まずはバーバンクのサウンドステージにて、オスロのフリーポートのセットでワシントン演じる順行と逆行、双方向の名もなき男同士が肉弾戦を繰り

キャット役のエリザベス・デビッキ。キャットはセイターの妻だが、夫婦の関係は冷め切っている。本作で起きる複数の出来事で重要な役割を果たすが、期待されるような恋愛模様のヒロインではない

広げるシークエンスがカメラに収められた。それは5日間という短い時間で、急に多くを求められた厳しくも必要な学習期間となる。ノーランの言葉を借りれば、「回文的に正しい」[23]——どちらの方向から見ても整合性がある——か、戦うキャラクターの動きをきちんと把握する最初の機会となったのだ。『インターステラー』でノーランと仕事をした優秀な理論物理学者のキップ・ソーンは、本作の科学についても助言をした。時間を逆行するキャラクターにとっては空気の流れが異なるため、彼らには呼吸器が必要になり、ふたつの方向のどちらかのヒーローは、常にそれとは反対方向の回転ドアから出てくる、というものだった。エストニア、イタリア、イギリス、デンマーク、インドを経てカリフォルニアに戻るという、そうしたシークエンスの一連のロケ撮影の流れを経験しながら、キャストとスタッフたちは、本作の複雑な出来事を異なる角度で見て、捉え、考える術を徐々に学んでいく。

ムンバイのにぎやかな通りで逆バンジージャンプをしたり、レース用の双胴船（カタマラン）や豪華なヨットでナポリ沖に滞在する以外、『TENET テネット』はジェームズ・ボンド映画には似ても似つかない。本作は、ウクライナのオペラハウス（この映画の序章！）でのテロ行為鎮圧作戦で幕を開ける。エストニアのタリンにあるリンナホール——ソビエト連邦時代に建築された多目的施設。現在は廃墟と化し、地上に乗り捨てられたままのUFOを思わせる——で撮影されたこのシークエンスは、コンクリート讃歌とも言いたくなるくらい、コンクリートが剥き出しの建物を舐めるように捉えられていく。その後の名もなき男が鉄道の停車場で拷問（これもテロ作戦で、全て彼をTENETに勧誘するためのテスト）を受けるシーンで、彼の両側をゆっくりと走る列車が、象徴的にそれぞれ異なる方向に進んでいることにも注目だ。

　本作全編に、陰鬱なブルータリズム〔12ページを参照のこと〕の雰囲気が流れている。まるで未来のディ

ストピアが現在に向かって血を逆流させているかの
ごとく、モノクロームに近いグレーの殺伐とした光
景は、ゴッサム・シティですらパリのように思わせ
るほどだ。名もなき男が身を隠し、くるべき任務に
備えるとき、彼はブルース・ウェインよろしく孤独
を求め、ノルウェー海上の風力発電所に潜伏する。
　最も斬新な捻りは、物語中盤、逆行弾で撃たれた
キャットを救うべく、名もなき男を逆行させてカー
チェイスに戻す展開だろう。当然のことながら、こ
のシーンには、18輪連結トラック、10輪軍用レッカー
車、特別に作られたはしご消防車も参加。「ダーク

ナイト」3部作を含む、ノーラン作品の中で最もアク
ション満載の映画である事実を見逃すわけにはいか
ない。エストニアの多車線高速道路3キロで繰り
広げられるシーンは、3週間かけて撮影された。一
拍一拍、蛇行するごとに、前向きと後ろ向きでスタ
ントを入念に掘り下げ、熱が冷え、垂れたオイルの
滴が地面から浮き上がり、タイヤが逆回転する様子
が捉えられたのだ。
　TENETの部隊がアルゴリズムを人類に解き放つ
セイターの計画に対抗するフィナーレのため、一行
は南カリフォルニアに戻り、一時的に順行と逆行の

従来の映画展開とのもうひとつ
の発想の逆転は、（主人公とヒ
ロインのロマンスではなく）ニー
ル（ロバート・パティンソン）
と名もなき男（ジョン・デヴィッド・
ワシントン）の間に友情が生まれ、
それが本作の感情面での核にな
っていることだ

他に類を見ないカーチェイス
──中心となるアクションシーケンスは、車が順行と逆行の双方向に疾走するという、本作の時間の概念を象徴したものになっている

両チームで挟み撃ちをするという「挟撃作戦」が行われるスタルスク12の広大で不可解な戦闘シーンを撮影した。舞台は都会から荒野へ移り、色分けされたふたつの部隊──順行状態の「赤チーム」と逆行状態の「青チーム」──の兵士たちが両方向で戦う錯乱と熱狂の激闘シーンとなるのだ。本作のタイトルは、ふたつのチームが10分違いで作戦を開始することで、さらなる意味をもつ〔前から10分（TEN）、後ろから10分（NET）で、合わせると「TENET」に〕。それは、クレイジーな発想の逆転から生まれた映像をスクリーンに投じるチャンスであり──とはいえ、アイデアの大半は採用されなかった──カリフォルニア州南部のコーチェラ・バレーの廃坑で、ロケ撮影が実現した。青チームを率いるホイーラーを演じたフィオナ・ドゥーリフは、このスペクタクルな戦闘シーンを「後ろ向きに進むペイントボール〔専用のエアガンでペイント弾を相手チームと撃ち合う米国発祥のスポーツ〕」[24]と皮肉っぽく例えている。目まぐるしい96日間の撮影を通じ、ひとつだけ不変のルールがあった──映像の一部だけが逆行することはあり得ないのだ。「理解しようとしないで。感じるの」[25]と、クレマンス・ポエジーが扮する真顔の科学者バーバラ（007

シリーズのＱ課に素粒子物理学の要素を加えた感じ）は、物語序盤で名もなき男に伝えている。原因よりも結果のほうが先であり、逆向きに考えるのだ。これは、ノーランが観客に向けた、意味ありげな指示である。物ごとを解き明かしたいという衝動を抑え、とりあえず信じてみろ、と。これは、過去に作った彼の作品でも彼が主張していることだ。ノーランは、知的な反応よりもエモーショナルな反応を引き出したいと考える。世界を救おうとする『TENET テネット』の名もなき男の衝動と同じく、『メメント』では、レナードの何よりも復讐が必要だという思いが、作品を動かしていた。そして、本作は、映画館で観る映画として作られたもので、DVD（やストリーミング）でコマ送りや一時停止をするために作ったのではないと、ノーランは訴えている。

　しかし、映画館で鑑賞するだけでは、ノーラン学者を満足させるのは難しい。彼らは、究極の挑戦を課せられたと確信したのだ。（答えが得られない映画の謎を徹底的に考察するという）ノーラン・メソッドがもたらす継続的なジレンマは、『TENET テネット』で危機的な状況に追い込まれている。謎を解読するのに映画が我々を重力のように引きつけるとき、

主演のジョン・デヴィッド・ワシントンは、映画を通して、常にアクションの要であり続ける

『TENET テネット』の多くの目的のひとつは、アクションシーンの基本的な慣習が、時間の概念にどのくらい依存しているかを調べることであった。Uターンのアイデアは、全く新しい意味を帯びるようになる

——それは、昔ながらの「爆発から冷静に立ち去る」ショットでも同様だ。この
場面では、時間を逆行しているセイター（ケネス・ブラナー）が淡々と歩いていく

上：ほとんどモノクロの都会的な設定にもかかわらず、クリストファー・ノーランは色彩で教訓めいたゲームを行う。赤は時間を進めるもの、青は時間を戻すものを示している

左：ブレットタイム ── 逆行中のセイター（ケネス・ブラナー）に撃たれた順行中の妻のキャット（エリザベス・デベッキ）は、1週間時間を遡って治療を受けることになる

我々はどう流れに身を任せればいいのか？

　ゆえに、もう一度プロットに立ち返り、説明し直さないといけない。もしくは、そう試してみるべきだ。今回は、全体像が見えるように視野を広げよう。近い将来、ある女性科学者がエントロピーを反転させるアルゴリズムを発明し、時間の矢印を逆転させることになる。だがそれは、破滅的な可能性を秘めていた。理論物理学者J・ロバート・オッペンハイマーと原子爆弾の関係と同様、彼女は自分が世に与えてしまったものに絶望する。アルゴリズムを物理的な形で構築し、それをバラバラに分解して過去に遡って分散させ、発明したものの知識が失われるように彼女は自殺してしまう。さらなる未来、環境の崩壊に直面する世界（科学の傲慢さ、核による破滅、環境的大惨事といった政治に関わるテーマが、熱波のごとく遠くで揺らめいている）で、姿なき未来の悪者がセイターに、散り散りになったアルゴリズムを全部回収して時間を逆行させる装置を再構築し、現代の人類を滅亡させよと指示を出す。その結果、「祖父殺しのパラドックス」をめぐる多くの憶測が飛び交うわけだが、もちろんノーランからの明確な説明は得られない。

　一方、未来のどこかで、秘密組織TENETは、現在を救う計画を開始した。バックパックの赤い紐にコインを付けたストラップがヒントとなり、ニールが、オペラハウスで名もなき男を助けた謎の兵士（一説には、キャットとセイターの息子マックスが成長した姿ではないかとも囁かれている）だと判明する。さらには、名もなき男はニールを採用しただけでなく、事実上、自分自身も採用した。彼は全てをコントロールしている――己の物語の背後にいる黒幕なのだ。つまり、主人公の名もなき男は、監督であるとも言える。

　本作の撮影終了後の打ち上げパーティで、パティンソンはノーランにプレゼントを贈った。それは、第二次世界大戦後にオッペンハイマーが行った演説集で、その中で彼は、原子力に対する疑念を深めていると明かしていた。「読んでいて気味が悪くなる」と、ノーランは言う。「自らが解き放ったものに反論しているからだ。そんな代物、どうやってコントロールするつもりなんだ？」[26]

　贈られた演説集は、すでに進行していた『TENET テネット』の「連鎖反応」――次なる企画――に関わるものだった。2021年10月8日、ノーランは、カイ・バードとマーティン・シャーウィンによるピューリッツァー賞を受賞した伝記『オッペンハイマー――「原爆の父」と呼ばれた男の栄光と悲劇』を映画化すると発表する。単にこの理論物理学者の苗字をタイトルにした『オッペンハイマー』は、人間が原子を支配することで成り立つファウスト的取引〔84ページを参照のこと〕の核心にしっかりと切り込んでいく。オッペンハイマーは、「今や我は死となり、世界の破壊者となった」[27]と言ったとされている。自身のプロジェクトの最初の成果となったキノコ雲が砂から噴き上がるのを目撃し、ヒンズー教の聖典「バガヴァッド・ギーター」の一節を引用したのだ。ノーランは、自分がポスト核時代に育ったと振り返る。1945年7月16日、人類初の核実験「トリニティ実験」が行われたあの日以来、人類滅亡の影は、我々の生活全てにずっと被さってきた。

　聡明で、率直で、非常に神経質で、科学的純粋さとは矛盾しそうな、神秘的なサンスクリット語を読むオッペンハイマーは、奇妙で掴みどころのない対象だ。伝記作家のトム・ショーンは、ノーランとオッペンハイマーの類似点を指摘する。ふたりとも細身で、話し方が上品で、貴族的で、孤独を好み、技術者でありながらシャーマンでもある。オッペンハイマーは『TENET テネット』の終末思想に影響を与えた。同作では、彼に対する直接的な言及がある。名もなき男がムンバイでプリヤ・シン（ディンプル・

カパディア）に再会した際、TENETの長老的メンバーであるプリヤが彼に「マンハッタン計画を詳しく知っている？」[28]と訊く。マンハッタン計画は、第二次世界大戦中、ニューメキシコ州ロスアラモスの乾燥地帯で行われた原子爆弾の秘密開発計画のコードネームであり、その結果、政治的、科学的、人間的、比喩的に、世界を「核の時代」という新たな時間軸に押し上げることになった。1945年8月6日に広島、9日に長崎に原爆が投下され、合計21万人以上が即死、または5ヶ月以内に亡くなったとされている（朝長万左男「広島・長崎への原爆投下が人間に与えた結果、1945-2018——核兵器時代の終焉に向けた人類への教訓」、『平和と核軍縮』長崎大学核兵器廃絶研究センター編、2021年、3頁）。「原爆の父」と呼ばれるようになったこの優秀な理論物理学者は、「自分の手が血塗られてしまった」[29]と感じたそうだ。

　これはノーランにとっての原点回帰であり、完全に彼の監督作にふさわしい物語でもある。科学の罪は、『インターステラー』や『TENET テネット』から引き継がれたテーマだ。『プレステージ』で我々は、「電流の父」であるニコラ・テスラに会った。そして『オッペンハイマー』は、『ダンケルク』に次ぐ、第二次世界大戦が舞台の2作目の映画だ。本書の執筆時点では、2023年7月21日の公開に向け、2022年初頭に制作が開始される予定となっている〔全米公開日に変更はなく、プリプロダクションが2022年1月に始まり、撮影は2月下旬に開始された。約4ヶ月の撮影期間を経て、5月にクランクアップしている〕。キャストの顔ぶれは印象的で、ノーラン作品参加6作目にして、キリアン・マーフィーがついに主役の座を射止めた。彼が演じるのは、神経過敏で落ち着きがなく、用意周到で、何を考えているか読み取れぬ不可解なオッペンハイマーだ。彼の妻キャサリン・"キティ"・オッペンハイマー役にはエミリー・ブラント、原子力委員会の委員長

パンデミックの最中の劇場公開になった『TENET テネット』は、ノーランのキャリアで、興行的には初の失敗作になる。しかし、本作は時系列謎解きでファンを惹きつけ続けているのだ

で、ハリー・S・トルーマン大統領に影響を及ぼすルイス・ストロース役にはロバート・ダウニー・Jr、ロスアラモスで、マンハッタン計画の指揮を執った陸軍将官レズリー・グローブ役にはマット・デイモンが起用された。共産党員のジーン・タトロックに扮するのは、フローレンス・ピュー。オッペンハイマーと関係をもち、彼を疑惑の影に引きずり込む役どころだ。さらに、ライバルであるハンガリーの物理学者エドワード・テラー役をベニー・サフディが演じ、ラミ・マレックとジョシュ・ハートネットが

クリストファー・ノーラン（左）は、（本作で）時間を刻みながら監督するというアイデアに全く新しい意味をもたせている

脇役ながらも、印象的な演技を披露する。

　ノーランの第12作となる監督作は、彼が望んでいたのに叶えられなかったハワード・ヒューズの伝記映画プロジェクトの埋め合わせをする機会でもある。原子物理学、第二次世界大戦時の政治、日本の惨状、オッペンハイマーをめぐる結婚、愛、そしてその天才ぶりと、自分が育んでしまった冷戦被害妄想の中で彼が転落していく様子を、ホイテ・ヴァン・ホイテマの厳格な映像表現とノーランの構造トリックで包み込んだ、類まれなる伝記映画を誰もが期待する

だろう。

　特筆すべきは、監督に事前に告知することなく、『TENET テネット』を劇場公開と HBO Max で同時配信させたワーナー・ブラザースの大失態の後、ノーランはワーナーとの長年にわたる関係を断ち、『オッペンハイマー』の権利は、ハリウッド全体での入札合戦の対象となった。ユニバーサル、MGM、ソニー、パラマウント、さらに皮肉にも、アップルと Netflix という配信サービスがメインの会社まで、こぞってノーランの新作である、製作費1億

上：物理学を覆す──名もなき男（ジョン・デヴィッド・ワシントン）は、不可逆的な現象を示す「熱力学第二法則」がもはや当てはまらないことを知る。だから、壁に撃ち込まれていた弾丸が銃の中に戻るのだ

下：ニコリともしないバーバラ（クレマンス・ポエジー）──「007」シリーズのキャラクター「Q」の『TENET テネット』版とも言える──は、研究所の引き出しの中の「（未来との戦争の）遺物」を明らかにし、世界の終末がくる可能性を概説する

異なる考え方——主人公（ワシントン）、そして観客は、時間を「双方向の道」として考えるようにと教えられる。このコンクリートの板は、未来から過去へと時が流れているのだ

異様なほどに──オッペンハイマーを演じる俳優キリアン・マーフィーは、実際のこの科学者に酷似している

「原爆の父」として知られ、クリストファー・ノーラン12作目の監督作の題材となった本物のJ・ロバート・オッペンハイマー博士

歴史の発端──レズリー・グローヴス中将（中央の人物。写真撮影当時は「少将」。映画ではマット・デイモンが演じる）とともに、最初の原子爆弾実験場の跡を視察するオッペンハイマー本人（左から4番目）

『オッペンハイマー』の豪華キャスト陣——米原子力委員会の委員長ルイス・ストロース役のロバート・ダウニー・Jr

この科学者の妻であるキャサリン・"キティ"・オッペンハイマーを演じるエミリー・ブラント

ニューメキシコ州ロスアラモスで、マンハッタン計画の指揮を執った軍人のレズリー・グローヴスに扮するマット・デイモン

ドルの謎めいた科学者の伝記映画を求めた。スーパーヒーローそのものに負けないくらい——彼が世に放ってきた輝きのおかげで——「クリストファー・ノーラン」のブランド力は根強い。入札合戦に勝利したのは、100日間の劇場公開期間を約束して監督の心を掴んだユニバーサルであった。

　ここまで我々は、ノーランの人生と作品を振り返ってきた。ロサンゼルスの自宅（アメリカの邸宅を英国風に洗練させたもの）内に建てられた、建築家フランク・ロイド・ライトの様式の書斎に座る彼は、今も、歴史の真っ只中にいる。手を伸ばせば届く書棚には、古典作品、探偵小説、大衆文学、美術・建築・歴史・科学・映画に関する書籍がぎっしりと並び、間違いなく、奇妙な5次元が棚の裏に広がっているに違いない。そろそろ我々は、そんなノーラン・ワールドに別れを告げよう。

　ノーランに言わせると、エンディングは非常に重要らしい。エンディングは、物語全体の我々の見方を形作るものだからだ。本書のノーランの物語の最後に、2019年12月、あと約半年で50歳になるタイミングで、ノーランが大英帝国勲章（CBE）を授章したことを伝えよう。彼は、現代ハリウッドで先見の明をもつプロメテウスであり、建築家、芸術家、科学者、ロマンチックな伝統主義者、前衛的な急進主義者という矛盾を抱えたフィルムメイカーであり続けている。その作品の中では、コントロールとカオスの衝突、理論と信念の格闘、機能と形態の対立、現実と夢の競争が繰り広げられているのだ。ノーランはしばしば新世代のキューブリックだと呼ばれるが、デヴィッド・リンチと同じくらい分類が不可能で、ジェームズ・キャメロン並みにスリル満点な映画を生み出してきた。正直なところ、ノーランは唯一無二の逸材だ。

　ノーランが綴るような物語の展開は、他の映画監

撮影現場で最も賢い男──『TENTE テネット』製作中のノーランと、撮影監督のホイテ・ヴァン・ホイテマ

督では味わえない。彼の映画の中にあるのは、超現実的な世界だけではない。映像、音楽、音響による感覚的連鎖反応、直線的なストーリーテリングからの気が遠くなるほどの逸脱も宿しているのだ。「兄の目の前にあるものは全て、常に顕微鏡の下にある」[30]と、弟のジョナは言う。しかも、（ノーラン作品の精密さからすると）電子顕微鏡と考えてもいいだろう。ノーランはかつて、偉大な映画は、世界には目に見える以上のものがあると教えてくれると語っていた。「僕は、そのアイデアを大いに支持するような作品を作っているんだ」[31]と、彼は認めている。それは、凄まじいパワーを秘めたB級映画であり、現実という構造への飽くなき探究であり、彼だけが鍵を持っているパズルボックスである。

クリストファー・ノーランの映画を、理解しようとするな。ただ感じるのだ。

現代のプロメテウス──カンヌ国際映画祭でのノーラン。ハリウッドの正統性に挑戦し、これだけの成功を収めた映画監督は他にいない

出典

*1 書籍が出典の場合、初出時に限り〔 〕内に邦訳のあり・なしの区別を記したうえで、邦訳があるものは日本版の情報を、ない場合は原書の情報を併記した。以降、同じ書籍が出典となる場合、原書情報のみを記載した。

*2 雑誌・新聞記事、ウェブ動画、記者会見等が出典の場合、初出時に限り〔 〕内に日本語での情報も記した。以降、同じ記事等が出典となる場合、英語の情報のみを記載している。

*3 邦訳のある資料が引用されている場合、基本的に訳者が文脈に合わせて新たに訳出した。

イントロダクション

1 Christopher Nolan, *Inception: The Shooting Script*, Insight Editions, 2010.〔未邦訳：クリストファー・ノーラン『インセプション　撮影台本』、2010年〕

2 "Writer's Bloc Presents: Christopher Nolan, Tom Shone and Kenneth Branagh," Eventbrite, 2 December 2020.〔ライターズ・ブロック主催　クリストファー・ノーラン、トム・ショーン、そしてケネス・ブラナー」、イベント宣伝会社イベントブライトによるライブストリーミング・イベント、2020年12月2日〕

ハイブリッド・キッド
幼少期から『フォロウィング』(1998) に至るまで

1 "Christopher Nolan on Following," *VICE* via YouTube, 24 August 2014.〔『フォロウィング』を語るクリストファー・ノーランのインタビュー動画、『VICE』誌のYouTubeチャンネル、2014年8月24日〕

2 Ibid.

3 Matthew Tempest, "I was there at the *Inception* of Christopher Nolan's film career," *Guardian*, 24 February 2011.〔マシュー・テンペストによる記事「クリストファー・ノーランの映画キャリアが始まったとき、私はそこにいた」、『ガーディアン』紙、2011年2月24日〕

4 Tom Shone, *The Nolan Variations: The Movies, Mysteries and Marvels of Christopher Nolan*, Faber and Faber, 2020.〔邦訳：トム・ショーン『ノーラン・ヴァリエーションズ──クリストファー・ノーランの映画術』山崎詩郎・神武団四郎監修、富原まさ江訳、玄光社、2021年〕

5 Ibid.

6 Ibid.

7 Ibid.

8 Ibid.

9 Robert Capps, "Christopher Nolan on Dreams, Architecture, and Ambiguity," *Wired*, 29 November 2010.〔ロバート・キャップスによるインタビュー記事「クリストファー・ノーラン、夢、建築、曖昧さについて語る」、『WIRED』誌、2010年11月29日〕

10 Tom Shone, *The Nolan Variations: The Movies, Mysteries and Marvels of Christopher Nolan*, Faber and Faber, 2020.

11 Raymond Chandler and Barry Day (editor), *The World of Raymond Chandler: In His Own Words*, Vintage Books, 2015.〔未邦訳：レイモンド・チャンドラー、バリー・デイ編『レイモンド・チャンドラーの世界──彼自身の言葉』〕

12 Tom Shone, *The Nolan Variations: The Movies, Mysteries and Marvels of Christopher Nolan*, Faber and Faber, 2020.

13 Ibid.

14 Matthew Tempest, "I was there at the *Inception* of Christopher Nolan's film career," *Guardian*, 24 February 2011.

15 Darren Mooney, *Christopher Nolan: A Critical Study of the Films*, McFarland and Company, 2018.〔未邦訳：ダーレン・ムーニー『クリストファー・ノーラン──映画の批評的研究』〕

16 Tom Shone, *The Nolan Variations: The Movies, Mysteries and Marvels of Christopher Nolan*, Faber and Faber, 2020.

17 Kenneth Turan, "Christopher Nolan interview," Slamdance Film Festival via YouTube, 7 October 2013.〔ケネス・トゥーランによるクリストファー・ノーランへのインタビュー動画、スラムダンス映画祭のYouTubeチャンネル、2013年10月7日〕

18 Scott Tobias, "Christopher Nolan interview," *A.V. Club*, 5 June 2002.〔スコット・トビアスによるクリストファー・ノーランへのインタビュー動画、Webサイト『The A.V. Club』、2002年6月5日〕

19 "Christopher Nolan on Following," *VICE* via YouTube, 24 August 2014.

20 "Christopher Nolan on Directing," *BAFTA Guru* via YouTube, 18 January 2018.〔クリストファー・ノーラン、映画監督業について語る」、英国アカデミー賞コンテンツ・ハブ『Guru』のYouTubeチャンネル、2018年1月18日〕

21 Ibid.

22 Mick LaSalle, "Creepy *Following* Does More with Less," *SFGATE*, 2 July 1999.〔ミック・ラサールによる記事「不気味な『フォロウィング』はより少ないもので多くを示す」、Webサイト『SFGATE』、1999年7月2日〕

23 Kenneth Turan, "Christopher Nolan interview," Slamdance Film Festival via YouTube, 7 October 2013.

24 Scott Foundas, *Following* Blu-ray notes, The Criterion Collection, 2012.〔スコット・ファウンダス『フォロウィング』Blu-ray特典冊子、クライテリオン・コレクション、2012年〕

コラム　ノーラン小品集

1 Tom Shone, *The Nolan Variations: The Movies, Mysteries and Marvels of Christopher Nolan*, Faber and Faber, 2020.

2 Dan Jolin, "Jeremy Theobald interview," *Empire*, June 2009.〔ダン・ジョリンによるジェレミー・セオボルドへのインタビュー記事、『エンパイア』誌、2009年6月〕

鏡の国のアリス
『メメント』(2000)＆『インソムニア』(2002)

1 Jonathan Nolan, *Memento Mori*, Esquire, 29 January 2007 (reissue).〔ジョナサン・ノーラン「メメント・モリ」、『エスクァイア』誌Web版、2007年1月29日（再掲載）〕

2 Tom Shone, *The Nolan Variations: The Movies, Mysteries and Marvels of Christopher Nolan*, Faber and Faber, 2020.

3 Ibid.

4 Robert Towne, *ChinaTown and The Last Detail: Two Screenplays*, Grove Press, 1997.〔未邦訳：ロバート・タウン『チャイナタインおよび冬のかもめ──2作の脚本』〕

5 Tom Shone, *The Nolan Variations: The Movies, Mysteries and Marvels of Christopher Nolan*, Faber and Faber, 2020.

6 "Live *Memento* Q&A: Christopher Nolan and Guillermo del Toro," via *Movieline*, 10 February 2011.〔『メメント』イベントの質疑応答ライブ動画「クリストファー・ノーランとギレルモ・デル・トロ」、『Movieline』誌Web版、2011年2月10日〕

7 Tom Shone, *The Nolan Variations: The Movies, Mysteries and Marvels of Christopher Nolan*, Faber and Faber, 2020.

8 Ibid.

9 Scott Timberg, "Indie Angst," *New Times Los Angeles*, 15–21 March 2001.〔スコット・ティムバーグによる記事「インディ・アングスト」、『New Times Los Angels』紙、2001年3月15–21日〕

10 Jeffery Ressner, "The Traditionalist," *DGA Quarterly*, Spring 2012.〔ジェフリー・レスナーによる記事「かの伝統主義者」、『DGA Quarterly』誌、2012年春〕

11 "Christopher Nolan Interview," Memento DVD, IFC, Pathé, 2000.〔『メメント』DVD特典映像、米ケーブルテレビチャンネルIFCによる「クリストファー・ノーラン　インタビュー」、Pathé、

2000年〕

12 Ibid.

13 Ed Keller, "Something to Remember," *Film Journal International*, March 2000.〔エド・ケラーによる記事「覚えておくべきこと」、『フィルム・ジャーナル・インターナショナル』誌、2000年3月〕

14 *Memento* production notes, Newmarket Capital Group, 2000.〔『メメント』プロダクションノート、Newmarket Capital Group、2000年〕

15 Ed Keller, "Something to Remember," *Film Journal International*, March 2000.

16 Ibid.

17 Jay A. Fernandez, "Fuhgeddaboudit!" *Time Out New York*, 15 March 2001.〔ジェイ・A・フェルナンデスによる記事「忘れてしまえ!」、『タイムアウト』誌ニューヨーク版、2001年3月15日〕

18 Christopher Nolan, *Memento & Following*, Faber and Faber, September 2001.〔未邦訳：クリストファー・ノーラン『メメント&フォロウィング』〕

19 Ibid.

20 "Christopher Nolan Interview," *Memento* DVD, IFC, Pathé, 2000.

21 Scott Timberg, "Indie Angst," *New Times Los Angeles*, 15–21 March 2001.

22 A.O. Scott, "Backward Reel the Grisly Memories," *New York Times*, 16 March 2001.〔A・O・スコットによる記事「身の毛もよだつ記憶を巻き戻せ」、『ニューヨーク・タイムズ』紙、2001年3月16日〕

23 Lisa Nesselson, *Memento* review, *Variety*, 14 September 2000.〔リサ・ネッセルソンによる『メメント』批評記事、『ヴァラエティ』誌、2000年9月14日〕

24 Desson Howe, "*Memento*: You Won't Forget It," *Washington Post*, 30 March 2001.〔デッソン・ハウによる記事「『メメント』——あなたはそれを忘れない」、『ワシントン・ポスト』紙、2001年3月30日〕

25 Anthony Lane, "How Did I Get Here ?" *The New Yorker*, 11 March 2001.〔アンソニー・レインによる記事「どうやってここにたどり着いたのか?」、『ザ・ニューヨーカー』誌、2001年3月11日〕

26 "Live *Memento* Q&A: Christopher Nolan and Guillermo del Toro," via *Movieline*, 10 February 2011.

27 Scott Tobias, "*Memento*'s puzzle structure hides big twists and bigger profundities," *A.V. Club*, 11 August 2012.〔スコット・トビアスによる記事「『メメント』のパズル構造は大きな捻りより大きな奥深さを隠している」、WebサイトThe A.V. Club』、2012年8月11日〕

28 "Live *Memento* Q&A: Christopher Nolan and Guillermo del Toro," via *Movieline*, 10 February 2011.

29 Tom Shone, *The Nolan Variations: The Movies, Mysteries and Marvels of Christopher Nolan*, Faber and Faber, 2020.

30 Scott Feinberg, "Christopher Nolan on *Interstellar* Critics, Making Original Films and Shunning Cell-phones and Email," *Hollywood*

Reporter, 3 January 2015.〔スコット・ファインバーグによるインタビュー記事「クリストファー・ノーラン、『インターステラー』の批評やオリジナル映画作り、そして携帯電話やEメールを使わないことについて語る」、『ハリウッド・リポーター』誌Web版、2015年1月3日〕

31 Dean Kish, "Christopher Nolan talks about *Insomnia* and other future projects," *Showbiz Monkeys*, 7 May 2002.〔ディーン・キッシュによるインタビュー記事「クリストファー・ノーラン、『インソムニア』と今後のプロジェクトについて語る」、Webサイト『Showbiz Monkeys』、2002年5月7日〕

32 *Insomnia* DVD, Warner Bros. Home Entertainment, 2002.〔『インソムニア』DVD、ワーナー・ブラザース ホームエンターテインメント、2002年〕

33 Philip French, *Insomnia* review, *Observer*, 31 August 2002.〔フィリップ・フレンチによる『インソムニア』批評記事、『オブザーバー』紙、2002年8月31日〕

34 Moira Macdonald, "*Insomnia*: a dream cast, murder and madness," *Seattle Times*, 24 May 2002.〔モリア・マクドナルドによる記事「『インソムニア』——夢のようなキャスト、殺人、そして狂気」、『シアトルタイムズ』紙、2002年5月24日〕

35 Mike Eisenberg, "Christopher Nolan interview," screenrent.com, 4 June 2010.〔マイク・アイゼンバーグによるクリストファー・ノーランへのインタビュー記事、Webサイト『screenrent.com』、2010年6月4日〕

36 David Edelstein, "Hard Day's Night," *Slate*, 21 May 2002.〔デイヴィッド・エデルスタインによる記事「ハード・デイズ・ナイト」、『Slate』誌Web版、2002年5月21日〕

37 Peter Bradshaw, *Insomnia* review, *Guardian*, 30 August 2002.〔ピーター・ブラッドショウによる『インソムニア』批評記事、『ガーディアン』紙、2002年8月30日〕

38 *Insomnia* DVD, Warner Bros. Home Entertainment, 2002.

脅しのゲーム
『バットマン ビギンズ』(2005)

1 Tim Lammers, "Michael Caine Reveals How Christopher Nolan Convinced Him to Play Alfred," Looper.com, 25 August 2021.〔ティム・ラマーズによる記事「マイケル・ケインが明かす——クリストファー・ノーランはいかにしてアルフレッドを演じるよう私を説得したのか」、Webサイト『Looper.com』、2021年8月25日〕

2 Ibid.

3 Scott Timberg, "Indie Angst," *New Times Los Angeles*, 15-21 March 2001.

4 Tom Shone, "Christopher Nolan: the man who rebooted the blockbuster," *Guardian*, 4 November 2014.〔トム・ショーンによる記事「クリストファー・ノーラン——ブロックバスター映画をリブートした男」、『ガーディアン』紙、2014

年11月4日〕

5 Matt Prigge, "David Ayer on why he won't be making a director's cut of *Suicide Squad*," *Metro USA*, 5 August 2016.〔マット・プリガーによる記事「デヴィッド・エアーが語る——『スーサイド・スクワッド』のディレクターズ・カットを作らない理由」、『メトロ USA』紙、2016年8月5日〕

6 Geoff Andrew, "Christopher Nolan," *Guardian*, 27 August 2002.〔ジェフ・アンドリューによる記事「クリストファー・ノーラン」、『ガーディアン』紙、2002年8月27日〕

7 "Christopher Nolan on Directing," *BAFTA Guru* via YouTube, 18 January 2018.

8 Scott Holleran, "Christopher Nolan on *Batman Begins*," Box Office Mojo, 2005.〔スコット・ホレランによるインタビュー記事「クリストファー・ノーラン『バットマン ビギンズ』を語る」、WebサイトBox Office Mojo』、2005年〕

9 "Christopher Nolan on Directing," *BAFTA Guru* via YouTube, 18 January 2018.

10 Christopher Nolan, Jonathan Nolan and David S. Goyer, *The Dark Knight Trilogy: The Complete Screenplay*, Faber and Faber, 2012.〔未邦訳：クリストファー・ノーラン、ジョナサン・ノーラン、デヴィッド・S・ゴイヤー『ダークナイト トリロジー——コンプリート・スクリーンプレイ』〕

11 Owen Williams, "*Batman Begins*: How Christopher Nolan Rebuilt Batman," *Empire*, July 2012.〔オーウェン・ウィリアムズによる記事「『バットマン ビギンズ』——クリストファー・ノーランはいかにしてバットマンを再構築したのか」、『エンパイア』誌、2012年7月〕

12 Geoff Andrew, "Christopher Nolan," *Guardian*, 27 August 2002.

13 Owen Williams, "*Batman Begins*: How Christopher Nolan Rebuilt Batman," *Empire*, July 2012.

14 Stephen Smith, "Christopher Nolan interview," *BBC Newsnight* via YouTube, 16 October 2012.〔スティーヴン・スミスによるクリストファー・ノーランへのインタビュー動画、『BBC Newsnight』のYouTubeチャンネル〕

15 Tom Shone, *The Nolan Variations: The Movies, Mysteries and Marvels of Christopher Nolan*, Faber and Faber, 2020.

16 Ibid.

17 Owen Williams, "*Batman Begins*: How Christopher Nolan Rebuilt Batman," *Empire*, July 2012.

18 Ibid.

19 Scott Holleran, "Christopher Nolan on *Batman Begins*," Box Office Mojo, 2005.

20 Owen Williams, "*Batman Begins*: How Christopher Nolan Rebuilt Batman," *Empire*, July 2012.

21 "Christopher Nolan on Directing," *BAFTA Guru* via YouTube, 18 January 2018.

22 David Heuring, "Dream Thieves," *American Cinematographer*, July 2010.〔デヴィッド・ヒューリングによる記事「夢泥棒」、『アメリカン・シネマトグラファー』誌、2010年7月〕

23 Tom Shone, *The Nolan Variations: The Movies, Mysteries and Marvels of Christopher Nolan*, Faber and Faber, 2020.

24 Ibid.

25 Ben Walters, *Batman Begins* review, *Time Out*, 16 June 2005.〔ベン・ウォルターズによる『バットマン ビギンズ』批評記事、『タイムアウト』誌、2005年6月16日〕

26 David Ansen, "How Did Bruce Wayne become Batman?" *Newsweek*, 19 June 2005.〔デヴィッド・アンセンによる記事「いかにしてブルース・ウェインはバットマンになったのか?」、『ニューズウィーク』誌、2005年6月19日〕

27 Kenneth Turan, *Batman Begins* review, *Los Angeles Times*, 14 June 2005.〔ケネス・トゥーランによる『バットマン ビギンズ』の批評記事、『ロサンゼルス・タイムズ』紙、2005年6月14日〕

28 Olivia Pym, "Batman Director Christopher Nolan Reveals Why The Dark Knight Almost Never Happened," Esquire, 14 May 2018.〔オリヴィア・ピムによる記事「バットマン映画の監督クリストファー・ノーラン、『ダークナイト』がやぐもすると生まれなかった理由を語る」、『エスクァイア』誌、2018年5月14日〕

29 Scott Holleran, "Christopher Nolan on *Batman Begins*," Box Office Mojo, 2005.

コラム　形を成す心象風景

1 Christopher Nolan commentary, *Memento* DVD, Pathé, 2000.〔クリストファー・ノーラン コメンタリー、『メメント』DVD、Pathé、2000年〕

2 Tom Shone, *The Nolan Variations: The Movies, Mysteries and Marvels of Christopher Nolan*, Faber and Faber, 2020.

3 James Mottram, *The Secrets of Tenet: Inside Christopher Nolan's Quantum Cold War*, Titan Books, 2020.〔邦訳:ジェイムズ・モトラム『メイキング・オブ・TENET テネット——クリストファー・ノーランの制作現場』神武団四郎監修、富原まさ江訳、玄光社、2020年〕

転送された男
『プレステージ』(2006)

1 Tom Shone, *The Nolan Variations: The Movies, Mysteries and Marvels of Christopher Nolan*, Faber and Faber, 2020.

2 Den Shewman, "Nothing Up Their Sleeves: Christopher & Jonathan Nolan on the Art of Magic, Murder and *The Prestige*," *Creative Screenwriting*, September/October 2006.〔デン・シューマンによる記事「タネも仕掛けもない——クリストファー・ノーランとジョナサン・ノーランが描くマジック、殺人、そして『プレステージ』の芸術」、『クリエイティブ・スクリーンライティング』誌、2006年9／10月〕

3 Unattributed, "*Memento* director turns to magic as *Batman* stalls," Guardian, 17 April 2003.〔筆者不詳の記事「『メメント』の監督が『バットマン』が行き詰まってマジックに走る」、『ガー

ディアン』紙、2003年4月17日〕

4 "Christopher Nolan interview," *Tribute.ca*, uploaded 18 May 2013.〔クリストファー・ノーランへのインタビュー動画、Webサイト『Tribute.ca』、2013年5月18日〕

5 Unattributed, "Behind the Magic with *Prestige* Cast," *Access*, 24 October 2006.〔筆者不詳の記事「『プレステージ』キャストとのマジックの舞台裏」、『Access』誌、2006年10月24日〕

6 Jonathan Nolan and Christopher Nolan, *The Prestige – Screenplay*, Faber and Faber, 2006.〔未邦訳:ジョナサン・ノーラン、クリストファー・ノーラン『プレステージ　シナリオ』〕

7 Ibid.

8 Colin Biggs, "Ten Years Later, Why We're Still Obsessed with *The Prestige*," *Screen Crush*, 29 September 2006.〔コリン・ビッグスによる記事「10年経った今も我々が『プレステージ』に囚われている理由」、Webサイト『Screen Crush』、2006年9月29日〕

9 Dan Jolin, "You won't Believe Your Eyes," *Empire*, 29 September 2006.〔ダン・ジョリンによる記事「己の目を疑う」、『エンパイア』誌、2006年9月19日〕

10 Ibid.

11 Ibid.

12 *The Prestige* Blu-ray, Warner Bros. Home Entertainment, 2017.〔『プレステージ』ブルーレイ、ワーナー・ブラザース ホームエンターテインメント、2017年〕

13 Dan Jolin, "You won't Believe Your Eyes," *Empire*, 29 September 2006.

14 Ibid.

15 Tom Shone, *The Nolan Variations: The Movies, Mysteries and Marvels of Christopher Nolan*, Faber and Faber, 2020.

16 Ibid.

17 Jonathan Nolan and Christopher Nolan, *The Prestige – Screenplay*, Faber and Faber, 2006.

18 Dan Jolin, "You won't Believe Your Eyes," *Empire*, 29 September 2006.

19 Jonathan Nolan and Christopher Nolan, *The Prestige – Screenplay*, Faber and Faber, 2006.

20 Ibid.

21 Mark Kermode, "Christopher Nolan interview," *Culture Show* via YouTube, uploaded 4 August 2012.〔マーク・カーモードによるクリストファー・ノーランへのインタビュー動画、『カルチャー・ショー』誌のYouTubeチャンネル、2012年8月4日〕

22 Jonathan Nolan and Christopher Nolan, *The Prestige – Screenplay*, Faber and Faber, 2006.

23 Ibid.

24 Walter Chaw, *The Prestige* review, *Film Freak Central*, 25 October 2006.〔ウォルター・チョウによる『プレステージ』批評記事、Webサイト『Film Freak Central』、2006年10月25日〕

25 Darren Mooney, *Christopher Nolan: A Critical Study of the Films*, MacFarland and Company, 2018.

なんだそのしかめっ面は?
『ダークナイト』(2008)

1 Edith Bowman, "A Life in Pictures: Christopher Nolan," *BAFTA*, 2 December 2017.〔イーディス・ボウマンによるインタビュー「映画で見る人生——クリストファー・ノーラン」の書き起こし記事、『BAFTA』、2017年12月2日〕

2 Dan Jolin, "Christopher Nolan: The Movies, The Memories – Jonathan Nolan on *The Dark Knight*," *Empire*, July 2010.〔ダン・ジョリンによる記事「クリストファー・ノーラン——映画、記憶、ジョナサン・ノーラン『ダークナイト』を語る」、『エンパイア』誌、2010年7月〕

3 Dan Jolin, "The Making of Heath Ledger's Joker," *Empire*, December 2009.〔ダン・ジョリンによる記事「ヒース・レジャーのジョーカーの作り方」、『エンパイア』誌、2009年12月〕

4 Christopher Nolan, Jonathan Nolan and David S. Goyer, *The Dark Knight Trilogy: The Complete Screenplay*, Faber and Faber, 2012.

5 Ibid.

6 David M. Halbfinger, "Batman's Burden: A Director Confronts Darkness and Death," *New York Times*, 9 March 2008.〔デヴィッド・M・ハーブフィンガーによる記事「バットマンの重荷——監督は闇と死に対峙する」、『ニューヨーク・タイムズ』紙、2008年3月9日〕

7 Steve Weintraub, "Christopher Nolan Interview – The Dark Knight," *Collider.com*, 20 July 2008.〔スティーヴ・ワイントロブによる『ダークナイト』に関するクリストファー・ノーランへのインタビュー記事、Webサイト『Collider.com』、2008年7月20日〕

8 Anne Thompson, "*Dark Knight* Review: Nolan Talks Sequel Inflation," *Variety*, 6 July 2008.〔アン・トンプソンによる記事「『ダークナイト』レビュー——ノーラン、続編の膨張について語る」、『ヴァラエティ』誌、2008年7月6日〕

9 Christopher Nolan, Jonathan Nolan and David S. Goyer, *The Dark Knight Trilogy: The Complete Screenplay*, Faber and Faber, 2012.

10 Dan Jolin, "The Making of Heath Ledger's Joker," *Empire*, December 2009.

11 Tom Shone, *The Nolan Variations: The Movies, Mysteries and Marvels of Christopher Nolan*, Faber and Faber, 2020.

12 Ibid.

13 Unattributed, "Christopher Nolan Says Heath Ledger Initially Didn't Want to be the Superhero on Batman Movies: 6 Things Learned from the FSLC Talk," *IndieWire*, 29 November 2012.〔筆者不詳の記事「クリストファー・ノーランが語る　ヒース・レジャーはもともとバットマン映画のスーパーヒーローにはなりたくないと思っていた——FSLCトークから学ぶ6つのこと」、Webサイト『Indiewire』、2012年11月29日〕

14 Katie Calautti, "Christopher Nolan Reflects on his Batman Trilogy, Heath Ledger & More," cbr.com, 3 December 2012.〔ケイティ・カラッチによる記事「クリストファー・ノーラン、「バットマン・トリロジー」、ヒース・レジャーなどを語る」、Webサイト『cbr.com』、2012年12月3日〕

15 Christopher Hooton, "A Look Inside Heath Ledger's sinister 'Joker journal' for The Dark Knight," Independent, 10 August 2015.〔クリストファー・フートンによる記事「ヒース・レジャーの『ダークナイト』のための不吉な「日記」」、『インデペンデント』紙、2015年8月10日〕

16 Ibid.

17 Christopher Nolan, Jonathan Nolan and David S. Goyer, The Dark Knight Trilogy: The Complete Screenplay, Faber and Faber, 2012.

18 David M. Halbfinger, "Batman's Burden: A Director Confronts Darkness and Death," New York Times, 9 March 2008.

19 Steve Weintraub, "Christopher Nolan Interview – The Dark Knight," Collider.com, 20 July 2008.

20 Anne Thompson, "Dark Knight Review: Nolan Talks Sequel Inflation," Variety, 6 July 2008.

21 Tom Shone, The Nolan Variations: The Movies, Mysteries and Marvels of Christopher Nolan, Faber and Faber, 2020.

22 Tom Charity, "Dark Knight a stunning film," CNN.com, 18 July 2020.〔トム・チャリティによる記事「驚きの映画『ダークナイト』」、『CNN.com』、2008年7月18日〕

23 Anne Thompson, "Dark Knight Review: Nolan Talks Sequel Inflation," Variety, 6 July 2008.

24 David M. Halbfinger, "Batman's Burden: A Director Confronts Darkness and Death," New York Times, 9 March 2008.

25 Christopher Nolan, Jonathan Nolan and David S. Goyer, The Dark Knight Trilogy: The Complete Screenplay, Faber and Faber, 2012.

26 David Chen, "Hans Zimmer and James Newton Howard on Composing the Score to The Dark Knight," Slash Film., 8 January 2009.〔デヴィッド・チェンによる記事「ハンス・ジマー、ジェームズ・ニュートン・ハワード 『ダークナイト』の音楽の作曲について語る」、ブログ『Slash Film』、2009年1月8日〕

27 Anne Thompson, "Dark Knight Review: Nolan Talks Sequel Inflation," Variety, 6 July 2008.

28 David M. Halbfinger, "Batman's Burden: A Director Confronts Darkness and Death," New York Times, 9 March 2008.

29 Mike LaSalle, "Dark Knight: Ledger Terrific," SFGATE, 17 July 2008.〔マイク・ラサールによる記事「『ダークナイト』 凄まじいレジャー」、Webサイト『SFGATE』、2008年7月17日〕

30 Scott Foundas, "Heath Ledger Peers Into The Abyss in The Dark Knight," Village Voice, 16 July 2008.〔スコット・レジャーによる記事「ヒース・レジャー『ダークナイト』で奈落の底を覗く」、『ヴィレッジヴォイス』紙、2008年7月16日〕

31 Keith Phipps, The Dark Knight review, A.V. Club, 17 July 2008.〔キース・フィップスによる『ダークナイト』批評記事、Webサイト『The A.V. Club』、2008年7月17日〕

32 Tom Shone, The Nolan Variations: The Movies, Mysteries and Marvels of Christopher Nolan, Faber and Faber, 2020.

33 Unattributed, "Joker's Wild," Wizard Universe, 8 February 2008.〔筆者不詳の記事「ジョーカーズ・ワイルド」、『Wizard Universe』誌、2008年2月8日〕

34 Roger Ebert, "No Joke, Batman," Chicago Sun-Times, 16 July 2008.〔ロジャー・イーバートによる記事「シャレにならないバットマン」、『シカゴ・サンタイムズ』紙、2008年7月16日〕

35 Christopher Nolan, Jonathan Nolan and David S. Goyer, The Dark Knight Trilogy: The Complete Screenplay, Faber and Faber, 2012.

目がくらむほどの明晰夢 『インセプション』（2010）

1 Tom Shone, The Nolan Variations: The Movies, Mysteries and Marvels of Christopher Nolan, Faber and Faber, 2020.

2 Ibid.

3 Dave Itzkoff, "A Man and His Dream: Christopher Nolan and Inception," New York Times, 30 June 2010.〔デイヴィ・イツコフによる記事「ひとりの男とその夢——クリストファー・ノーランと『インセプション』」、『ニューヨーク・タイムズ』紙、2010年8月30日〕

4 Scott Foundas, "Christopher Nolan interview: Can Inception director save the summer?" SF Weekly, 14 July 2010.〔スコット・ファウンダスによるクリストファー・ノーランへのインタビュー記事「『インセプション』の監督はこの夏を救うことができるか?」、『SF Weekly』紙、2020年7月14日〕

5 Dan Jolin, "Crime of the Century," Empire, July 2010.〔ダン・ジョリンによる記事「世紀の犯罪」、『エンパイア』誌、2010年7月〕

6 Dave Itzkoff, "A Man and His Dream: Christopher Nolan and Inception," New York Times, 30 June 2010.

7 Dan Jolin, "Crime of the Century," Empire, July 2010.

8 Ibid.

9 Dave Itzkoff, "A Man and His Dream: Christopher Nolan and Inception," New York Times, 30 June 2010.

10 Dan Jolin, "Crime of the Century," Empire, July 2010.

11 Ibid.

12 Dave Itzkoff, "The Man Behind the Dreamscape," New York Times, 30 June 2010.〔デイヴィ・イツコフによる記事「夢のよう

13 Scott Foundas, "Christopher Nolan interview: Can Inception director save the summer?" SF Weekly, 14 July 2010.

14 Ibid.

15 Dave Itzkoff, "The Influences of Inception," New York Times, 30 June 2010.〔デイヴィ・イツコフによる記事「『インセプション』の影響力」、『ニューヨーク・タイムズ』紙、2010年6月30日〕

16 Christopher Nolan, Inception: The Shooting Script, Insight Editions, 2010.

17 A.O.Scott, "This Time the Dream's on Me," New York Times, 15 July 2010.〔A・O・スコットによる記事「タイム・ザ・ドリームズ・オン・ミー」、『ニューヨーク・タイムズ』紙、2010年7月15日〕

18 Dan Jolin, "Crime of the Century," Empire, July 2010.

19 Dave Itzkoff, "A Man and His Dream: Christopher Nolan and Inception," New York Times, 30 June 2010.

20 David Heuring, "Dream Thieves," American Cinematographer, July 2010.

21 Ibid.

22 Scott Foundas, "Christopher Nolan interview: Can Inception director save the summer?" SF Weekly, 14 July 2010.

23 David Heuring, "Dream Thieves," American Cinematographer, July 2010.

24 Ibid.

25 Scott Foundas, "Christopher Nolan interview: Can Inception director save the summer?" SF Weekly, 14 July 2010.

26 Dan Jolin, "Crime of the Century," Empire, July 2010.

27 Ibid.

28 Scott Foundas, "Christopher Nolan interview: Can Inception director save the summer?" SF Weekly, 14 July 2010.

29 Philip French, Inception review, Observer, 18 July 2010.〔フィリップ・フレンチによる『インセプション』批評記事、『オブザーバー』紙、2010年7月18日〕

30 David Denby, "Dream Factory," The New Yorker, 19 July 2010.〔デヴィッド・デンビーによる記事「夢工場」、『ザ・ニューヨーカー』誌、2010年7月19日〕

31 Scott Foundas, "Christopher Nolan interview: Can Inception director save the summer?" SF Weekly, 14 July 2010.

32 Christopher Nolan, Inception: The Shooting Script, Insight Editions, 2010.

33 Tom Shone, The Nolan Variations: The Movies, Mysteries and Marvels of Christopher Nolan, Faber and Faber, 2020.

ビッグ・グッドバイ
『ダークナイト ライジング』(2012)

1 Christopher Nolan, Jonathan Nolan and David S. Goyer, *The Dark Knight Trilogy: The Complete Screenplay*, Faber and Faber, 2012.

2 Tom Shone, *The Nolan Variations: The Movies, Mysteries and Marvels of Christopher Nolan*, Faber and Faber, 2020.

3 "*The Dark Knight Rises* Extensive Behind the Scenes Featurette," *Movieclips* via YouTube, 8 July 2012.〔「『ダークナイト ライジング』制作の舞台裏をたっぷり見せる紹介動画」、『Movielips』のYouTubeチャンネル、2012年7月8日〕

4 Elvis Mitchell, "Christopher Nolan interview," *KCRW The Treatment*, 13 September 2015.〔エルヴィス・ミッチェルによるクリストファー・ノーランへのインタビュー、ポッドキャスト『KCRW The Treatment』、2015年9月13日〕

5 Ibid.

6 Jonah Schuhart, "The Real Reason Bane Wears a Mask in Batman," *Looper.com*, 30 April 2021.〔ジョナ・シュハルトによる記事「「バットマン」作品でベインがマスクを着けている本当の理由」、Webサイト『Looper.com』、2021年4月30日〕

7 Tom Shone, *The Nolan Variations: The Movies, Mysteries and Marvels of Christopher Nolan*, Faber and Faber, 2020.

8 Michelle Oranges, "Ambitious, Thrilling, *Dark Knight Rises* Undermined By Hollow Vision," *Movieline*, 19 July 2021.〔ミシェル・オレンジズによる記事「空虚なビジョンで損なわれた野心的でスリリングな『ダークナイト ライジング』」、『Movieline』誌Web版、2021年7月19日〕

9 Matt Singer, "Who Does Bane from the *Dark Knight Rises* Sounds Like?" *Indiewire*, 25 July 2012.〔マット・シンガーによる記事「『ダークナイト ライジング』のベインの声は誰に似ているのか?」、Webサイト『Indiewire』、2012年7月25日〕

10 Ibid.

11 Jennifer Vineyard, "Tom Hardy Explains the Inspiration for His Bane Voice," *Vulture*, 17 July 2012.〔ジェニファー・ヴィンヤードによる記事「トム・ハーディ、ベインの声のインスピレーション源を語る」、Webサイト『Vulture』、2012年7月17日〕

12 Elvis Mitchell, "Christopher Nolan interview," *KCRW The Treatment*, 13 September 2015.

13 Christopher Nolan, Jonathan Nolan and David S. Goyer, *The Dark Knight Trilogy: The Complete Screenplay*, Faber and Faber, 2012.

14 Tom Shone, *The Nolan Variations: The Movies, Mysteries and Marvels of Christopher Nolan*, Faber and Faber, 2020.

15 Kim Newman, Film review: *The Dark Knight Rises, Sight and Sound*, 28 April 2014.〔キム・ニューマンによる『ダークナイト ライジング』批評記事、『サイトアンドサウンド』誌Web版、2014年4月28日〕

16 "*The Dark Knight Rises* Extensive Behind the Scenes Featurette," *Movieclips* via YouTube, 8 July 2012.

17 Christopher Nolan, Jonathan Nolan and David S. Goyer, *The Dark Knight Trilogy: The Complete Screenplay*, Faber and Faber, 2012.

18 Ibid.

19 "*The Dark Knight Rises* Extensive Behind the Scenes Featurette," *Movieclips* via YouTube, 8 July 2012.

20 Ibid.

21 Kim Newman, Film review: *The Dark Knight Rises, Sight and Sound*, 28 April 2014.

22 Elvis Mitchell, "Christopher Nolan interview," *KCRW The Treatment*, 13 September 2015.

23 Ibid.

24 Ibid.

25 Tom Shone, *The Nolan Variations: The Movies, Mysteries and Marvels of Christopher Nolan*, Faber and Faber, 2020.

26 Ibid.

27 Ryan Gilbey, *The Dark Knight Rises* review, *New Statesman*, July 2012.〔ライアン・ジルビーによる『ダークナイト ライジング』批評記事、『New Statesman』誌、2012年7月〕

28 Anthony Lane, "Batman's Bane," *The New Yorker*, 23 July 2012.〔アンソニー・レインによる記事「バットマンのベイン」、『ザ・ニューヨーカー』誌、2012年7月23日〕

29 Scott Foundas, *The Dark Knight Rises, Film Comment*, Winter 2012/2013.〔スコット・ファウンダスによる『ダークナイト ライジング』批評記事、『フィルム・コメント』誌、2012／2013年冬〕

30 Kirsten Acuna, "Jonah Nolan Finally Explains Robin's Role In *The Dark Knight Rises*," *Business Insider*, 17 October 2012.〔クリスティン・アキュナによる記事「ジョナ・ノーラン、『ダークナイト ライジング』でのロビンの役割をついに説明する」、『ビジネス・インサイダー』誌、2012年10月17日〕

5次元
『インターステラー』(2014)

1 "Christopher Nolan interview," *CBS This Morning* via YouTube, 16 December 2014.〔クリストファー・ノーランへのインタビュー動画、『CBS This Morning』YouTubeチャンネル、2014年12月16日〕

2 Tom Shone, *The Nolan Variations: The Movies, Mysteries and Marvels of Christopher Nolan*, Faber and Faber, 2020.

3 "Christopher Nolan interview," *CBS This Morning* via YouTube, 16 December 2014.

4 Jeff Jensen, "Inside *Interstellar*, Christopher Nolan's emotional space odyssey," *Entertainment Weekly*, 16 October 2014.〔ジェフ・ジェンセンによる記事「『インターステラー』の内側、クリストファー・ノーランの感情的宇宙の旅」、『エンターテインメント・ウィークリー』誌、2014年10月16日〕

5 Scott Feinberg, "Christopher Nolan on *Interstellar* Critics, Making Original Films and Shunning Cell-phones and Email," *Hollywood Reporter*, 3 January 2015.

6 "Hans Zimmer Interview."〔ハンス・ジマーへのインタビュー〕

7 Tom Shone, *The Nolan Variations: The Movies, Mysteries and Marvels of Christopher Nolan*, Faber and Faber, 2020.

8 "Christopher Nolan interview," *CBS This Morning* via YouTube, 16 December 2014.

9 Ibid.

10 Marlow Stern, "Christopher Nolan Uncut: on *Interstellar*, Ben Affleck's Batman and the Future of Mankind," *The Daily Beast*, 10 November 2014.〔マーロウ・スターンによるインタビュー記事「クリストファー・ノーラン、ノーカット──『インターステラー』、ベン・アフレックのバットマン、そして人類の未来について」、Webサイト『The Daily Beast』、2014年10月10日〕

11 Ibid.

12 Jeff Jensen, "Inside *Interstellar*, Christopher Nolan's emotional space odyssey", *Entertainment Weekly*, 16 October 2014.

13 Ibid.

14 James Kleinmann, "Christopher Nolan Interview – *Interstellar*," *HeyUGuys* via YouTube, 5 November 2014.〔ジェームズ・クラインマンによるインタビュー動画『インターステラー』に関するクリストファー・ノーランインタビュー」、Webサイト『HeyUGuys』YouTubeチャンネル、2014年11月5日〕

15 Ibid.

16 Ibid.

17 Christopher Nolan and Jonathan Nolan, *Interstellar: The Complete Screenplay*, Faber and Faber, 2014.〔未邦訳:クリストファー・ノーラン、ジョナサン・ノーラン『インターステラー──コンプリート・スクリーンプレイ』〕

18 Scott Feinberg, "Christopher Nolan on *Interstellar* Critics, Making Original Films and Shunning Cell-phones and Email," *Hollywood Reporter*, 3 January 2015.

19 Tom Shone, *The Nolan Variations: The Movies, Mysteries and Marvels of Christopher Nolan*, Faber and Faber, 2020.

20 Christopher Nolan and Jonathan Nolan, *Interstellar: The Complete Screenplay*, Faber and Faber, 2014.

21 Mark Kermode, "*Interstellar* review – if it's spectacle you want, this delivers," *Observer*, 9 November 2014.〔マーク・カーモードによる『インターステラー』批評記事「もしもスペクタクルを求めるなら、本作がそれをくれる」、『オブザーバー』紙、2014年11月9日〕

22 Andrew O'Helhir, "*Interstellar*: Christopher

Nolan's grand space opera tries to outdo *2001*," *Salon*, 5 November 2014.〔アンドリュー・オヘールによる記事「『インターステラー』──『2001年宇宙の旅』を越えようとしたクリストファー・ノーランの壮大な宇宙オペラ」、オンライン雑誌『Salon』、2014年11月5日〕

23 Marlow Stern, "Christopher Nolan Uncut: on *Interstellar*, Ben Affleck's Batman and the Future of Mankind," *The Daily Beast*, 10 November 2014.

24 "Christopher Nolan interview," *CBS This Morning* via YouTube, 16 December 2014,

コラム　サイエンス・フィクション

1 Sallie Baxendale, "Memories aren't made of this: amnesia at the movies," *British Medical Journal*, 18 December 2004.〔サリー・バクセンデールによる論文「異なる記憶の作られ方──映画における記憶喪失」、『英国医療ジャーナル』誌、2004年12月18日〕

2 Jonah Lehrer, "The Neuroscience of *Inception*," *Wired*, 26 July 2010.〔ジョナ・レーラーによる記事「『インセプション』の神経科学」、『WIRED』誌、2010年7月26日〕

渚にて
『ダンケルク』(2017)

1 Tom Shone, *The Nolan Variations: The Movies, Mysteries and Marvels of Christopher Nolan*, Faber and Faber, 2020.

2 Adam Grant, "Christopher Nolan Wants You to Silence Your Phones," *Esquire*, 19 July 2017.〔アダム・グラントによる記事「クリストファー・ノーランは携帯電話の電源を切ってほしいと思っている」、『エスクァイア』誌、2017年7月19日〕

3 Christopher Nolan, *Dunkirk: The Complete Screenplay*, Faber and Faber, 2017.〔未邦訳：クリストファー・ノーラン『ダンケルク──コンプリート・スクリーンプレイ』〕

4 Tom Shone, *The Nolan Variations: The Movies, Mysteries and Marvels of Christopher Nolan*, Faber and Faber, 2020.

5 Cara Buckley, "Christopher Nolan's Latest Time-Bending Feast？ *Dunkirk*," *New York Times*, 12 July 2017.〔カラ・バックリーによる記事「『ダンケルク』はクリストファー・ノーラン最新の歪んだ時間軸の傑作？」、『ニューヨーク・タイムズ』紙、2017年7月12日〕

6 Christina Radish, "Christopher Nolan on *Dunkirk*, Consulting Steven Spielberg, and Taking His Kids to *Phantom Thread*," *Collider*, 8 February 2018.〔クリスティーナ・ラディッシュによるインタビュー記事「クリストファー・ノーラン、『ダンケルク』、スティーヴン・スピルバ

ーグに相談したこと、自分の子供たちをポール・トーマス・アンダーソン監督作『ファントム・スレッド』に連れていったことを語る」、Webサイト『Collider』、2018年2月8日〕

7 Adam Grant, "Christopher Nolan Wants You to Silence Your Phones," *Esquire*, 19 July 2017.

8 Tom Shone, *The Nolan Variations: The Movies, Mysteries and Marvels of Christopher Nolan*, Faber and Faber, 2020.

9 Joe Utichi, "For Christopher Nolan's Producer And Partner Emma Thomas, Maintaining A Winning Streak Is Essential," *Deadline*, 23 February 2018.〔ジョー・ウティチによる記事「クリストファー・ノーランのプロデューサーでありパートナーであるエマ・トーマスにとって、ヒットの連鎖の維持は不可欠」、Webサイト『Deadline』、2018年2月23日〕

10 Jason Guerrasio, "Christopher Nolan explains the biggest challenges in making his latest movie *Dunkirk* into an 'intimate epic'," *Business Insider*, 11 July 2017.〔ジェイソン・ゲラシオによるインタビュー記事「クリストファー・ノーラン、最新作『ダンケルク』を「体感する叙事詩」に仕上げるたえの最大の難関を語る」、『ビジネスインサイダー』誌Web版、2017年7月11日〕

11 Ibid.

12 Ibid.

13 Ibid.

14 Michel Ciment, *Kubrick: The Definitive Edition*, Faber and Faber, 2003.〔未邦訳：ミシェル・シマン『キューブリック──決定版』〕

15 Robbie Collin, "Christopher Nolan interview: 'To me, *Dunkirk* is about European unity'," *Telegraph*, 23 December 2017.〔ロビー・コリンによるインタビュー記事「クリストファー・ノーランへのインタビュー──僕にとって、『ダンケルク』は欧州の結束を意味する」、『テレグラフ』紙、2017年12月23日〕

16 Ibid.

17 Darren Mooney, *Christopher Nolan: A Critical Study of the Films*, MacFarland and Company, 2018.

18 Tom Shone, *The Nolan Variations: The Movies, Mysteries and Marvels of Christopher Nolan*, Faber and Faber, 2020.

19 Ibid.

20 Robbie Collin, "Christopher Nolan interview: 'To me, *Dunkirk* is about European unity'," *Telegraph*, 23 December 2017.

21 Tom Shone, *The Nolan Variations: The Movies, Mysteries and Marvels of Christopher Nolan*, Faber and Faber, 2020.

22 Jake Coyle, "Tick-Tock: Christopher Nolan on the rhythm of *Dunkirk*," *ZayZay.com*, 14 July 2017.〔ジェイク・コイルによる記事「チクタク──クリストファー・ノーラン『ダンケルク』のリズムを語る」、Webサイト『ZayZay.com』、2017

年7月14日〕

23 David Griffiths, "*Dunkirk* – Christopher Nolan Interview," *Buzz Australia*, August 2017.〔デヴィッド・グリフィンスによるインタビュー記事「『ダンケルク』──クリストファー・ノーランインタビュー」、Webサイト『Buzz Australia』、2017年8月〕

24 Matt Grobar, "*Dunkirk* Production Designer Nathan Crowley On 'Rawness, Simplicity & Brutalism' of World War II Epic," *Deadline*, 28 November 2017.〔マット・グロバーによるインタビュー記事「『ダンケルク』プロダクションデザイナーのネイサン・クロウリー、第二次世界大戦叙事詩の「生々しさ、簡素さ、残忍性」を語る」、Webサイト『Deadline』、2017年11月28日〕

25 Tom Shone, *The Nolan Variations: The Movies, Mysteries and Marvels of Christopher Nolan*, Faber and Faber, 2020.

26 Ibid.

27 Christopher Nolan, *Dunkirk: The Complete Screenplay*, Faber and Faber, 21 July 2017.

28 Melena Ryzik, "Ticking Watch. Boat Engine. Slowness. The Secrets of the *Dunkirk* Score," *New York Times*, 26 July 2017.〔メレーナ・リズィクによる記事「カチカチと時を刻む時計、船のエンジン音、スローな感じ──『ダンケルク』音楽の秘密」、『ニューヨーク・タイムズ』紙、2017年7月26日〕

29 Ibid.

30 Karen Han, "*Dunkirk* review: Christopher Nolan has Made Another Great Film", *SlashFilm*, 21 July 2017.〔カレン・ハンによる『ダンケルク』批評記事「クリストファー・ノーランはまた偉大な映画を作った」、ブログ『SlashFilm』、2017年7月21日〕

31 Christopher Orr, "Christopher Nolan's *Dunkirk* is a Masterpiece," *The Atlantic*, 21 July 2017.〔クリストファー・オールによる記事「クリストファー・ノーランの『ダンケルク』は傑作」、『The Atlantic』誌、2017年7月21日〕

32 Cara Buckley, "Christopher Nolan's Latest Time-Bending Feast？ *Dunkirk*," *New York Times*, 12 July 2017.

33 Ibid.

34 Robbie Collin, "Christopher Nolan interview: 'To me, *Dunkirk* is about European unity'," *Telegraph*, 23 December 2017.

終末論的な思考
『TENET テネット』(2020)&
『オッペンハイマー』(2023)

1 Matt Brunson, "View from the Couch: *The Curse of Frankenstein, Mister Roberts, Tenet*, etc.," *Film Frenzy*, 18 December 2020.〔マット・ブルーソンによる記事「ソファーからの視点──『フランケンシュタインの逆襲』、『ミスタア・ロバーツ』、『TENET テネット』など」、Webサイト

『Film Frenzy』、2020年12月18日〕

2 Anthony Lane, "*Tenet* is Dazzling, Deft, and Devoid of Feeling," *The New Yorker*, 3 September 2020.〔アンソニー・レインによる記事「『TENET テネット』はまぶしく、巧みで、感情を排除した作品」、『ザ・ニューヨーカー』誌、2020年9月3日〕

3 Peter Bradshaw, "*Tenet* review – supremely ambitious race against time makes for superb cinema," *Guardian*, 25 August 2020.〔ピーター・ブラッドショウによる『TENET テネット』批評記事「まさに極上映画──時間との闘いという至高の野心作」、『ガーディアン』紙、2020年8月25日〕

4 Anthony D'Alessandro, "Christopher Nolan Slams His *Tenet* Studio Warner Bros Over HBO Max Windows Plan," *Deadline*, 7 December 2020.〔アンソニー・ダレッサンドロによる記事「クリストファー・ノーラン、『TENET テネット』をHBO Maxで配信させるスタジオワーナー・ブラザースを非難」、Web サイト『Deadline』、2020年12月7日〕

5 Tom Shone, *The Nolan Variations: The Movies, Mysteries and Marvels of Christopher Nolan*, Faber and Faber, 2020.

6 Geoff Keighley, "Christopher Nolan on *Tenet* – The Full Interview," *Cortex Videos* via YouTube, 21 December 2020.〔ジェフ・キーリーによるインタビュー動画「クリストファー・ノーラン『TENET テネット』を語る──インタビュー完全版」、『Cortex Videos』YouTube チャンネル、2020年12月21日〕

7 James Mottram, *The Secrets of Tenet: Inside Christopher Nolan's Quantum Cold War*, Titan Books, 2020.

8 Geoff Keighley, "Christopher Nolan on *Tenet* – The Full Interview," *Cortex Videos* via YouTube, 21 December 2020.

9 Ibid.

10 Tom Shone, *The Nolan Variations: The Movies, Mysteries and Marvels of Christopher Nolan*, Faber and Faber, 2020.

11 Ibid.

12 James Mottram, *The Secrets of Tenet: Inside Christopher Nolan's Quantum Cold War*, Titan Books, 2020.

13 Ibid.

14 Geoff Keighley, "Christopher Nolan on *Tenet* – The Full Interview," *Cortex Videos* via YouTube, 21 December 2020.

15 Christopher Nolan, *TENET: The Complete Screenplay*, Faber and Faber, 2020.〔未邦訳：クリストファー・ノーラン『TENET テネット　コンプリート・スクリーンプレイ』〕

16 "Writer's Bloc Presents: Christopher Nolan, Tom Shone and Kenneth Branagh," Eventbrite, 2 December 2020.

17 Christopher Nolan, *TENET: The Complete Screenplay*, Faber and Faber, 2020.

18 Tom Shone, *The Nolan Variations: The Movies, Mysteries and Marvels of Christopher Nolan*, Faber and Faber, 2020.

19 James Mottram, *The Secrets of Tenet: Inside Christopher Nolan's Quantum Cold War*, Titan Books, 2020.

20 Geoff Keighley, "Christopher Nolan on *Tenet* – The Full Interview," *Cortex Videos* via YouTube, 21 December 2020.

21 Christopher Nolan, *TENET: The Complete Screenplay*, Faber and Faber, 2020.

22 Tom Shone, *The Nolan Variations: The Movies, Mysteries and Marvels of Christopher Nolan*, Faber and Faber, 2020.

23 James Mottram, *The Secrets of Tenet: Inside Christopher Nolan's Quantum Cold War*, Titan Books, 2020.

24 Ibid.

25 Christopher Nolan, *TENET: The Complete Screenplay*, Faber and Faber, 2020.

26 Tom Shone, *The Nolan Variations: The Movies, Mysteries and Marvels of Christopher Nolan*, Faber and Faber, 2020.

27 Kai Bird and Martin J. Sherwin, *American Prometheus: The Triumph and Tragedy of J. Robert Oppenheimer*, Atlantic Books, 2009.〔邦訳：カイ・バード、マーティン・シャーウィン『オッペンハイマー──「原爆の父」と呼ばれた男の栄光と悲劇』上下巻、河邉俊彦訳、PHP研究所、2007年〕

28 Christopher Nolan, *TENET: The Complete Screenplay*, Faber and Faber, 2020.

29 Ibid.

30 Tom Shone, "Christopher Nolan: the man who rebooted the blockbuster," *Guardian*, 4 November 2014.

31 Ibid.

謝辞

本シリーズで、クリストファー・ノーランを取り上げるのは、作家としての喜びであると同時に、とりわけ困難な挑戦でもあった。しかし、彼の想像力の迷路に敢然と立ち向かっていくうちに、私は彼が、畏敬の念を起こさせるほど素晴らしく、限りなく魅力的な映像作家であることを理解するようになった。これは、角度や方程式の本であり、謎の解読本であり、異なる考え方を記す本であるが、本質的には、映画という媒体で作品を生み出す力についての本である。私のノーランへの敬意は倍増し、彼の作品のおかげでこれまでになく思考が柔軟になった。なので、彼には心から感謝を伝えたい。どうかこれからも、私たちの映画に対する気概を試し続けてほしいと願うばかりだ。さらに、そばにいて、私を鼓舞してくれたクワトロ社のチームに永遠の謝意を示したい──純粋に胸を躍らせ、穏やかにプロとしての手腕を発揮した編集者のジェシカ・アックス。臨機応変な対応で、(『TENET テネット』に関してさえも)迷うことなくきっちりとした仕事ぶりを見せてくれたコピー・エディターのニック・フリース。単にデザインをこなしただけでなく、本書の主題を完全に理解したうえで見事な書籍に仕上げてくれた、ストーンキャッスル・グラフィックスの優秀で、忍耐強いスー・ブレスリー。本当にありがとう。そして、必要なときに必要なアドバイスをくれた経験豊富なノーラン学者で友人のダン・ジョリン、君にも感謝してやまない。

イアン・ネイサン

訳者あとがき

かのアルベルト・アインシュタインは、自身の特殊相対性理論で「時間の流れなど存在はしない」と結論づけ、友人の書簡に「過去・現在・未来の区別は幻想だ」と書いたことはよく知られており、現代物理学では、「時間とは流れず、単に存在するだけ」というのが常識らしい。とはいえ時間は、「放たれた矢のごとく、過去から現在、そして未来に向かっていく」と漠然と捉えられているのが一般的だ。決して変えられない過去の出来事を悔やんだり、懐かしがったりし、刻まれる時に縛られて今を生き、まだ見ぬ未来に漠然と希望と不安を抱えて過ごす人がほとんどとではないだろうか。だからこそ、時間は貴重で、愛おしく、ときに恨めしい。同時に、謎だらけでもある。ゆえに、タイムトラベルやタイムパラドックスなど、「時間」は昔から、小説や映画の魅力的なテーマになってきた。

クリストファー・ノーランは、誰もが知る、「時間」を操る映画監督だ。彼がそれぞれの監督作で、具体的にどんなふうに時空間、時間軸、時流を操作しているのかは、本書に詳述されている。

私が初めて触れたノーラン作品は『メメント』だが、ほぼ無名だった彼のこの映画は、当時、驚きと称賛をもって世間に受け入れられていたのを覚えている。「ストーリーが逆向きに描かれるので、筋がよく掴めず、それがかえって作品を興味深くしている」という第一印象だった。その頃仕事をしていた映画雑誌で『メメント』の特集を組み、同作を見直す機会があったので、彼が単に物語を逆行させているだけではないことに、すぐに気づいた。主人公が記憶障害になる前の話の断片を順行で挿入し、さらに構成をややこしくして観客を混乱させようとしているのに、ストーリーが破綻するところか、ちゃんと映画として成り立っている。私は、「この新人監督、只者ではない!」と驚嘆した。しばらくして、『メメント』のストーリーが時系列に組み直されたバージョンも観たが、全然印象が違う。いたって普通の話で、オリジナルである逆版とは面白さが雲泥の差だった。ノーランが仕込んだからくりで、映画は唯一無二の魅力をもつ斬新な作品になったのだ。なんという才能だろう。そこから、私のノーランを追う旅は始まり、今も続いている。

本書の翻訳の話をいただき、私は本腰を入れてノーラン作品に向き合う覚悟を決めた。デビュー前の短編の大半を含め、どの監督作も繰り返し鑑賞した。理解の範疇を超えた箇所に出くわすたび、監督しか正解がわからない謎について延々と答えを探すループに陥っていく。ノーランはエッシャーの騙し絵が好きで、その影響は監督作に見て取れるが、実は、映画を観たファンの頭の中も騙し絵のようにさせたいと思っていたのではないだろうか。もしそうなら、彼は間違いなく成功している。

「ノーラン監督作=難解映画」の図式が幅広く認識されるようになったのは、おそらく『インセプション』からだろう。リメイク作品の『インソムニア』は比較的わかりやすく、『プレステージ』もライバル関係の主人公ふたりが対立する物語は明確だった(ゆえに、見えにくくなっていたトリックはあるのだが)。「ダークナイト・トリロジー」は、基本的にバットマン映画なので、エンターテインメント性が前面に出ていた(だから余計に、ノーラン独自の隠し味のパンチが効いていたとも言える)。『インセプション』の予告編がリリースされた時点で度肝を抜かれた私は、胸を躍らせて公開された新作を観たが、あまりの複雑な設定に途方に暮れた。「面白かった」のは事実なのだが、そんな浅薄な感想だけでは到底片づけられず、ある種の宿題を持ち帰ることになった。『インターステラー』も然り。ブラックホールの視覚化とテセラクトの空間表現に圧倒されながら、物語を懸命に咀嚼しなければならなかった。史実を描いた『ダンケルク』は、比較的理解しやすい部類に入るのだろうが、時間の長さが異なる3つの視点を交差させながらも、クライマックスの瞬間へ集約させていく流れは奇術のように見事で、鑑賞後に、一体どう演出していたのかと首を傾げてしまった。現時点での最難関『TENET テネット』は、初見ではお手上げで、何度観返しても、いまだに脳がパニックを起こしそうになる。映画を鑑賞するのに、「挑む」という経験をさせてくれる監督は、なかなかいない。そして、「映画の取扱説明書がほしい」と思わせる監督も稀有だ。いつか、ノーラン映画の取扱説明書、もしくはノーラン映画大事典なるものを作りたいと本気で考えるほど、研究、分析にもってこいの題材ばかりである。次なる『オッペンハイマー』で、ノーランはどんな挑戦状を叩きつけてくるのか。すでに私の心の準備はできている。

この『クリストファー・ノーラン──時間と映像の奇術師』は、こうした「時間のマジック」だけでなく、(CGに頼らない)手仕事や没入感へのこだわり、IMAX讃歌など、クリストファー・ノーランの映画術を、時系列に並べた監督作ごとに綴っていく。今までの彼の軌跡と作品の解説が1冊にまとめられ、ノーラン初級者なら入門書として、上級者であれば、全監督作をおさらいするのに適している内容だ。もちろん、これを片手に答えのない謎解きに挑戦してみると、何か閃きを得られるかもしれない。そんな本書では、ノーラン作品を深く分析したであろう著者が、映画に対峙して困惑し、監督の手のひらで嬉々として転がされながら、ノーラン・ワールドを享受する一ファンになってしまう様子が随所で見え隠れするのも、また楽しい。かくいう翻訳した私も、同じだったからだ。是非ともページをめくって、ノーランが仕掛けた複雑怪奇な時空の迷宮に足を踏み入れ、迷いに迷った果ての出口探しを大いに堪能してほしい。

2023年6月　阿部清美

著者

イアン・ネイサン　Ian Nathan

映画ライター。著書に『クエンティン・タランティーノ　映画に魂を売った男』『ウェス・アンダーソン　旅する優雅な空想家』『ギレルモ・デル・トロ　モンスターと結ばれた男』（以上、フィルムアート社）『ティム・バートン　鬼才と呼ばれる映画監督の名作と奇妙な物語』（玄光社）などがある。映画雑誌『エンパイア』の編集者およびエグゼクティブ・エディターを務めた後、現在は『エンパイア』誌の他、『タイムズ』紙、『インディペンデント』紙、『メイル・オン・サンデー』紙、『カイエ・デュ・シネマ』誌などに寄稿を行っている。

訳者

阿部清美　あべ・きよみ

翻訳家。『SF映画術　ジェームズ・キャメロンと6人の巨匠が語るサイエンス・フィクション創作講座』『クリストファー・ノーランの世界 メイキング・オブ・インターステラー BEYOND TIME AND SPACE』（以上、DU BOOKS）といったクリストファー・ノーランに関連する書籍を翻訳。他に『ギレルモ・デル・トロ　モンスターと結ばれた男』（フィルムアート社）『ギレルモ・デル・トロのピノッキオ　おとぎ話の巨匠による新しい人形劇の創作術』（DU BOOKS）などの映画に関する書籍を多数翻訳している。

クリストファー・ノーラン
時間と映像の奇術師

2023年7月25日　初版発行
2024年4月15日　第2刷

著者　　　　　　イアン・ネイサン
翻訳　　　　　　阿部清美
ブックデザイン　石島章輝(イシジマデザイン制作室)
日本語版編集　　伊東弘剛(フィルムアート社)
発行者　　　　　上原哲郎
発行所　　　　　株式会社フィルムアート社
　　　　　　　　〒150-0022
　　　　　　　　東京都渋谷区恵比寿南1-20-6
　　　　　　　　第21荒井ビル
　　　　　　　　Tel. 03-5725-2001
　　　　　　　　Fax. 03-5725-2626
　　　　　　　　http://www.filmart.co.jp

印刷・製本　　　シナノ印刷株式会社